「贵州反贫困丛书」

本丛书列入"十三五"国家重点图书出版物出版规划

扶贫日记

王 洒／著

贵州出版集团

贵州人民出版社

图书在版编目（CIP）数据

扶贫日记 / 王洒著. —— 贵阳：贵州人民出版社，2020.6

ISBN 978-7-221-15895-6

Ⅰ. ①扶… Ⅱ. ①王… Ⅲ. ①扶贫 – 中国 – 文集 Ⅳ. ①F126-53

中国版本图书馆CIP数据核字(2020)第019875号

扶贫日记

FUPIN RIJI

王　洒 / 著

出 版 人：王　旭
责任编辑：唐　皓　潘江云
装帧设计：唐锡璋　陈红昌

出版发行：贵州出版集团　贵州人民出版社
　　　　　（贵阳市观山湖区会展东路SOHO办公区A座）
印　　刷：深圳市泰和精品印刷有限公司
版　　次：2020年6月第1版
印　　次：2020年6月第1次印刷
开　　本：787mm×1092mm　1 / 16
印　　张：30
字　　数：420千字

书　　号：ISBN 978-7-221-15895-6
定　　价：86.00元

序 言

李万刚

记忆太深刻了。

20多年前，王洒这小子高中毕业，由于家境贫寒，又无任何帮助，他放弃了读大学的念头，回乡当起代课教师。那时，我在村里担任党支部书记，通过观察与了解，觉得这小子是块料，当村干部、村支书，绰绰有余。

我鼓起勇气去他家动员。没想，这小子爽快地同意了，还跟我谈了很多关于建设家乡的一些想法。我很欣慰，因为村班子大都是老同志，文化也不高，正需要这样的年轻人。那时，莫说高中生，就是初中生都不愿意当村干部，这小子如果来村委会，当然是村班子和群众的期待了。

可是，还没待我与他交谈完，他的母亲就反对起来，说孩子一定要上大学，当村干部哪有出头日子？

留着求贤若渴的心情，我遗憾地回到村委会。

不久，我退休进城，知道这小子后来参军、回乡参加工作，也知道他的一些事迹，反正口碑不错。但令我想不到的是，他竟然回乡担任村第一书记，履行当年许下的诺言。在城里，在市直机关工作岗位上去一个特别贫穷的村任职，这是多么难得的事啊！当村干部是个苦差事儿，能有这样的勇气，佩服。

他去村里，我理所当然关注起来。

小子不负众望！几年时间，带领大家把村子打理得井井有条，成绩有目共睹，让村子发生了不小改变，群众一提起他就称赞，也使村里获得不少荣誉。每次通知我们党员参加活动或学习，他讲的话最受听，去的党员和群众也很多。像我这样80有余的老同志，都乐意从60多千米外的城区赶过去，说是参加学习活动，其实是看他又干了哪些事。确实，每一次，都有进步，都有变化。我还了解到，由于干实事、谋长远、为群众，有村民就写表扬信和打油诗夸他，这是村干部最难得的收获！

当然，也了解他成绩背后的辛苦。我听群众讲，他的宿舍常常深夜两三点钟都不曾关灯，有村校老师和群众以为他胆子小，开起灯睡觉，哪想，他们"侦察"发现，他是在加班，对着电脑敲字。

还有，由于当初村委会没食堂，由于忙工作，有时就泡面或稀饭解决问题，说这样省事省时减肥。为工作，他可以废寝忘食。

还有，有时一两个月都没回家，为村子，为贫困户，他简直把家都忘了。还有，他用工资抵押贷款帮群众修水产养殖场，欠款发展脱贫产业建村小学塑胶运动场……还有太多，都太难得！村干部干扶贫工作干到这份儿上，在哪儿找？反正，我只在电视上看过，我身边，他是第一人。

他是年轻人，他是晚辈，但他值得我学习。我当年没看走眼，我感到自豪。他一心为民为公，我感到骄傲……

2019年10月

目　录

是驻村扶贫申请书，还是捷报？

3月10日，星期二，多云

今天上午，我将已准备好的驻村扶贫申请书递交给组织部和我的单位后，我如释重负，心一下平静了，心底也无一丝惆怅。而在之前，为驻村扶贫，我经历过思想斗争。

我鼓励自己，我应该去扶贫。今天，我们有吃有穿有房住，还有工资领，可我们偏远山区的不少同胞，仍生活在艰难困苦中，他们需要扶助呢！

可我又反过来想，你又不是救世主，那么多贫困群众，就你能让他们脱贫？你有多大能耐呢？尽好自己的工作职责，尽好自己的家庭责任，人生足了。

我是从穷家庭中走过来的，吃的苦头很多，得到过的帮助也不少，现在去贫困地区回报一份力，答谢一份情，也算是心安理得的事啊！

可是，人生有几个三十几年呢？我还有很多梦想没有实现，不为别人，至少要为自己、为家人奋斗吧！

可是……可是……

心里矛盾重重——去，还是不去？

前几天的春节，我是在长沙度过的。那里有我的兄弟，还有母亲。在长沙这几天，远观水泥森林中的霓虹闪烁，近听满街匆忙的汽车喇叭声，交流起我舌头打结的普通话，我就感受到，这是人家的城市。仁怀，才是我的家，单是说话，就可以让我自由与放纵。长沙几天，我不由自主地将贫困山区与这繁华城市对比起来，也让我的驻村扶贫念头越来越强烈。

母亲睡觉后，我征求起兄弟俩的意见。彻夜长谈，兄弟俩同意了——去吧，支持你，十年八年都行！驻村扶贫即便没干出成绩，也至少有自己的经历，这也是收获。只是，暂时不告诉老妈，她从山区来，了解那里的酸甜苦辣，她一定反对。

受到兄弟俩的鼓舞后，我回到仁怀，可心里又总是焦虑，怕去驻村干不好，毕竟从来没有村镇工作经验，怕这一步走错，而辜负群众的期盼。干脆，再找几个人听听他们的意见吧，也许从他们身上能找到坚定的答案，能获得他们的支持与帮助。

于是在昨天傍晚，我联系起从村里来城里工作的开华哥和坤华哥，请他们帮我参谋参谋。他俩都有丰富的机关与基层工作经验，有站位，接地气，应该明白我的心思，理解我的困扰。

一间茶室里，我与两位大哥又是三四个小时的促膝长谈。一个村的现状和一个村的未来，以及目前国家的好政策，以及个人成长，他俩都从利弊两方面为我进行了分析，最后得出的结论是——去，必须去，再不去，机会就错过了！有什么需要帮助的，他俩义不容辞。

"好，我去家乡贫困村干10年。10年后，好与歹，我走人！"在两位大哥的鼓励之下，我斩钉截铁。

"这才是兄弟，这才是军人的气度，用10年时间攻那贫困的山头，就没有攻不下的。我们退休后，都来帮你，让丑村变成美村！"开华哥与坤华哥的热情，为我点起心底的烈焰，让我不再困惑。

深夜回到家，我立即打开电脑，为我的驻村扶贫申请奋笔疾书。

申请书中我写道："广袤的农村大地，有沁人心脾的芬芳泥土，有学不完的群众智慧，有面对面的群众工作。农村一切，对于一个没有在农村工作过的党员来说，必须补上这一课，这一党课，这一人生舞台的知识课。"这是我申请去农村工作的一个理由。另一个理由，我的家乡就是贫困村，离开那里已经20多年，是"反哺"家乡的时候了。羊有跪乳之恩，鸦有反哺之义。时间太快，再不回乡，两鬓斑白时，已力不从心……恶劣环境造成的贫穷，淹没不了那里的传统文化与民风民俗，淹没不了每一个人、每一个家庭坚守故土的奋斗史，也淹没不了每一寸土地对美丽乡村的渴望、每一个村民对美好生活的向往……

如果我的申请书得到批准，我将不辱使命、廉洁自律、奋力争先，带领父老乡亲改变贫穷落后的面貌。我从小事做起，从种一棵树做起，从改变一块泥土的价值做起。爱一个人、爱一个家、爱一个组、爱一个村，成了我内心无限的动力……我已经作好了准备！

写完申请书已是凌晨两点，由于兴奋，全无睡意。

今天天还没有大亮，我就醒了，窗外枝头上鸟儿的欢叫声格外动听，仿佛在昨夜就已经彩排过，在今早一定要歌唱给朝霞。

上班时间到了，我握住沉甸甸的驻村扶贫申请书，就像当年我递交进藏执行特殊任务的请战书一样，坚决地呈递给组织。那一刻，我体味出开弓没有回头箭的滋味儿，是死是活，听天由命；那一刻，我的心情豁然开朗，人也轻松开来，再没有思想斗争的苦恼；那一刻，我问自己，这份驻村扶贫申请书，难道不是战胜自己的捷报吗？

请转告领导，我只想当村支书

3月16日，星期一，阴

"喂，王洒吗？你交来的申请书领导看了，经初步研究，决定派你去贫困村担任脱贫攻坚小康驻村干部……"

"什么，派我当驻村干部？我申请的是去当村支书，怎么是村干部？"

下午，我突然接到组织部小康驻村工作办公室林素主任的电话，心里很不乐意；难道，我还不具备当一名村支书或第一书记的条件？您转告领导，我不想当散兵，就想当村的一把手。作这个决定，我经历过很多思想斗争，驻村不脱贫，我誓不回城。让我去当一名散兵，能发挥最好的作用吗？

"你急什么？第一书记、村支书，就不是村干部了？话都还没有讲完，你就噼里啪啦整一通，让我气儿都出不了。你的心情我理解，我会向组织汇报你的决心与态度的……行了，你把你的履历发过来，然后听通知。"

挂断林主任电话，我忐忑不安，我这人怎么是这德行呢？这分明是向组织讲条件要官儿当嘛。完了，可能惹祸了，我的申请可能要泡汤。我又安慰自己，不就是想当一名村支书嘛，没那么严重。再说，这村官一把手，也算不上什么官儿吧，我就是想带领大家干事而已。万一组织不批准，也无所谓，至少我努力过，对得起自己的内心！

说真的，参加工作以来，我努力过、拼搏过，不想当领导、不想当一把手那是假话，就像之前我在部队喊出老茧的信念：不想当将军的士兵，不是好士兵。同理，不想当领导的干部，不是好干部啊！可我是干净的，从没有向哪位领导、哪级组织提出过我跑官要官的非分之想、非分之举。这一点，我敢拍胸脯说话。可今天，我为什么要这样呢？

回味今天不注意说话的方式，以及前几天写申请的艰难，都令我内心煎熬，要真去了扶贫路上，要真遇上意想不到的事，我又怎么处理呢？

坐立不安，眺望窗外，几簇紫玉兰、桃花、樱花在遵义我工作的办公楼后的小园里争相绽放，几名少先队员正欢快地穿行于花丛中的放学路上。冬去春来，万象更新，瞧那小园里的春意，想那山村漫山遍野的春色，我怎敢负那春光？

驻村扶贫，不是因为我执着，而是因为你值得！

批准来了，我兴奋后却又怂了

4月13日，星期一，阴

从交申请书到今天，已经整整一个月了，怎么还没有音讯呢？我疑虑重重，该不是因为我的鲁莽，而让组织不批准吧？

管它的，这件事当没发生过。

沉思之时，电话响了，是小康驻村办林素主任打来的。"你驻村任职扶贫的申请组织批了，今天已下了文件，任命你为三合镇安居村第一书记。请做好准备，做好汇报，交接好工作，于近期到村里报道。"

"太好了，太好了……感谢您啊，林主任！"我压抑不住内心的欣喜，立即告诉林主任，明天就动身。

"你看你那急性子。没让你马上动身，考虑到你被抽调到遵义工作时间长，手头肯定还有不少事，所以领导关心你，让你在半个月内去报道就行了。一定要向上级组织作好汇报并交接好工作！"

"是，林主任。感谢您……感谢您！"

"你又来了。要感谢就感谢组织的关心，感谢领导的关心。祝你心想事成！"

放下电话，我的心情美到了极点，感觉与林主任的通话，每个吐字都像是宝玉。我伸展起腰肢，感觉每一块骨头、每一块肌肉，都充满力量。

心情平静后，我开始在网上搜索安居村的情况。叫安居村的村很多，分布于黑龙江、山西、新疆、四川、重庆等省份，有20多个，可就是搜不到我任职的安居村的情况。看来，贫困村安居，真的偏僻落后啊！还好，安居是我的家乡，我对那里的村情约知一二。同时，我迫不及待地打电话询问，立即弄清安居村的简要村情。

安居村有18个村民组，有5000多人，地域面积14平方千米，生态最糟糕，森林覆盖率仅6%；人畜饮水有的还靠楼顶上的望天水，通村公路绝大部分都是泥巴路，手机信号差，不通网络宽带；除了传统农作物，村里没有任何增收产业；农民年人均收入5000元左右，贫困户300余户；村委会经常不清静，为争取低保，不少群众到村委会闹得不可开交……

安居村名不符实，取名"安居"，兴许是先辈们的愿望。

如此贫穷，我去了怎么开展工作？

一个小时前的兴奋，变成了我冷静的思考，尔后便是焦躁——哎，驻村这个决定，是不是我一时的冲动呢？安居村这么多问题与困难，难道村里的干部与群众，就没努力过？也许，那是一块难啃的骨头。

静坐良久，我心里打起退堂鼓，拿现在的时髦话说就是——怂了！

"组织的任命文件，不是儿戏，你只能去。再说，你又不是孬种，不去试，怎么知道？拿出你军人的样子来！"办公室同事老田和小雷开导我说，他们曾在村里工作过，不是你想象的那样难，"能与群众天天打交道，也是人生一件有意义的事，至少是你今后值得回忆的人生财富！"

努力不能成功，至少可以有努力的回忆。仅他俩"值得回忆的人生财富"这一观点，我还敢怂？必须走马上任了。

再见，我睡得发臭的沙发

4月28日，星期二，多云

10多天后，我终于完成了手头上的工作，并于今天交接完，且今天回仁怀。

我是去年2月份被抽调来遵义市党的群众路线教育实践办公室工作的，主要任务就是负责宣传工作。一年多来，我走遍了遵义市的15个县、市、区，采访了我们党与人民群众血肉联系的感人故事，采访了在基层党组织的领导下，人民群众从贫穷走向富裕的华彩之路，也采访了正在困境中需要帮扶的群众。

在桐梓大河镇，我连续在村里采访了20多天；在余庆，我采访了所有乡镇；在习水三岔河，洪水中无数抢险救灾的感人场景载入我的笔记本；在赤水，我与一同去采访调研的侯科长被洪水围困的情形至今难忘……

每次采访结束回到驻地办公室，我就一头扎进电脑，没日没夜地写，有时写得苦，有时写得乐，有时写得连自己都流泪了。记得去年6月，我写大河的报告文学，连续10多天，天天睡沙发。除此之外，只要一写，就得加班加点，困了就在沙发上睡，夜间饿了就一盒泡面。可以说，有一半的时间，我是在办公室的沙发上睡的，沙发都被我睡得发亮发臭。

在办公室准备的洗漱用具，有同事不解我为什么不拿回宿舍，我只好说我有洁癖，在办公室也需要洗漱。他笑了："你真的有点'贱'。"

楼道里，做清洁的大姐每天一早一晚来走廊打扫卫生，她就不解，这小伙子，怎么经常不回家？"你没家？离婚了？"我一阵笑，这大姐，真会开玩笑。

有辛苦，总会有收获。就在这间办公室，就是这沙发的陪伴，一年多时间，我写了近20万字的新闻稿件并发表，有的稿件被中央级简报和媒体转发。

这些稿件于我来之不易，除了自己辛苦的付出，也凝聚着领导和同事的心血。

我的勤奋得到大家的赞许，也得到遵义一家党媒的认可，要我在群众路线教育实践活动结束后，就调去那里工作。我没有去，除了家人不支持外，我想到的是家乡的贫困村。我婉言谢绝了，这辈子，我都难以面对贺总编、郑副总编。

"你傻啊？这两位新闻前辈，不轻易调一个人进去的。人往高处走，你却往低处'流'，真是傻哥啊！"原单位陈科长以及其他人，不理解。

而今天，当真的要离开遵义回仁怀时，我的心情很难过。拿起擦布，我擦拭起桌椅，擦拭起我睡得油渍发臭的沙发，想把好的一面展现给后面来工作的同志。我心里也默默地念叨：沙发，原本你是坐的家具，可你却变成了一个人的床，让你受委屈了。沙发，再见！

下午，与朝夕相处的同事道别后，我不敢回头而消失在他们期许我一路珍重的目光里——就因这样的场景，我流过泪。去年8月，因吴副部长突然与我们道别，我偷偷地流泪了。这泪，与男儿有泪不轻弹无关，是因在一个陌生的城市里，在它身上能让人触摸到温热，感受到坚毅，看得到光芒。

妈妈，请别落泪

4月30日，星期四，阴转雨

我驻村扶贫的消息不胫而走，连在长沙的老妈今天也知道了。

"你敢去？你去了，两岁多的孩子谁管？一个大男人，整天不管家不要家，像话吗？村里是什么把你吸引了？你以为村里的工作好干？"老妈在电话里，不依不饶地指责，"家懒外头勤，天天想帮人。你自己想想，自从有了孩子，你拿多少时间管过？"

我说："妈，我是去扶贫，干正事，不是贪图安逸、偷奸耍滑……"我"欺瞒"她，我就是去挂个职，"挂职知道吗？就是挂起名号，可以不去或者少去上班，才有多的时间照顾孩子……"

"少糊弄我，你脚拇指哪个动我都晓得。当年老娘就是听了你的话，才让你去当兵的，还跟我发誓一定考军校当个军官儿回来给老娘看，可结果呢？"

说着说着，老妈在电话里抽泣起来，我忙找借口挂了电话。

当年我高中毕业，由于家境贫寒，也无助学政策，不能再上学了，只能走当兵的路。

见我弃学当兵，老妈急了，跑到镇武装部找李部长"求情"："部长，我儿子要读大学，当兵不恰当，怕三年义务兵回来后一事无成。光阴混大了，连媳妇都找不到。"

我决心去当兵，老妈又编起故事，说她在镇上听到的，大陆要与台湾打仗，你要是去打仗，死了，当娘的怎么办？你要我活不活？

我劝慰老妈，哪有的事，那是编造的，您别担心。我去部队，一定好好干，考军校，当个军官回来，让您脸上有光。到那时，我看哪个还敢欺负您。

老妈嘴角泛起一丝甜，而不再做声。

起程当兵那天，村里百余乡亲来送我，老妈也跟在人群中，把我送了一弯又一弯，泪水始终挂在脸上。路过邻村腾上垭口海拔高的公路上，还能见到水洼里的薄冰，远处山头，尚有残雪，呼呼的寒风刮在脸上跟针刺一样。尽管如此，我感受到乡亲们呼出的热气儿，和母亲脸上的热泪，正融化这个冬天的冰冷与坚强。

到了部队，尽管我使出浑身解数，尽管翻烂了所有高中课本，可我还是不能如愿。我伤心透了，不敢告诉母亲。母亲后来知道后，也不敢告诉我她内心的痛。从此，母亲再也不肯相信我有什么理想、什么抱负，她只希望我平安，一家人和睦。

而今，当一听说我要去驻村扶贫，母亲就一个劲儿地反对，心中的伤就会往上窜。见我态度坚决，她最后只有哭："在村里工作，不是一时半会儿，是几年。一个人的精力有限，经不起折腾。你要想好，不要以后受了委屈受了苦，哭鼻子回家！"

电话里，就像当年入伍一样，我又向她保证，我说我都是当爹的人了，做事不比当初，再失败，再受累，也有能力承受。我不能承受的，就是母亲担惊受怕的心！

"妈妈，请别落泪，我必须去偏远山区了。遥远他乡，如果您看到匆匆的儿郎，那就是我，奔赴另一个战场；遥远他乡，如果您看到天上的云彩，那就是我，捎来的吉祥……"今夜，我写下这几行字，让泪水温润成远方！

上任第一天，我就想"一口吃个胖子"

5月4日，星期一，阴

　　上午，在安居村驻村工作组梁云洪组长带领下，我来安居村报到上任了。今天是"五·一"假后上班第一天，也是"五·四"青年节，心里像团歌中唱的那样，有一把青春的火炬在燃烧。

　　村干部会上，我一一认识了镇里的领导和每名村干部，也记下了他们的发言。轮到我表态时，我清了清嗓子——

　　"服从组织决定，服从三合镇党委政府的工作安排，服从村班子，服从广大群众，服从本人内心，不负我来安居村的初衷。

　　勤勉工作，尽心尽责，干好每一件事，抓好每一块民生短板，解决村里每个难题与矛盾。

　　抓精神文明建设，把安居村打造为书香安居、文化安居，讲好安居故事；抓物质文明建设，解决空心村、空壳村的问题，做到每个组都有大产业，每个家庭都有小产业；抓生态文明建设，栽好每一棵树，修好每口山塘、小水域和人工湖，让安居村真正成为看得见山、望得见水、闻得到花香、记得住乡愁的美丽村庄；抓好旅游村建设，打造一条集国学、骑行、绿化等于一体的观光长廊，复建明代时期的古城堡，规划设计并修建民俗特色村寨，打造童话村庄，让安居村成为真正的旅游村。

　　扎根山区，向群众学习，向书本学习，带头开展好'宣传干部上讲堂'活动。

　　请每一名村干部、党员和人民群众监督我，也监督大家，不能让每一名干部占小便宜，包括群众的、国家的任何便宜，都不许沾染。"

　　……

一大堆，我把想了好长时间的表态发言，一股脑儿倾倒出来，恨不得安居村明天就改朝换代。

会后，村委主任李云凯找我认真地说："王书记，你这'空降'的支书，说话就是不一样，有底气，有魄力，能跟你一起干，一定成。你说话，一定要算话哟！村干部和群众都是老实人，实现不了，你没面子哟！"

驻村知识青年彭远刚"嘿嘿"一笑："人家王书记是个文化人，宣传出身，吹牛专业毕业，讲话水平肯定高喽，让人听起来不打瞌睡，还提神……"

站在旁边的监委主任张应科不吭声，绷起一张脸，像人欠他大米还他粗糠一样。见大家有说有笑，见我沉浸于每个人的恭维中，他来了一句："村里的事千头万绪，一步一步走，万不能一口吃个胖子，不然消化不良！"

这是什么话？科哥啥子心态，瞧不起我，还是故意奚落？

心里很不是滋味儿，于是让大家各忙各的去了。

晚上，大家都下班了，我独自一人坐在沙发上，静静地回味科哥的话和我的表态发言——也许，科哥的话没错，能在我好高骛远的烈焰中给一盆凉水，能让我冷下来，兴许更理性，兴许更切实际。脱贫攻坚，容不得半点儿忽悠，山区群众面前，来不得半分假水。

谨开口，慢开言。我为自己约法三章：今后，一定干了再说，或者干了也不说，管住自己的嘴，说了就一定要干！

少些套话，先维修"指挥所"再说

5月5日，星期二，小雨

由于还没有恰当的宿舍，村里就安排我先住在村委会一间办公室里。

起床约莫一个钟头，监委主任科哥冒雨上班来了。见没其他人，科哥开门见山："兄弟，昨晚下雨，着淋没？"

"没有啊，睡得很好的。"

"那就好。希望天天都下小雨。"科哥话中有话。

我不明白，科哥带起我参观了村委会的每一间房，并向我介绍起阵地建设的情况。

"村委会楼顶漏雨已经好多日，有的房间墙壁上还长了青苔。要遇上大雨，所有干部都只能挤在一间办公室里上班，你要是早上吃了两瓣蒜，别人都闻得出来。再说，办公室不够用，一楼基本是村卫生室给占用了，就剩一间服务大厅，这还是驻村工作组梁组长筹集资金装修的，可还没有装修完，目前不能使用。"

"还有，村里就两台电脑，其中一台还是坏的，且不能上网，这哪能办公？我这老者用不来，可年轻人要用。镇里的干部到村里开展工作，不可能让他们背个电脑来村里吧？"

"你昨天那话，我觉得大了点儿。我认为先把急需解决的问题解决好，再谈下步发展建设的事。"科哥很认真地说。

不一阵，上班的村干部也都陆续到村委会，也都向我反映他们最关心的阵地建设，比如老百姓来办事，连坐的凳子都没有，上厕所都成困难；三名干部没有办公桌，也缺少文件档案柜；没有厨房，没有餐具，吃饭成了村干部一天两头黑的事；两道大门是坏的，如遇小偷怎么办；线路大部分是坏的，目前就两盏灯能亮；因雨水渗透，不少墙面已脱落；还有，村委会经常断水，有时厕所都不敢上……

每名干部都向我讲困难，我的脑子似乎装不下了，只好一一地记在笔记本上。大家反映结束后，最后通过预算，至少需要10万元资金才能解决村阵地硬件建设的困难。

"10万？10万至少可以解决群众一些实际困难呢！维修房屋、添置办公设备，以后再说。另外，还有那么多贫困户没脱贫，为村委会花资金，群众会有想法。"我向大家解释。

见我不支持大家想法，科哥语气硬了："你这是套话！攻坚战攻坚战，指挥所都没了，你怎么指挥作战？这也是民生短板嘛。我觉得你要干的第一件事，就是把'指挥部'维修好，一来方便群众，二来办事效率提高，三来有窗口形象。先把阵地建设好，出了问题我们负责！"

"可钱呢？"我问大家。

"凭你的能耐，这小钱儿一定能争取得到。"

我陷入沉思，这也许是我驻村扶贫要干的第一件事吧，可这么多钱，我去哪儿争取呢？它像拦路虎一样挡着我。

窗外淅淅沥沥的雨仍下不停，房顶渗漏下来的雨水，已浸湿了办公室一侧的墙面。要是今天有大雨呢？雨季很快来临，这阵地确实应该维修了。

▷ 当时村委会办公楼，一楼为村卫生室，二楼为村办公室，且大部分房间都漏雨，由于欠维修，经常漏雨的地方已长上青苔。

底数这么清，没猜吧？

5月6日，星期三，晴

　　早上接到通知，市政府挂职的王副市长将于今天下午要来村里检查工作，这是我驻村第一位来检查工作的市领导，必须做好充分准备。

　　下午，王副市长如期而至。在简陋的会议室里，我向他汇报起村里的基本情况，随后回答他问起我的每个问题：

　　"村里有多少名党员？"

　　"65名。"

　　"安居村之前是几个自然村合并的？"

　　"3个。"

　　"有多大地域面积？"

　　"14平方千米。"

　　"是个什么样的地理环境？"

　　"都是坡耕地，海拔落差大，没有一块超过5亩的平地，荒山多，生态差，林地3000多亩，森林覆盖率仅6%，水资源特别缺乏。"

　　"有多少贫困户？"

　　"精准识别之前是310户，之后是90户。不过，贫困户是动态管理，时常在变。"

　　"现在用电怎样？"

　　"目前全村只有变压器4台，至少还要增加两台变压器电压才稳，群众才不至于深更半夜地起床洗衣做饭、切料磨面。电线杆子也要更换，目前还有20多根水泥方杆和木杆，易产生安全隐患。再说，这也不符合规范。"

　　"村里的交通状况怎样？"

　　"通了10来千米的硬化路，其它70多千米的通组、通寨公路全是泥巴路。联户路至少需要硬化15千米，才能满足群众的需求。杨里沟、彭水、沙塘、水井湾、槽子头、干子坪、团山、坝子、银村、上劲等村民组的群众，要求硬化人行联户路的愿望相当强烈。"

　　"村里有什么脱贫产业？"

　　"没有。就传统农作物和养殖。种植重点是高粱，有1000多亩。养殖有20多家，包括幸福湾的陈永文，田湾子的吴开朝，彭水的彭于开，偏岩子的蔡聪党，斑竹园的陈坤方、陈坤河，柑子坪的陈绪强、陈绪勇，团山组的敖正刚、陈绪清等群众，家家都养起至少10头牛、30只羊的养殖产业，不仅自己富，还以入股、务工等形式带动贫困户脱贫……"

　　一问一答中，见我像爆米花似地爆出每个数据，王副市长突然打断我的话："你才来两天，对安居村的情况就这么熟悉，底数这么清，这是你猜的吧，是在忽悠我吧？"

　　"哈哈，市长哪里话？我驻村之前，对安居村就了解得差不多了。听说你要来，今天上午我又找村干部专门核实了村情村况的一些数据。"

　　汇报完安居村当前脱贫攻坚基本情况后，我又向他汇报起一个村的未来，特别是建旅游村的规划问题，希望他能助一臂之力。

　　"没问题。哪天你回城时找我，我带你去对接发改局、旅游局、扶贫办等部门，希望他们帮助你。"

　　王副市长的勉励以及对安居村的关心，使我信心百倍，也觉得这领导没架子，与基层一线干部处得来。

守法，是人生第一颗扣子

5月7日，星期四，晴

我被三合镇党委确定为安居村负责人，而被派去参加市里的依法治国专题学习会，辅导课由市委张书记主讲。

来参加学习的除了全体市领导、乡镇党政领导、市直有关部门负责人外，还有村居负责人。让村干部参与依法治国专题辅导学习，这让我感到意外，心想：依法治国是高大上的话题，怎轮得到小小一个村干部参加呢？

张书记在辅导课中说，各级党组织和领导干部，要深化认识依法治国的战略意义，要自觉担负起依法治国的重大责任，要做学法、懂法、守法的模范。要把当前全面依法治国的重大工程与自身工作、履职责任紧密结合起来，要保持清醒的头脑，把个人思想与行为统一到中央、省、市的战略部署上来。

张书记的辅导课内容丰富，但我记得最深的是，他针对依法治国有人提出"党大还是法大"的假设的解读——这就是一个伪命题——少数人醉翁之意不在酒，鼓吹西方所谓的民主，搞去党化，其目的就是搞垮中国共产党，其目的就是不让中国人民富起来、站起来、强起来。

中国共产党是中国社会主义事业的领导核心，没有中国共产党就没有新中国，没有中国共产党就不可能有强大起来的中国，这是事实已经证明了的。没有不需要政治的法治，也没有不需要法治的政党。中国特色社会主义就是坚持中国共产党的领导，坚持党的领导就是全面依法治国，推进依法治国就是党的领导的根本要求。

听张书记讲了这些，我就想，如果今后有人在我面前讨论"是党大还是法大"的伪命题，我一定反驳。

张书记的辅导课，还令我印象深的是，我们身边个别领导干部，没有正确认识法治与德治的关系，没有正确认识权与法的关系，头脑不清，说一套做一套，最后沦为阶下囚。权力是人民赋予的，是组织给予的，是为人民群众服务的，应该把权力关进制度的笼子。可就有那么一些同志，把权力视为自己谋私利、送人情的工具。这些人之所以有这样的行为，一个原因就是法律意识淡薄，不学法，不懂法，对法律一知半解，光喊口号。目无法纪，对法纪没有敬畏之心，也往往会执法不严、办事不公，甚至粗暴执法、霸王用权。我们身边，为什么有违章建筑物、为什么有村干部冒领贫困户低保金、为什么有基层干部贪污政策为己所用？这些，都是不依法行政的表现，是我们全面从严依法治国中必须清除的污垢。

当张书记讲到群众身边腐败的问题时，我想起邻县某村一名村副主任，由于法纪意识淡薄，通过花言巧语，骗取群众低保金、养老金、老退役军人优抚金等40多张银行卡揣在自己身上，只要缺钱花就去银行取；我也想起一名村支部书记，只要群众需要出证明盖公章，如果群众"懂不起"，他就故意"为难"。法网恢恢，疏而不漏，群众身边的这些腐败，最终没有好下场……

张书记依法治国辅导课，原来与我们密切相关。在村里工作直接与群众打交道，手中必然有为群众办事的一些微小权力，如果法律意识淡薄、纪律观念不强，稍有不慎就会损害群众利益，就会滋生腐败。

原来，一个人学法、守法、用法，与国家依法治国息息相关，与基层干部敬畏法纪、公道用权息息相关。学法、懂法、守法、用法，是每个人特别是基层党员干部扣的第一颗扣子，扣不好，其它扣子都会错位。

进城，让家乡陌生起来

5月8日，星期五，暴风雨

下午，安居村进城多年的海哥的女儿结婚，我请假前去祝贺。

到了他家，我见到前来祝贺的很多从村里来城里打拼多年的村民，他们熟悉而又陌生，熟悉的是，当一谈到谁是谁，又都想起来；陌生的是他们进城多年，对家乡安居村的发展特别是脱贫攻坚不甚了解，他们进城发展怎样，老家乡邻也不清楚。进城，已让他们对自己的家乡模糊起来。

海哥女儿，是在老家生的，几岁时随父母进城并在城里读书、参加工作，对老家，她只记得房子是什么样，路要怎样走，至于邻家的孩子、老人叫什么名字、都干什么了，她一概不知，老家的印象就是上厕所很困难，没有热水洗澡，冬天寒风呼啸，夏天蚊子"嗡嗡"叫。像她这样从老家走出来的孩子，老家在心里仅是一个符号了。

整个安居村在册户籍人口5000多，而真正留在家的，不足千人。老家，仅仅是他们挂靠户口的地方。

他们进城，原因都在于贫困山区发展机遇特别少，一家人种几亩地，实在很难养活。一段时间，包括安居村在内的贫困村村民都迷上了外面的世界，都到一个陌生的或者熟悉的地方，去考察、去打拼、去感受而融入城市。他们心里，自己这一代是泥巴脑壳，苦一点儿累一点不要紧，要紧的是不能让下一代人还是泥巴脑壳，而受穷受苦，所以拼命创造条件拼命让孩子读书。

他们从贫困山区走进城，是中国变革的时代产物，也许是必由之路，也许是"三农"的破题之策。虽然"三农"问题不是中国问题的全部，但"三农"问题绝不仅仅只关乎包括父辈在内的农民群体的个人命运，而是一个事关中国国家命运的沉重命题。对于"三农"问题的解决，围绕其路径的辩论之一则是：到底是在农村解决"三农"问题还是在城市解决"三农"问题，这已经是一个非常沉重的话题了。

而今，要让他们回村回老家，他们已经力不从心，因为在老家，没有像城里那样便利，就连水、路等都无法解决，他们怎能生活得下去呢？

所以才有今天的脱贫攻坚，才有今天驻村帮扶。我想，如果有一天安居村发展好了，完全具备城里的条件甚至更优的条件，他们一定会回去的。我这样自信起来。

与他们交谈中，他们很多都愿意回乡发展，但苦于基础条件不好，路不通，水不通，通信不保障，房子是危房，一亩三分地里，发展些什么？如果仅靠传统农业，肯定富不起来。在城里，干一天小工，收入至少150元，一月收入也是三四千。而在老家呢，要种好多土地养好多牲畜才有这个收入啊！再说，种庄稼没有保障，要靠老天爷的脸色吃饭。

他们都说，你回去带领大家发展，就看你的了。如果发展得好，我们也回去，但不保证能干多大事。

老家，兴许就只剩下乡愁了。

乡愁本是一种很美妙的感觉，同时又是可以触摸的，我们或许可以这样来看，在这个迷失的"城市时代"，对乡愁的关注不但包含"城市病"的思维，也包含疗治城市中普遍存在的心灵创伤的新思维。就像城市和乡村不是割裂的，也不应该被割裂。在我们城市规划治理中，多少保存一些对乡村文明和乡愁思绪的敬畏，或许能给城市的发展带来更多的安慰。

如果一个人用几年时间走了很多路、到过很多地方，几年后，他自然会有一种想回望自己所走过的路，记录自己所看过的城市的冲动，这不是因为他累了，而是因为他思考了。一直以来，我都想拍摄一部关于当下一座小城与一个村庄在国家转型期受影响的纪录片，但力不从心。乡村、乡愁，尽管渗透着大多数人的感伤和忧愁，尽管我们正经历着"回不去的故乡"这一尴尬阶段，但我始终乐观地认为，这个世界会好的。

为什么我的眼里常含泪水？因为我对这块土地爱得深沉。

驻村，不仅仅只有扶贫

5月11日，星期一，晴

　　到任一个星期后的今天，安居村的带村领导、三合镇财政分局杨局长一行到安居村检查工作，并就近期工作进行了安排部署。

　　会上，杨局长明确，驻村干部特别是驻村第一书记，不仅仅只开展扶贫，还有其他工作需要带头完成，比如计划生育、低保评定、人口信息、劳动力信息的数据上报、雨季险情排查等工作，都要带起大家干。

　　杨局长说，驻村工作千头万绪，群众看的，是你干的每一件事，是你心中装的每一件事，至于你是什么角色是什么职务，他们不关心，只有干好了，群众才认可。

　　安居村养老保险、农民合作医疗的费用收缴没有完成，计划生育的结扎任务和节育上环也没有完成，这个月的任务就特别重。危房改造验收，以及危房统计等，需要尽快完成，让危房户特别是贫困户能尽早住上安全房。另外，雨季来临，安居村20多口山塘水库是否安全，各个地质灾害点是否安全，房屋是否有安全隐患等，第一书记都要带驻村干部和村干部排查，做到心中有数，做到险情发生时能及时、有序、有效地救灾除险。

　　近期最重的工作就是低保评定。今年的政策是减量提标，也就是说，安居村低保人数要在原来的基础上减少20%，然后提高低保发放标准。安居村有134户327人享受低保，按新的政策，要清理不能享受低保的农户，包括有车辆、有商品房、有财政供养人员、是个体工商户等农户，均不得享受低保。低保，只能安排给五保老人、孤儿、精神病患者、尘肺病患者等十分困难的群众。另外，要仔细核查人情保、关系保，一经发现立即取消，同时处理相关人员。

低保评定前，镇里要派干部与村干部一道入户核查并听取群众意见，同时选出村民代表与镇村干部组成评审团，让低保评定按程序公平、公正、公开。

杨局长提要求后，村委会主任李云凯告诉我，每年评定低保，村干部的头最痛。贫困户的思维是，只要一评定为低保户，就容不得村里镇里取消，觉得这是一劳永逸的事，否则就找村里闹，就认为是村干部整他。每年，村干部、镇干部都要向群众解释，可他们就是听不进，觉得村干部不公平。

"其实，哪有的事嘛。以前我不敢保证没有人情保关系保，但现在肯定没有，每一户都是经过反复调查核实的。低保户度过难关后，收入超过低收入标准后，就应该申请退出，可他们哪有这种自觉性，不仅不主动申请，还赖起不让村里镇里取消，不然就到村里大闹天宫，到处诽谤村干部。"云凯主任说起低保，就一肚子的气。

"再有困难，也要干也要评啊！这是一项惠民工程，对于有困难的群众来说，特别起作用。比如大土组的登周，50岁了还没有讨老婆，身体不好不能外出打工，只能与老母亲相依为命，只有低保才能过活！再有人骂，也只能捏起鼻子承受，哪个叫我们是村干部呢？这点儿承受能力都没有，还叫干部？"副主任王国坤告诉我，评低保给村干部确实带来了很多的烦恼，但也锻炼出了村干部的承受能力。

一个村相当于一级行政部门，群众的所有诉求所有矛盾所有发展建设，都找你，你得干。一个村干部、一级村组织，没有两刷子，村里的工作是难以开展的。我们驻村，真的不仅仅是驻村，什么事都得与大家一起干。

根据村民组长、村民代表、党员代表和镇村干部的意见，除了新增田湾子、杨里沟、偏岩子、银村四个组的因病返贫的为贫困户外，其他一个也没有增加。大家都反映说，如果把不符合条件的纳入进去，矛盾更大。至于取消哪些贫困户，还要等镇村干部进组入户调查后再作处理。

会议结束后，带上驻村干部，我们又去检查群众反映的公路硬化情况。

惹我火了，我让他出买路钱

5月12日，星期二，多云

大土组连接外村的公路已经好长时间不能通了，那里的群众都希望村里能尽快处理。

路不能通的原因，是因大土组敖永利组长院坝前的公路因洪水导致塌方，连同敖组长家的院坝都几乎塌方一半。

我与驻村工作组王安龙副组长一同去敖组长家了解情况，希望尽快解决公路通行问题。

到了敖组长家，他便带起我们查看公路塌方情况。公路塌方区域长约50米，宽3米，高3米，半个月前，因突发暴雨，公路连同堡坎，还有敖组长家的半边院坝也全塌方了，通过初步估算，至少5万元才能修复。

站在塌方区，敖组长跟我们反映这塌方公路的来龙去脉。

"这公路是10年前修的，是我们大土组村民义务投工投劳修建，当时大家出不起经费，政府也没多的补贴，所以当时买不起石料加固，堡坎不牢靠，承受不起重车。垮之前，我跟硬化公路的老板交涉过，这公路不能承受重车，可老板不听，运石料、水泥的重车来来往往，每车至少二三十吨，压得公路打闪闪。当时老板不听，我就到村里反映，村里的干部也不信，以为我扯谎，哪有公路是被压垮的？"

"这下好了，垮了，谁来负责？公路一垮，我的院坝就遭殃，很多车辆行到这儿，路不通怎么办？就从我家还没有垮的院坝中经过，院坝经得起压吗？如果再下雨，我的院坝必然垮，房子也一定不安全。"

"书记你说，这雨你能让它不下吗？我的房子谁来保障？我已经告诫过从这儿开过的重车，特别是硬化公路的赵老板，我让他不要再从这儿经过了，他硬是不听。我把公路堵起，他就晚上偷偷地过。你看，院坝已经压出缝了，有雨水一灌，一定要垮！"

敖组长又数落起村干部，"书记你说，这村里的干部都干什么去了？垮了这么久，我也反映过，可一点儿动静都没有，你至少给我个回复嘛，我好跟群众解释呀！大小，我也是个组长，老同志了，是应当受到尊重的。"

"这回你来了，就看你解决问题不。如果你也跟其他干部一样，光打雷不下雨，我以后也不会向你反映问题的。"

"另外，这赵老板如果还要再拉石料从这儿经过，我必须组织群众来堵他工地。惹我冒火了，我必须要他出买路钱！这路当时大家修得辛苦，全是农民的汗水修的，全是农民调整土地或出钱资助修的，你压垮了路，我和群众好歹不谈，这回你又压我的院坝，谁忍受得了？"

敖组长说完后，我立即向他保证："这垮塌的路，我在半个月内解决，赵老板重车压你的院坝，我立即找他协商，最后也给你答复，要嘛不让他通行，要嘛减轻重量通行。一句话，请组长你支持。赵老板硬化公路，是在为我们村

▷ 敖永利组长家门前塌方的公路。

搞建设，公路早一天硬化，我们就早一天结束泥泞不堪的苦恼。另外，让赵老板交买路钱的事，你就不提了。如果我都解决不好问题，你再提如何，哥？"

"好，书记兄弟，我听你的，给你个面子。你今天的承诺我全记下了，如果到时间解决不好，我一定到村委会问你。"

敖组长担任组长好多年，给群众干了不少实事，群众比较信任他。他为人做事实在、公道，也好打抱不平，邻里之间有矛盾纠纷，都愿意找他调解，他也很乐意。

当晚，我立即履行对敖组长做出的承诺，立即联系为我们村硬化公路的赵老板，要他减轻运送石料的车辆重量，免得把敖组长家的院坝压垮，同时请他测算垮塌区域的土石方及其修建经费，以便争取资金来解决。

希望大家莫学我

5月12日，星期二，多云

下午，镇里召开镇村干部大会，其中一项内容就是宣布取消我们村石才常办干部的资格，这对我们村所有干部包括组长，警示作用特别大。

石才是安居村原党支部书记，是一名有能力、有魄力，群众认可的村干部，但在一年前，由于收受群众好处费，被上级纪检部门处理而被免去支部书记职务。因村委会缺乏人手，镇里明确他暂时在村里任常办干部。而现在，他连常办干部的资格都被取消了，还被处分为"留党察看一年"。

晚上，通知石才到村委会，宣布组织上对他的处理决定。

宣布结束后，石才很后悔，想当初不应该伸手，不然不会有今天这种结局。他说，是因为帮群众申报危房改造、申报修建水窖而收受贿赂。起初也曾想过不拿群众一针一线，群众的钱是国家给的，任何人不能沾染，但后来还是没能抵挡得住诱惑，觉得跟他们干了好事，他们给我"感谢"理所当然。再说，这些事都是"你知我知"的事，所以就心存侥幸地收了。

令石才想不到的是，在上级纪检部门的民生特派专项检查中，石才收受群众好处费的违纪行为被查出，并被免去支书职务。"你知我知，还有天知！"石才埋怨自己，当初怎么就没想想"苍天在上"呢？要想天不知，除非己莫为！

后悔有什么用？被免去支部书记后，石才想继续留任村里当常办干部，继续为群众办事，"将功补过嘛！"石才的想法得到上级组织的认可而被继续留任。想不到的是，不到一年时间，他的常办干部也被取消，帮群众干事的机会没有了。

"所以大家不要跟我学，万不可伸一次手。走错一步棋，步步皆为输。心

头有不平不顺的地方，想一想头顶上的天。一句话，老天有眼！"

　　所有村干部，还有村民组长，都听得十分认真。会上，大家做石才思想工作，让他不要背上思想包袱，引以为戒，重新开始，努力表现，争取一年后让组织宽大处理。除此之外，大家都表态发言，心底都竖起一面镜，要用这面镜照自己在村干部岗位上究竟为群众干了多少事，究竟有没有向群众伸过手，有没有占过群众便宜，心里究竟干不干净。

　　会上，我向大家表态：一定严于律己、严于修身、克己奉公、兢兢业业、任劳任怨，不论什么时候，不论什么地方，都把利剑悬在头顶，让私心与贪念置于阳光下暴晒，把为民服务的微权力置于笼子里。同时，也请大家随时随地监督我。

没享受过惠民政策?

5月13日,星期三,晴

　　在安居村,崇音寺是一个比较偏远的村民组,有60多户人家,其中有14户苗族同胞,贫困发生率相对其他组要高一些,群众收入主要靠务工和养殖、种植,饮水和用电还存在困难,群众经常反映。

　　我与王安龙副组长今天去调研,希望了解更多情况,以便帮助解决困难。

　　在村民组组长刘朝虎召集下,30多名在家群众还没坐稳就吵开了。

　　"王书记,我们这里还有群众吃屋顶上的水呢,怎么就没有人来过问一下?""我的房子已经不能居住,申请报上去了可一直没人来管。""村里一点儿也不公平,天天帮扶这家帮扶那家,我家也贫,村里头没眼睛吗?""村里让我们搞退耕还竹,我退了两亩,可补助呢?""前些年安水管,老支书让我煮两顿饭给工人吃,我现在想请他来跟我算饭钱。""供电所来安电杆,占了我的地,连句尊重的话都没有,我现在要他们来赔我的土和青苗……"

　　群众代表牢骚满腹,纷纷指责村干部。一句话,没有一个村干部,是他们恭维的,口中多的是批评、埋怨。

　　我与王副组长静静倾听,也一一在本子上记下来。轮到村民代表刘朝明发言了,他蓦地从板凳上站起来:"你们村里干的事,公平不?我家的房子,修公路放炮打坏的房子,几年了,反映多次,现在都成危房了,可一直不给解决。另外,电压也不稳,白天经常煮不好饭,从山坡上干一阵活儿回来,饭是半生不熟的米,怎么吃?大家苦恼啊!我们崇音寺从来就没有享受过国家的惠民政策,公平不?你是新来的书记,要替大家想想……"

　　约莫一个半小时,群众的牢骚仍旧没完没了,这时刘组长火了:"你们闹个尿啊?这么长时间光听你们扯,光听你们鸡毛蒜皮地闹,解决问题不?大家要听听王书记的意见，看怎么解决大家遇上的困难特别是水电和产业发展，才是道理嘛！"

刘组长话音落地后，大家再不作声，于是我一一梳理起大家提的问题。我说，你们提的问题提得好，一针见血。我们今天来，就是调研需要解决的问题。大家提的水电问题，我们争取项目解决，其他的问题比如危房改造申请、退耕还竹补助、安电杆占地、小孩上户口收费等，我回村里了解情况后，回复大家、帮助大家，一件一件解决、落实，让大家认可。

最后，我又旗帜鲜明地指出："刘朝明老辈子提的崇音寺从来没有享受过国家惠民政策这一观点，我不认同。大家想想，公路是如何通的？硬化进你们组的公路好几千米，是谁出的钱？还有，孩子上学的免费营养午餐谁解决的？尽管目前没有通水，可安到你们组的水管谁接通的？还有种粮直补、医疗保险、养老保险是谁给的好政策？还有我们对贫困户的帮扶以及大家的危房改造、厕所厨房改造等，是谁给的政策？"

"就是啊，大家不要违背良心说话。这些都是党和政府解决的，大家是享受了的，怎么你们组就从来没享受过国家的惠民政策呢？"王副组长反驳刘朝明的意见，并向大家普及起当前的扶贫政策。

调研结束后，我和王副组长回到村委会立即召集大家开会，了解并解决崇音寺群众提的问题。水的问题，由驻村工作组长梁云洪向民宗局争取帮扶资金修建水窖落实；电压弱的问题，向供电所申报解决。

群众提的其他问题，村监委主任张应科一听就火冒三丈："崇音寺是我包的，我晓得那里的情况。这几名同志是故意扯——危房改造是有人写申请，根据国家政策，普通户危改四五千元补助，写申请的人觉得补助低就没有修，这会儿怎么怪起村干部了？刘朝明的房子是当年沙滩乡修公路放炮打坏了他的房子，当时是解决好了的，现在房子坏了是因为赔偿后他不马上维修，日晒雨淋后房子就坏了，怎么现在又赖在村干部头上？退耕还竹是因为他们只栽不管，竹子没有长起来甚至死了，在验收时通不过就取消了补助，当时是跟他们解释清楚了的，他们也认可了的，怎么现在又翻起老黄历？村民煮饭给安水管的工人吃，是因为当时老支书确实没有预算这点儿经费，她也说算了，当做贡献，现在为啥子出尔反尔？供电所施工队安电杆，占的地就一双脚那么大的面积，好大点儿事？当时全是空土，哪来什么青苗费？安电杆被占土地的人家都进城不在家，又不晓得电话，怎么跟他们打得了招呼？”

“都是为大伙儿干事，你要那个尊重来干什么？精准贫困户得到帮扶是国家政策。谁是贫困户、谁应该帮扶，都是组里面推荐来的，怎么一看到别人家得到点儿帮扶，就犯起红眼病？”

“书记，下次我去，一定在那里上上教育课，跟他们梳理一下情绪，免得又怀疑这个那个，免得对村干部没句好话。”

听张主任话后我感受到，群众工作的难度，还难在群众人云亦云，没有认识问题的能力，最后失去对村干部的信任。

不想当贫困户，所以拼

5月14日，星期四，多云

　　村里的贫困户，在镇里、村里、挂帮部门和挂帮干部帮扶下，家家都奋力向前，引起大家的关注，而最受人注目的，是偏岩子组的蔡聪党。

　　蔡聪党50岁开外，背上有残疾，腰不能伸直；爱人的脚伤残，连走路都相当吃力；两个孩子在外读书，需要用很多钱。

　　尽管如此，蔡聪党不等不靠，全凭两口子拼着老劲儿脱贫。在家里，他养了10多头牛，还有猪，一年下来收入两三万。除了养殖，他还搞起兽医和乐队的行当，村民牲畜生病时找到他，他有请无推，再远再忙都拱起背、弯起腰上门帮忙；群众有红白喜事找他吹弹几首，他也不推辞，有说有笑。当然，替大家医猪医牛、吹拉弹唱，自然少不了红包。

　　"这两个活儿，一年一两万不成问题，不过，我很辛苦的。但这钱儿拿得开心！"蔡聪党说。

　　为养牛，他和爱人有时在山坡上割草，一干就是一整天，割完草还要背回家。本身腰就直不起来，背草的苦楚可想而知。有时，为跟群众的猪牛看病，整个通宵都不睡觉是常事，自己累得连饭都不想吃，还要急着赶回家喂猪喂牛。"人家找到你，你得尽心尽力。死猪死牛那滋味儿，就跟血汗钱丢了一样，心里痛。"

　　谈起两口子带着病痛艰苦创业的事，蔡聪党泪水就在眼眶里打转，当看到爱人一瘸一拐在地里费劲地翻地、除草的样子，以及夏天遇上急雨，腿脚不灵便跑得慢而遭受雨淋的样子，老蔡心就难过。两口子相互鼓励，相互支撑，把家庭建设得井井有条。

　　在村里，像老蔡家一样两口都是残疾的，很少，被列为贫困户而得到帮扶算是无可厚非的事。但是，老蔡心里一百个不乐意，他想通过自己的双手脱贫致富，不愿意跟村里添加麻烦，不愿意增加国家负担。他说："邻里之间、亲戚朋友之间难免口舌，当一有口舌时，人家就指着鼻子骂，说你个贫困户、你个残疾户，要不是国家帮助，你连水都喝不上。当然没有人这样骂过我，但我是这样想的，不想今后遭受这种打击！可为什么我又接受贫困户这个名头了？那是因为大家都关心，包括村干部和组里的邻居，说我想得多，自以为是，于是我就接受了。"

"等两个孩子不读书了，我一定申请取消贫困户。大家的帮助，我感谢了。我真的不想当贫困户，但我现在又无可奈何！"老蔡身残志坚，是一个内心强大的汉子，我也理解他内心的想法，不想当贫困户，所以现在得拼一拼。

了解老蔡的情况后我想了很多，如果贫困户靠"等靠要"脱贫，脱贫攻坚是永远也完不成任务的。所有贫困户都应像老蔡一样，不等不靠不要，拼出一条血路主动作为，就没有脱不了的贫、致不了的富。看来，扶贫先扶志，至关重要。

政府派你来睡大觉的？

5月15日，星期五，多云

"王书记，王书记，王书记啊……"

"这个王书记，这么大早上了，怎么还在睡？政府派你来睡大觉的啊……"

睡梦中，我突然听到有人在楼下朝我吼。

我立即翻身下床，忙推开窗子往下看，原来是团山组村民吴少强老人家找我。

"王书记，你怎么还在睡？我都背两回粪上山了呢！你快点儿下楼开门，我找你有事。"

"好！"答应了吴老人家后我慌慌张张地下楼，同时我埋怨起自己，今天怎么睡得这样沉呢？这下好了，被老百姓揪了个睡懒觉的现形，肯定影响不好。可我又回想，昨晚上我明明在手机里调整了闹钟的，怎么没有听见响呢？未必没电了？

为吴老人家开了门后，我迎面就向他解释：不好意思，老人家，我睡过头了。随即请他看看多少时间。

"我看了，6点40……"

"啊，6点40？"

"怎么了？我上山都干了差不多一个小时的活儿了，你看看你们年轻人，就是睡得！"

"老人家，你开我的玩笑啊！你在楼下朝我吼，我还以为我睡过头了呢。原来时间还没到7点，闹钟怎么闹？村委会上班时间是8点半至9点，这还早嘛。"我向老吴解释。

见我辩解，老吴不依不饶："在我们农村，天一开'河口'农民就起床上山干活儿，等太阳起来的时候，我们已经收班回家吃早饭了呢，农村人可不比你们城头人哟！一日之计在于晨，你没听过？你是书记，要入乡随俗，要注意形象。"

上了二楼我让座后，老吴还是念念不忘："你最好不要在村委会睡懒觉，不然影响不好。农民的习惯就是起得早，晓得你住在村委会，他们难免早早地来找你办事，你说你还没起床，你怎么解释？人多嘴杂，到时送你一个'睡大觉书记'的称号，你说你脸朝哪儿搁？"

老吴一边说，我一边点头。看来，在村里工作并不简单，连睡觉都会受到群众监督。这难道不是好事？至少让我不敢放松自己，至少让我的工作不敢任性。

与老吴理扯在农村睡觉起床的事，说我们城头人喜欢睡懒觉的事，至少有20分钟，可他说要找我办的事，却只字不提。

"我不找你办事，找你也办不成。我是一名退伍军人，退伍后一直没得过国家任何优待，反映过多次，都说没政策，确实也没有政策。所以你这个小书记，肯定办不成吧！"

"那是那是。那你找我总得有其他事吧，你不妨说说。"

见我认真的态度，老吴才道出实情。原来，他确实不是来找我办事的，是担心我睡懒觉被群众反映，也突然来探探我的个人作风问题……

老吴谈到这里，我就"哈哈"大笑起来，也笑出了泪花儿——多纯朴的农民啊，他的忧心，我明白了！

安居村要经得起表扬

5月16日，星期六，多云

今天上午，全市召开小康驻村调度工作会，会议传达了省、市有关小康驻村会议精神，并听取各乡镇驻村工作情况汇报。

调度会还有一个更重要的内容，就是随机抽取贫困村驻村工作组第一书记或组长回答有关问题，这是让大家始料未及的事。

安居村"运气好"被抽中。硬起头皮，我站了起来，等待市领导"考试"。还好，市领导的提问对我来说都很简单，诸如村的基本情况、贫困户基本情况、开展工作情况、产业发展情况、调处矛盾纠纷情况和基层组织建设情况等等，我都了如指掌，回答起问题来胸有成竹。

提问结束后，我还增加内容向大家汇报了我们驻村工作组下步工作的打算。我说我不怕项目多，只要有符合安居村的项目，我们都积极争取。今年，我们村的小康公路硬化要争取完成，60千米联户小路要争取资金硬化一部分，真正让村民走路不湿鞋；帮助14户养殖大户带动贫困户发展养殖业，巩固好传统种植业，比如有机高粱的发展；走访全部贫困户和其他农户，听取大家对发展脱贫产业的意见；召开一次安居村在外人士发展建设促进会，组建安居村公益博士服务团，让大家出点子，使安居规划为童话村或古村落更科学……

我增加的汇报内容结束后，市领导游部长、徐副市长夸起安居村来："大家看看，沉在一线天天开展工作的工作组就是不一样，在较短时间内做到情况明、底数清，回答问题才有底气。对村情不了解、抓工作不实的工作组，回答问题肯定吞吞吐吐，一听就晓得工作不扎实，甚至还有三天打鱼两天晒网的。"

随后，会议还通报了前几天全市对驻村工作明察暗访的情况，安居村驻村工作组被通报表扬。

一次会两次被点名表扬，很难得，表明安居村的驻村工作没有辜负组织重托，没有辜负群众期盼，这与驻村的每一名同志和村班子同志的努力是分不开的，褒奖属于大家。不过，这仅是一个开头，未来的路还很长，未来的任务还很繁重，很多硬骨头都还等着大家。

被表扬、鼓励一次并不难，难的是经常被表扬与鼓励，所以回村后我召集大家说："我们要经得起表扬，把鼓励埋在心底，继续拼搏与奋斗。安居驻村工作组，必须一如既往、持之以恒，做到不负青春、不负驻村。"

"朝着目标干，奔着梦想干，以目前大家这种干劲儿，以后还会有更多的褒奖光顾我们。万事俱备，只欠加油！"工作组长梁云洪也鼓励起我们。

何不来个"一周一调度"

5月18日，星期一，晴

今天上午，三合镇召开全体驻村干部大会，会议除了传达昨天市小康驻村调度工作会之外，还安排了近期工作，重点强调三合镇启动小康驻村一月一调度的工作制度，以防驻村工作走过场。

会上，我们村驻村工作组梁云洪组长汇报驻村工作情况。前几天，梁组长邀请企业负责人到崇音寺慰问苗族同胞，为那里的困难群众送去了大米、油、面和衣物，也深入了解那里缺水的困难。通过努力，市民宗局负责人已答应到崇音寺调研，并为他们解决用水难的问题。"六一"儿童节很快就要来了，梁组长准备邀请企业到安居小学慰问帮扶留守儿童。同时，工作组还走访了贫困党员和所有村民组，通过走访与座谈会的形式，充分听取大家的意见建议，使驻村工作更好更快地解决群众特别是困难群众遇上的困难。

"另外，安居村办公楼漏雨相当严重，希望镇里解决，不然影响村干部上班。"梁组长对安居村脱贫攻坚"指挥所"再次提出维修的申请。办公楼漏雨我已经汇报多次，并向村班子承诺我在村里要干的第一件事就是维修办公阵地，像张应科主任说的那样，指挥部都整不好，谈什么脱贫攻坚，没人相信。但愿今天梁组长的汇报能起作用。

听我们汇报后，调度会上有领导强调说，每个驻村工作组要积极写信息、报信息，每个星期至少上报一篇开展工作的信息，并把信息纳入考核的范围。

我就想，上报信息肯定没问题，不要说是一周一篇，就是一天报一篇信息我们都能完成任务，反正都是反映枯燥无味的脱贫攻坚工作，可这样的信息有意义吗？再说，每个周都报，每个村都报，那么多信息，收信息的人有时间看吗？

镇里还规定，要求对驻村工作组每月一调度，查看民情日记与工作台账，以检验驻村工作。这是好事，否则个别同志驻村容易流于形式，驻村不在心上，工作不在点上，容易导致又不驻村、又不回单位老老实实上班的"两张皮"现象。

散会后，我向镇党委胡书记汇报工作，对我们提出的困难，他表示一定想办法解决，还说他对安居村充满期待。他说，镇里今后对驻村工作一月一调度，任务更重，管理更严，你没意见吧？

我说："书记哪里话，我们坚决服从，你不要说一月一调度，就是一周一调度甚至一天一调度，我们安居村都说得起硬气话，不信一试。我们天天守在村里，天天与群众打成一片，天天与村干部拧成一股绳，还怕您调度？"

"不要光说大话，到时调度拿不出干货，你就掉链子了。"胡书记劝我不要吹牛，他担心我在贫困山区坚持不下来，担心我吃不了那一份苦，担心我新官上任三把火，担心我"公鸡拉屎头截硬"。

我没好争辩，我害怕他觉得我只会夸夸其谈而缺少务实作风，只是心底暗想：书记小瞧人啊，那就拭目以待吧，我会为说过的话负责。

敢于"拍板"也是种担当

　　下午，戴镇长到安居村了解我们工作组向他反映的困难，一是大土组敖永利家门前公路垮塌后不能通车的问题，二是村委会楼房漏雨需要维修的问题，三是村卫生室选址问题，四是大山通组公路硬化问题等，需要镇长明确解决。

　　到了敖永利家，当看到公路垮塌后不能通行、且敖永利的房子因水毁路存在一定安全隐患的情形时，戴镇长立即表态：这路马上解决，马上施工。经费请村管所会同交管站测算后上报，争取通过公路水毁资金解决。

　　见戴镇长现场表态，敖永利握起我的手："兄弟，这镇长我们喜欢，敢表态，说明这路有希望。感谢你啊，没你这兄弟，这路又不知要拖到何时。你之前说半月内就解决，这还没到半月，镇长就来拍板了。你的话，信得！"

　　陪同戴镇长赶到村委会，大家都指着村委会楼房漏雨的地方，以及其他需要维修的电路、厕所、服务大厅、楼梯间、墙壁等地方，就向镇长诉苦。我也补充说："除了这些，村里也还需要添置一些办公设备，加起来整个阵地维修与建设，需要经费10万元的样子，望镇长关心。"

　　尽管我们使劲地汇报，可镇长仍没有点头，当我陪同他到会议室看到因长时间漏雨而长出青苔的墙壁时，他点头了："好吧，就按你们的想法先维修吧。不过，要等我在镇班子会上汇报并通过了再具体安排经费。你们可以前期先安排人做好施工的准备。"

　　见戴镇长表态，大家像是得了奖似地兴奋。村委副主任王国坤告诉我说："这房子修了10来年，这还是第一次维修呢。楼顶上的瓦早就破损漏雨，可没钱也没人在意，直到现在才得以解决，所以大家高兴嘛。"

　　除了村委会维修，村里没有卫生室问题也摆在镇长面前。现在村卫生室用的办公场所，是村委会一楼场地，这样使得村办公室相当紧张。"镇长，您看怎么办？"

"能调整得好土地不？如果能选好地址并调整得好土地，我们可以申报村卫生室修建的项目。"戴镇长问我。

我满口答应："如果能申报项目解决卫生室的修建，调整土地的事，由村里完成，镇长您放心就是，我们保证完成任务。"

"好，那我回镇里立即着手研究申报村卫生室的相关事宜。"

随后，我又陪戴镇长到斑竹园沙子坡调研，想结合青龙古城堡的遗址，准备在沙子坡建新农村示范点，以及文化广场和乡愁博物馆。

与戴镇长在村里调研半天，我感觉到，调研后如果不敢表态，群众特别是村里的干部看不到结果也就看不到希望。我觉得，现场能"拍板"，那也是一种担当。一名真正为群众创业谋事解决困难的干部或共产党员，如果一表态，他就会想尽一切办法予以解决，毕竟要为说过的话表过的态负责。

群众最怕的是，不敢表态，不敢担当，更怕表态了不落实，口号喊得多高，不见实际行动。

迷糊中以为自己尿床了

5月20日，星期三，雨

昨天深夜，睡梦中的我，仿佛感觉裤裆湿了，我下意识用手去摸，内裤、被子、床单全是湿的。

迷糊中我埋怨自己，都30多的年龄了，怎么还尿床了呢？

清醒后，我立即开灯，原来是楼顶在漏雨。这时，我才明白监委主任张应科对我说过的话：希望下的雨都是小雨，希望我第一件要干的事就尽快维修"指挥部"。看来，这雨下得不小。

整栋办公楼就我一个人，除了风雨声再无其他声响。不一会儿，电也停了，漆黑的夜晚伸手不见五指。翻身坐在床上，听凭窗外风雨声，我思念起异乡的母亲和远方的妻子，以及襁褓中的孩子，他们是否也正经历着风雨呢？

我的泪水就这样出来了，孤独感也缠绕于心。借助手机微弱的光线，我找起衣物，翻腾起被淋湿了的被褥，也寻找起接漏雨用的脸盆、脚盆。

坐在床沿上，听楼顶雨水掉进盆里的滴答声，我就后悔起来，为什么我要选择走这条路呢？好端端的待在城里不安逸，非要跑到这贫山区找这份苦受。

来驻村10多天了，生活一点儿也不规律，有时一天就吃一盒泡面。由于村委会没有食堂，村干部都是从家里吃了早饭来上班，晚上下班再回去吃晚饭，一天能保证两餐。而我，吃饭成了问题，就去投靠村小学的食堂。但是，食堂吃饭是按学校作息时间开饭的，早餐九点钟，午餐中午一点钟，晚餐五六点，由于与上班时间有冲突，有时就赶不上趟，只能饿起肚子，实在太饿，就吃一盒泡面。另外，学校要遇上周末或放假，饭又在哪儿吃呢？

看来，老妈阻止我来驻村，不无道理！可我又跟自己做起斗争，一个大活人，还怕被尿憋死？当初承认过，再苦再累都能承受的，这点儿小雨、这点儿饥饿算得了什么？我不止一次追问自己，驻村路、扶贫路还长，没准还有比这点儿委屈更重更苦的事呢！

就这样，在漆黑的夜里，我一直坐到天明，坐到雨停了下来。抬眼望窗外，村委会门前的稻田已经积满了水，山坡上的玉米苗，好像可以听得到它们疯长的声音，向上舒展起的禾叶，正像我经历一夜风雨后挺起的腰肢。

▷ 当晚房顶漏雨，已将宿舍墙壁淋湿。

人民医生送"人民币"

5月21日，星期四，晴

上午，我被邀请去参加亭子坝村的健康教育与义诊活动。

亭子坝村村委会小院里，早就挤满了前来看医生的患者，全都是上了年纪的老人，大概250余人，全都排起队等候医生望、闻、问、切。

二楼的健康教育课，听课的人却不多，亭子坝村驻村工作组组长王华刚扯起嗓门吼："楼下不看病或还在排队的村民，请到楼上来听医生讲如何防控疫病、如何讲究卫生的知识，听听医生讲你们的病是如何来的。"吼了几遍，二楼会议室的座位才算坐齐。

课堂上，医生讲的卫生健康知识很好懂，比如喝生水、吃生菜容易带来的危害，室内卫生如何打扫、房间如何通风、床铺如何暴晒消毒，比如得了关节炎后怎样保养、夏天突然流鼻血怎么处理等，都是非常实用的，有些知识，我也是第一次了解。

上课不一会儿，听课的人却坐不住了，不少人偷偷往外溜，生怕楼下医生走了，生怕看不上病——边远山区，要让群众真正喜欢上健康教育知识，看来还有一段过程，还需要健康教育部门下苦功夫，还需要我们基层一线干部多开展这样的活动。

卫生健康课结束后，我下楼了解义诊活动情况。义诊现场，市里的新朝阳医院，是一家把贫困户患者纳入免费医疗的民营公益医院，院长吴刚是一名外科医生，蹲在地上，他专注地为一名叫祁连刚的患者看病。

祁连刚，1999年在山坡上干农活时不慎将左脚摔伤成骨折，由于当时没有钱，加之医疗条件受限，他的左脚一拖就落下毛病，不仅不能走动，还失去了知觉。祁连刚左脚脚背和脚掌下，部分皮肉已经坏死，还散发出一股臭味儿。

　　吴医生没半点儿嫌弃，把祁连刚的左脚抱在怀里反复按摩、反复查看和反复询问，最后对祁连刚说："你这脚没有知觉，可能是一些组织已经坏死，或者产生了骨髓炎。当然，这是初步诊断，这要去医院做进一步检查，确诊后进一步治疗。你这脚有可能要截肢，当然这是最坏的打算。"

　　一听要截肢，祁连刚连连摇头："医生，这要多少钱哟？不行不行。"

　　"如果能治，我们一定保守治疗；如果治不好，就只能截肢，这是万不得已的事。你想，你这脚都几年没知觉了，不能动，跟截肢后有什么区别？截了还不感染其他部位。"吴医生又进一步解释说："关于钱的事，医院全免费，你安心治就行了！"

　　一听是全免费，祁连刚来了劲儿："那好那好，我一定去，吴医生。隔两天我就去，如何？""你明天去我们都欢迎！"

　　61岁脑梗患者韩弟仙，两年前患病后就一直坐在轮椅上，今天来看医生都是女儿送来的。蹲在韩弟仙面前，吴医生又关切地询问起来，最后他说："老人家，你这病还是到我们医院去做进一步检查吧。我的建议是在我们医院做理疗，争取有一定好转。当然，也是全免费。"

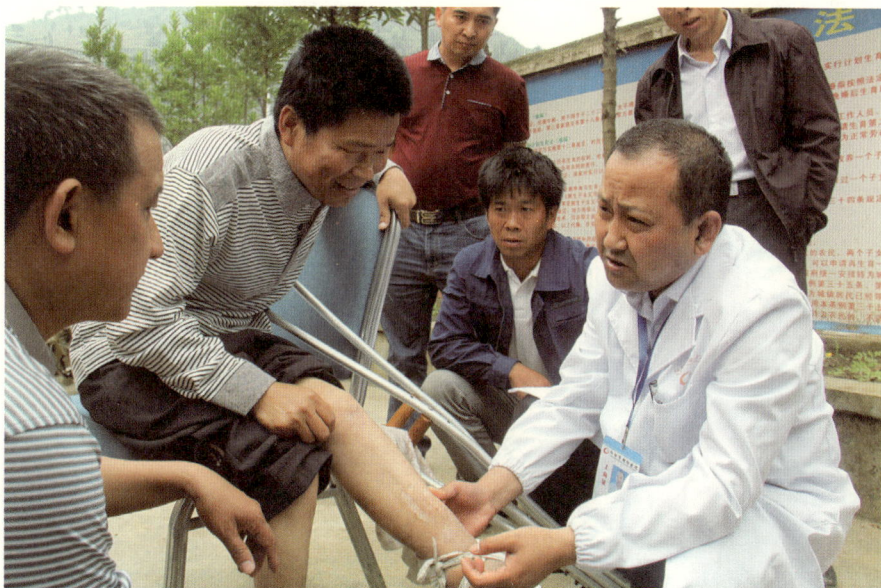

▷ 医院院长吴刚为患者祁连刚诊断。

一听全免费，韩弟仙乐了，一两句感谢话后，就说不出话来了，眼眶里的泪花替代说不下去的言语。

听说在新朝阳医院能接受全免费治疗，腿关节炎患者、72岁老人曾庆强在义诊现场大声地说："让我们接受全免费治疗，就相当于我们挣钱啊！同志们，人民医院的人民医生，是在为大伙送'人民币'呢！"

曾庆强话音一落，义诊现场立即响起掌声。

吴刚医生说："没有健康，就没有小康。"新朝阳医院医生来亭子坝为贫困户患者开展免费送医送药活动，只是他们开展脱贫攻坚巡诊活动的一个缩影，全市174个村庄，新朝阳医院将在两年内全部走完，为贫困户患者提供便利免费的医疗服务。

亭子坝村义诊活动结束后，我向吴院长发出邀请，希望他们也为安居村的贫困户患者送去健康，送去"人民币"！

长会短记性

5月22日，星期五，阴

今天一天都在镇里开会。

上午，仁怀市第四片区的乡镇纪委、村监委业务培训会在镇会议室召开，作为安居村负责人，我受邀请参加了培训。

会上，仁怀市纪委有关负责同志向参会的纪检干部、村监委干部作了如何开展监督检查、如何收集举报线索、如何开展廉政教育、如何做好党风政风的纪律监督等，都讲得很详细。同时，讲课人还讲了发生在身边的几起违反八项规定的案件。

作为村干部，必须警觉的是，一定不要侵占群众利益，比如接受服务对象的吃请，收受服务对象的礼物，违规操办酒席和违规吃酒席，都是违反八项规定的，都是要受到处理的。市纪委也出台了治理城乡居民滥办酒席的试行办法，对非国家公职人员操办酒席，也是有严格规定的，这就需要基层一线特别是村居监委发挥作用，对村民操办酒席，一定按规章进行审批，不按规定滥办酒席的，一定予以制止。

警示教育很有必要召开，以警醒身边人身边事。村一级干部很苦，没有昼夜之分，群众只要有事，一呼就到现场，特别是处理群众纠纷与群众矛盾，有时深更半夜都在处理，处理起来又头痛，压力也很大。尽管辛苦，但他们工资却不高，每月工资1000多元至2000元，可不能因为工资低就要乱伸手，就要"搞几个"。被处理的村干部，就是因为犯了这样的糊涂才身败名裂的。所有村干部上任之时，就要做好心理准备，如果为了收入，肯定不能走这条路，这条路是专门为群众办实事的。

下午，我们又继续开会，镇、村全体干部参会。

刘副镇长传达了扩权强镇的工作会议精神，三合镇为全市的试点镇，主要有19项行政执法方面的事权、执法权；传达了全市危房改造调度工作会内容，三合镇有500套的计划。

陈副镇长传达了全市农村产权工作会内容，主要包括土地承包权、小型水库集体所有权、宅基地所有权、房屋产权、林地承包权等"五权"改革。这项工作，近期要启动。

王副镇长传达了全市农村电网改造现场观摩会精神，要求各村摸排用电安全隐患，要求5月25日前上报统计结果。

陈副书记传达了全市政法工作会内容，包括六五普法、"一创双提升"、平安工程等，都要包保到村干部。今年来硬的，哪个村有黄赌毒现象不及时上报、精神病人管理不到位导致出现问题，一定严肃追究处理。同时他还传达了全市计生工作会精神。卫生计生工作，三合镇被通报，原因是没有完成计生工作任务，还存在户口信息重复的问题。

胡书记最后传达了市委常委扩大会议专题研究的经济工作会议精神，会议强调了60个贫困村脱贫攻坚全面小康的事宜，安排了贫困村小康公路硬化纳入年度经费预算的事宜。还有项目建设、基层组织建设、社会管理建设、小康驻村与作风建设……

会议足足开了一个上午和一个下午，我的笔记本记了27页。会议很长，我的记性不好，能让我记牢的，就是农村的"五权"改革，我希望它尽快启动，因为涉及到我们村的脱贫攻坚发展。记得牢的还有小康公路的硬化。安居村目前没有硬化的泥巴公路可能超过70千米，之前几个施工队在施工，但由于利润不高，加上群众意见大、纠纷多，几家施工队放弃了。

硬化公路是群众最欢迎的，也是脱贫攻坚中必须要解决的。之前听说硬化公路计划数少，一个乡镇才几十千米，一个村也就几千米，所以群众意见大，争抢施工队的事时常出现。现在硬化公路不存在指标，贫困村可以大胆地干，那我们还等什么呢？只是，又在哪儿找施工队先垫资修建呢？

看来，我们的压力不小，还有很多工作要做。

她的"职业"是警嫂

5月23日，星期六，雨

今天，我应邀撰写一名优秀警嫂的事迹材料，之所以把她的事迹记在我的扶贫日记里，是因为她的丈夫与我一样，都在基层一线，都很少回家、很少管孩子。这样一来，操持家务的重担就落在这名警嫂身上，为家、为支持丈夫事业，她付出了很多。

她叫周艳红，高大坪乡坪营小学一名老师。她喜欢上教师这个行业，是因为她爱那里的孩子。坪营小学，她的同学和不少同事都往城里调，可她在坪营小学一待就是几年。

丈夫是基层乡镇派出所民警，守护老百姓的一方平安，不分白天黑夜的工作压力不言而喻。家里的事就靠周艳红，管家、培育孩子、照顾老人，没哪一样离得开。孩子都6岁了，可丈夫一次也没参与过孩子在学校的活动。

这是周艳红家的情况。她哭过、吵过，可有什么办法呢？兴许，她觉得丈夫的工作更重要，他与丈夫组建起来的家更重要，于是她辞去心爱的职业，回家照顾孩子和老人。

然而，辞职回家后她才发现，柴米油盐也不轻松，一家人的生活开销单靠丈夫工资收入，日子不仅过得紧，就连老人生病都不敢治。于是，她又说服丈夫与家人，考进一家国有企业工作，不仅解决了家庭收支上的平衡，更重要的是离家近，能照顾孩子和老人。

几年来，周艳红上班、下班，回家再继续"上班"，不累那是假话，但她承受了下来，一门心思支持丈夫。有人和她开玩笑："大家都有职业，都很辛苦，再说你的工资比丈夫高，凭什么你要全部承担家务？这显然不公平。"周艳红也开起玩笑："你知道我工资为什么高吗？因为我多了一份工作，那就是警嫂！"

不仅逗乐了大家，更重要的是，周艳红觉得当一名警嫂很自豪很神圣，自己愿意承担……

在日记本上，我记下她的事迹，因为我觉得，作为妻子，她多了一份职责，承担起一名人民警察的另一半工作。她跟脱贫攻坚一线干部以及其他基层干部的家属一样，也都承担起抚育孩子、孝敬老人、操持家务的繁重工作，而从未有过怨言，才使丈夫在基层一线没有后顾之忧，工作得放心、安心与舒心。我肃然起敬——脱贫攻坚胜利果实，一定有她们一半！

农民以为宽带就是裤腰带

5月25日，星期一，阴

"书记，你说的宽带是啥子，我没见过呢。"

"宽带就是传输信息的，只要拉通，只要有电脑，就可以查任何信息。"

"喔。我还以为是裤腰带！关键是我们拉通了又有何用？"

"啊……裤腰带……"我憋不住笑起来，"陈大爷，你是真不知什么叫宽带还是逗我开心的？"

今天上午，我去坝子组贫困户陈友财家走访时，电话里跟王安龙副组长沟通如何向有关企业申报接通光纤宽带的事宜时，陈大爷突然问我什么是宽带。

笑过之后，我说："大爷，这宽带的用处可多了，比如你家养的牛生病拉肚子，一时又找不到兽医的话，就可以先在网上查一查，就可找到相应的解决办法，或者在网上查出电话，就可打电话向畜牧站的同志了解情况。你养的牛要出售，可又不知道卖价怎么办？不急，你只要在网上查一查，全国的肉牛价格你都了如指掌。"

陈大爷半知半解，只管盲目点头，看来他是真的不知道什么叫宽带。不仅陈大爷，在安居村，跟他一样年纪的农民，对宽带知识的了解肯定也很缺乏。目前为止，安居村连手机信号、4G信号都不稳定，对宽带的了解与使用，群众肯定陌生。

我听安居小学校长赵一说过，他开起手机用4G信号转发一张图片到城里，整整花了四五个小时，而乘公汽去城里，充其量一个多小时。在村委会，当需要上报信息资料时，就让知识青年彭远刚骑摩托车送U盘到镇里，遇上信息资料多、时间紧急的时候，他一天要跑两三趟。传输信息，仍是原始的状态。宽带建设，势在必行。

从陈大爷家回到村委会，我邀上王副组长立即往镇里赶，希望在镇上能联系上通信企业帮我们建通宽带。

通过与几家企业的对接，最终联通公司大坝分公司答应先到村里调研后再决定。听到这话，我与王副组长又立即往大坝赶，并邀请大坝分公司曾凡明经理到安居村现场调研。我与王副组长，迫不及待地希望他们明天就拉通宽带。

现场查看情况后，曾经理说："由于路途远，拉通安居村的宽带，需要几十上百万元的经费，这需要遵义的公司审批。考虑到节省成本，安居村可以先使用电话线接通宽带，但要沿途三个村都使用，并确保每个村至少有50户群众使用，这样成本才会降低。如果达不到150户的量，成本10万元就由安装方安居村支付。"

为急于拉通宽带，我与王副组长答应了："如果用户达不到150户，那10万元成本，我们想办法解决，请曾经理放心。"我们担心这事落空，于是硬起腰杆儿答应下来。见我们答应后，曾经理才说，他们会在一个星期内上报，由上级派人调研后落实。

送走曾经理后，我默默祈祷，但愿宽带早日建成，但愿群众早日了解宽带用上宽带，而不再认为宽带就是裤腰带了！

▷ 走访慰问说"宽带就是裤腰带"的贫困户陈友财。

镇长，那路不修我怎么交差

5月26日，星期二，阴

一上班，大土组组长敖永利就急匆匆地跑来村委会找我。

"书记，那天镇长去现场说的马上动工修路，可都几天了，怎么不见动静？群众过路天天都在骂我不称职。是不是你没有汇报好工作？"

"群众有纠纷找我，有难事找我，心头有气要出也找我，我这组长当得窝囊，拿钱不多管事多！你这样拖我，我干不下去，你们另选组长。"敖永利道出他心中的委屈。

我理解敖组长一心为群众干事的心情，所以向他保证，今天去镇里找镇长再汇报，希望有好的结果。

送走敖组长后，我立马朝镇里赶。

在戴镇长办公室，除了汇报昨天安居村重新进行班子成员分工、村干部上下班签到制度、日常工作执行办公室制度化、值班值日常态化、印章管理登记制等班子日常管理工作外，我还特地向镇长汇报了他前几天去敖永利门前表态修复塌方公路的事。

"敖永利刚刚还到村委会找过我，说如果不尽快施工，群众都不相信他了。这对我也是一样的，如果还不启动修通那公路，我不好向敖组长和群众交差。"我向戴镇长汇报起我的难处。

"你的心情我理解。那路的事已经安排村管所了，他们这几天可能忙不过来，所以没能来村里。不过你放心，就这几天启动。另外，你先找施工队，只要村管所预算一出来，你那里就直接找人先行施工，说话作数。"戴镇长一边安慰我，一边解释起镇里的工作也多，任务也重，一个萝卜一坑，大家都没敢放松。"你想，你们在村里都那样忙，镇里的干部不忙，也说不过去啊！"

　　当着我的面，戴镇长打电话给村管所和交管站，让他们立即预算敖永利家门前垮塌公路的维修经费，使其能在短时间内施工，让群众通行方便。

　　通过这次汇报以及镇长的关心，敖永利家门前的塌方路维修，已经更进一步了。在村里这段时间，我也收获一种认识，不管什么事不管什么项目，都要"趁热打铁"，都要跟踪服务、跟踪落实，不然效率就不高，甚至会导致项目"流产"。

　　回到村委会，我立即打电话向敖组长回复今天去找戴镇长的结果，敖组长听后欣慰地说，如果启动维修，他一定做好占地农户的思想工作，一定为施工队搞好前期服务。

想起我的儿童时代

5月27日,星期三,阴

"六一"儿童节很快就到了,为让村小学学生特别是留守儿童过上快乐的节日,工作组梁云洪组长邀请知名企业台郎酒厂到学校帮扶。

今天来慰问学生的除了企业外,还有退休教师协会、非公企业党建办以及镇政府的领导,加之来学校陪孩子的家长,安居小学异常的热闹。安居小学的师生还准备了一台演出,几乎所有老师和孩子都上台进行了舞蹈、歌唱、相声、朗诵等节目的表演,都迎来了热烈的掌声。

为这台表演,村干部和我们驻村工作组的同志,以及安居小学的全体师生都放弃休息,天天彩排,天天准备。听到热烈的掌声,再辛苦都觉得值。

看到小朋友背起企业赠送的新书包和穿上新校服,看到孩子们落落大方上台演出的情景,我就不由自主地想起童年时代——我读小学的那段时光,太艰辛了。那时,我们没有漂亮的书包,书包是布缝的,充其量叫布口袋;那时,我们没有校服,穿的衣裳是补丁擦补丁;那时,我们没有体育用具,全校就一个篮球,漏气儿了没有气枪打气,就让高年级同学扯根细竹管儿插进灌气孔用力吹气;那时,我们的玩具就是自制的铁环和陀螺;那时,我们还有两种游戏,叫"斗鸡"和"打赢仗";那时,老师叫我们上讲台唱支歌或朗诵一首诗,可我们上去后屁都不敢放一个,鼓起两只眼睛就下台了……

想想过去,看看现在,孩子们多幸福,他们不仅不交学费,就连中午都能吃上免费的营养午餐。摆在教室里的文体用具很多,他们玩够了就换在电脑室或实验室里"玩",不仅通过电脑或实验拓宽视野,还能开启他们的智慧之门。他们中,再穷再苦都可以得到帮扶,都可以无忧无虑地读书。而这些在我们那个时代,根本不敢想象,没钱读书,就真的不能读了,辍学时没人管你读不读，也没人追究责任。而现在，要是哪个儿童因为贫困上不起学，各级责任可想而知——轻则写检查，重则受处分。

除了小学生，安居村的其他贫困户中学生、大学生，通过扶贫政策，他们几乎不用缴费，只管好好地读书就是了。

感受今天孩子们的幸福时光，我百感交集，那时我的梦想很多很多，但终无实现，原因就是那时家穷，条件不允许。今天我们来扶贫，除了帮贫困群众过上幸福的生活外，还要力所能及地帮助孩子，尽最大努力为他们提供、创造读书的好条件，让他们健康幸福地成长，而减少他们成长中的遗憾。

儿童节想回到儿童时代已回不去，但保存一颗童心与爱心，童真与纯真就会天天存在。

▷ 安居小学幸福的儿童。

书记、镇长突然"袭击"

5月28日，星期四，阴

夜幕降临，村委会门前白杨树的枝头上，两只喜鹊哼起的归曲，把一天的疲惫扯进屋檐。

放下手中活，我站起身来，才觉倦意里透着饥饿感。正当我准备到村小学找赵校长蹭饭时，门外突然响起敲门声。我抬眼，原来是镇里的胡书记和戴镇长。

"书记，怎么是您们？这个时候了还来检查工作，您们也太辛苦了吧！"我连忙让座。

"怎么了，你不欢迎？"胡书记说，"来之前没跟你通电话，就是来看看你在不在位。你还跟我说一周一调度你都不怕，我今天与镇长来，就是印证一下你说的话是不是真的。这叫突然'袭击'！"

"感谢书记，感谢关心！多亏我还没有出去吃饭，不然您们突然查岗，还以为我不在位呢。"

"怎么，还没吃饭？"胡书记一边问，一边关心起我们驻村干部的生活来，随即安排随行的工作人员尽快落实我们的食宿，不能辛苦了一天连饭都吃不上。他还叮嘱，如果村里解决起来有困难，就让我们驻村干部都搬去镇里住，那里不仅生活起居方便，还可以洗热水澡，闲暇时还可以与大家参加体育锻炼。

"镇里条件是不错，但我们每天来来回回不就成了走读干部了？驻村干部是来驻村的，就得老老实实待在村里，吃饭住宿难不倒人，书记不用担心。"谢过书记、镇长后，我把话题转到这两天村里开展工作的情况汇报上来。

听我汇报完工作后，书记、镇长部署起安居村发展建设的一些规划。安居村历史悠久，有明朝时期遗留的军事城堡，有先民留下的古民居，有良好的民风民俗。所以，镇里准备围绕古城堡打造周边环境，发展果林产业，修建乡愁博物馆，不仅让村民特别是贫困户脱贫致富，还要让他们精神富足。

"书记、镇长的想法与安排，我都记在本上，准备明天上班时转达给每名村干部和驻村干部。""不光是传达，你要顶起干，希望明天就找农民谈征地的事、发展的事。"胡书记说，"脱贫攻坚，慢不得，等不起。"

书记安排结束后，镇长又接着补充："村委会办公楼维修的事，镇里同意了，望抓紧实施。维修之前，你们最好到城里的社区参观一下，心头才有底，才知道怎么干。力争把安居村打造成农村示范村级阵地！"

有这样的好项目，我明天就抓落实。送走两位领导后，我为自己安排起两桩事：一是上午找斑竹园组沙子坡的群众开会谈发展、谈涉及农户的征地、谈周边的环境改造；二是下午到中枢葡萄井社区、青杠园社区参观，借鉴两个社区标准化办公阵地建设的经验，回来后按其标准建好安居村的阵地，兑现我维修"指挥部"的承诺。

人家的阵地才叫阵地

5月29日，星期五，阴转小雨

　　召开完斑竹园沙子坡古城堡周边环境改造和产业发展的群众会后，下午，我又急着去中枢街道、群众服务中心建得比较好的林园社区、青杠园社区参观，想借鉴他们好的经验。

　　进入葡萄井社区，我立即感受到，人家的村级办公阵地建设以及群众服务大厅，那才叫"阵地"。

　　葡萄井社区在老城繁华区域，尽管外边喧闹，可一进入社区阵地，服务大厅的安静让人感受到社区组织有条不紊的工作节奏，以及社区干部埋头工作的繁忙景象。

　　服务大厅整洁规范，有党建服务区、社会事务服务区、人口计生服务区、警务综治服务区等，让前来办事的群众一看就明白。同时，在大厅进门处还设有专门的引导咨询处，群众来办事不了解流程时，还可找引导员帮忙。服务大厅一侧，是社区总支书记、主任，以及其它副职的办公室，群众一进门就看得见，就能找得到相应的干部。

　　服务大厅和各办公室，除了每名干部一台电脑外，还有各自的文件档案柜。个人处理的信息资料个人管理、个人负责，免得多头管理导致办公混乱。每个服务台都有相应的办事流程，群众不想咨询，也可以通过流程了解办理程序，以提高办事效率。更引人注目的，还有他们规范的来文登记、发文登记，做到有据可查可追溯。相隔一段时间，他们都要把文件汇编成册发给党员干部、社区代表或复印后贴在公示栏里，充分让党务政务公开。

　　葡萄井社区设党总支，有党员172名、支部5个，各个支部都分片管理各区域的党务政务。社区有干部18名，分别管理各自业务和辖区内近两万人的社会事务。尽管人多事杂，但有科学规范的办事流程与规章，社区内的队伍建设、组织建设一点儿也不逊色。

青杠园社区也是示范社区，服务大厅除了相应的服务区外，他们还成立"马上就办"服务区。这个服务区服务的内容，重点是为群众急需要办理的事务而开设的窗口，对此群众特别满意。社区里我还了解到，他们严格的印章管理还受到上级的好评。社区要求，印章不准许带出办公室，并由监委主任专门管理，每盖一次章都必须由社区主任签字后方可启用，并且印章启用必须执行登记，否则都属违规。

在青杠园社区，除了服务环境清爽、干净整洁外，室内室外的绿化与盆景，也够让人流连忘返。

参观结束后我想得很多，我们安居村的阵地建设，何时才能达到这个标准啊？特别是规范的办事流程，规范的文件处理，都是一大难题。前几天，我在会上反复强调，一个村的党务政务，很大部分都来源于文件的指令与请示，所以来文与发文管理流程非常重要，这就要求办公室登记制度化。党政主要负责人签字交办，不仅办事有序高效，如果延误时间或出了问题还可以追究责任。可是，执行几天后，大家放弃了，觉得这样多此一举。

安居村的阵地建设、组织建设、效能建设，任重道远！

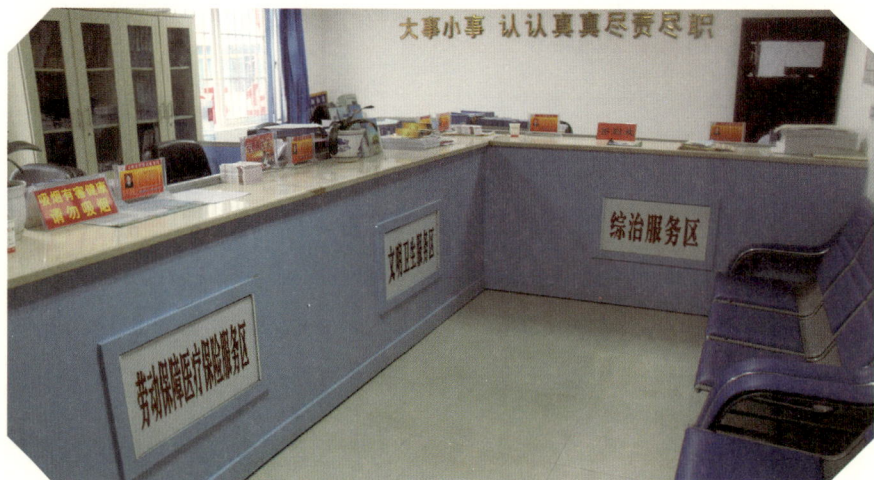

▷ 中枢街道青杠园社区的便民服务大厅。

"三严三实"教干部敬畏群众

5月30日，星期六，小雨

今天下午，我被通知参加全市宣传文化系统"三严三实"专题党课学习。

"三严三实"，就是严以修身、严以用权、严以律己，谋事要实、创业要实、做人要实。这是习近平总书记对领导干部提的要求，也是党员干部新的作风标准、做人做事标准。尽管专指领导干部，可我认为，"三严三实"每条要求都与村干部息息相关。

通过辅导员冉部长的讲解，我理解的"三严三实"应该是：脱贫攻坚战线上，一定要坚定信念，一定要有政治定力，做到群众不脱贫、我不离岗，做到用牙啃也要啃下硬骨头的果敢，这才叫严以修身；要守规矩、严要求，用好为人民群众服务的手中的那一点儿小权力，让群众感受到你在为他们热情服务而不是耍弄权术，也万不可在脱贫攻坚中优亲厚友、徇私舞弊，这才叫严以用权；关于严以律己，我认为就是敬畏法纪、敬畏群众，公而忘私、为政清廉，做到心中有责、心中有戒，不忘根本、不忘村民。

脱贫攻坚一线，尤其需要一线干部从实际出发，从每件小事做起，让群众实实在在感受到帮扶带来的变化；要带领群众发展产业，通过产业真正让群众特别是贫困户脱贫；在基层一线，在群众面前，特别不能虚头滑脑、虚无缥缈，做事为人始终做到老实本分、胸怀坦荡。这些，应该就是谋事要实、创业要实、做人要实的基本道理吧。

总的来讲，我理解的"三严三实"就是把安居村这个贫困村举在头上，把安居村的贫困群众扛在肩上，把每一名群众都装进心底，把每寸泥土都捧在手中。不忘初心、不忘本来，敬畏群众、敬畏职责，真抓实干、勇于担当，兢兢业业、任劳任怨，不负青春、不负厚望，让全村群众满意，让个人内心满意，

让自己敬畏自己。

申请来贫困村就是为一个村的群众的。习近平总书记提的"三严三实"，除了要求干部敬畏群众外，还要求我们在脱贫攻坚战场上，一定要不虚此行，不惜牺牲！

离婚要赔青春损失费？

5月31日，星期日，多云

"书记，这婚，我不离，就这样拖好了。要离，您让她抱50万来，我就签字。"

"抱50万干什么？是分割财产吗？"

"不是财产，是青春损失费！"

这是今天晚上我和王安龙副组长上门为团山组村民吴连金两口子闹离婚调解时的对话。

吴连金与爱人多年前结婚，婚后日子过得还不错，两口子为人处事都受左邻右舍称赞。但由于为些家庭琐事，以及长期在外务工的原因，两口子感情破裂，已经达到闹离婚的地步。碍于孩子已读初中，两口子就一直没提，都想把家庭维持下去，但现在，两口子又闹开了，这婚，必须离，要求我们去帮他们调解。

了解实情后，我说结婚自由，离婚也自由，这是婚姻法规定的，任何人都不可强迫，都要双方自愿。你们两口子如果感情确实破裂，如果确实都要离婚，那离婚时一定要解决好子女的抚养问题，还有婚姻存续期间共同财产的分割，以及婚后的债权债务等都处理好了，你们就可以离婚。

"书记，这些都是处理过了的，他起初是同意的，但后来他又反悔，要求我赔他的青春损失费，这是什么话？所以才闹起来找你调解。"吴连金爱人说出缘由。

我笑起来向吴连金解释："你有青春，人家就没青春了？人家也让你赔青春损失费呢，你赔吗？是哪条哪款规定，离婚要让对方赔青春损失费？"

我讲了不少道理，但吴连金始终不愿意在离婚协议书上签字，他觉得跟爱人生活了那么长时间，什么风雨都度过了，现在有房有车，孩子也快长大成人了，可为什么爱人要跟他提离婚的事呢？难道就没有挽回的余地了吗？

听吴连金这样一说，我立即把他爱人拉往一边向她解释："连金其实很不错的，他是想跟你好好过下去，你看怎么样？"

"一万个不可能。他是说起好听，但说过之后又不改。两口子过日子合不合脚，只有自己清楚。书记你也别劝了。他跟我提离婚的事，我也答应了，可他现在为什么又不同意？"

就这样，我反复做起两口子的思想工作，也听到他们过去产生的不少矛盾，最终两口子铁定离婚，双方也都在离婚协议上签了字。只是后来吴连金想不通的是，他身边有先例，说先提离婚的赔偿了对方一笔青春损失费，对方才签字离婚，可王书记为什么又说没有这个规定呢？实在整不明白。

我说："你可以向任何一个懂法律的人打听，或者你自己找法律书来看，离婚一定没有青春损失费赔偿这个规定的。你举的例子，也许是对方有钱，而且在自愿的情况下补偿给对方的一笔费用。打个比方，你老吴如果是亿万富翁，又有能力找大钱，你离婚时难道就忍心看到你爱过的人今后过苦日子吗？"

"我要是亿万富翁就安逸喽，我还在这里跟她啰嗦，她要多少钱，我反过来给她。"吴连金似乎明白了我讲的道理。

"指挥所" 动工维修，可资金呢？

6月1日，星期一，多云

下午，我向村班子承诺的第一件事——维修脱贫攻坚"指挥所"，也就是维修村办公楼正式动工。

维修的项目主要是屋顶增瓦补漏、粉刷墙壁、安装电线灯具、维修厕所、维修会议室、维修还未完工的服务大厅，打造办公楼走廊文化、订制各办公室标牌，添置项目为文件柜、电脑、凳椅等。初步预算，需要经费9万多元。

看到四五个工人忙碌的身影，我与工作组的同志都舒了口气，承诺的事项今天终于有了结果。

尽管镇里同意我们维修办公阵地，可资金呢？镇长说，由于镇里的财力有限，希望我们工作组向上级挂帮部门申报解决，或者筹措社会帮扶资金解决。一想到这里，我额头上就冒汗，近10万元费用，谁出呢？但是，又不可能等找到资金了再维修吧，因为漏雨实在严重。

实在不行，我本人先借钱解决！壮起胆子，我向亲戚借钱先买柜子、电脑、办公桌椅等，让每个人都有办公设备。装修维修、标牌制作产生的费用，先向施工方赊欠，待申请到经费后一并解决。

吃了自己为自己下的"定心丸"，我鼓励起大家，你们尽管干，费用不用大家操心，我来解决。现场施工的工人才不管我这些，他们说不管你怎么解决，反正工程一干完，就得结账，这是工人的血汗钱。

他们这一嚷，我又慌了，于是又找施工方负责人，希望他们不要拖工人工资，或者做好工人思想工作。

见我小心翼翼的样子，施工方负责人赵虎笑起来："看来王书记还没有经历过这些事。工人们是跟你开玩笑的，他们都清楚，这钱我会先支付的。没几个钱，我不担心，你什么时候申请到资金，就什么时候给好了。"

就这样，在我志忑中，村办公楼开始维修，并按照葡萄井社区、青杠园社区的服务大厅、办公室、走廊文化、宣传展板等标准进行改造与维修。不过，办公楼改造好了，办公条件改善了，假若办事流程还是老样子，大家的工作仍然没有创新，这阵地的打造是不是浪费了呢？我想，应该不会。

至于经费，也不可能拖欠太久，我的主意是向有关单位申请，他们应该会同意的。

马上，马上，再马上

6月1日，星期一，多云

今天是"六一"儿童节，安居小学的孩子们都得到了来自各方叔叔阿姨的慰问，市教育局科教中心负责人陈登发也到了安居小学，他是来看望慰问孩子的，也想听取怎样办好农村小学、幼儿园的意见。

座谈会上，我发言说："农村小学与城市小学应该开展师生互换活动，让城市小学老师来农村学校支教，使农村孩子享受更好的教学资源；让农村小学老师也到城里"支教"，让他们学更先进的教学经验与方法。"

"另外，让城市小学生来农村小学试读，提升他们对大自然的认知能力，比如对种地、养殖的认知和农作物的认识等，免得出现韭菜、麦苗不分的笑话；让农村小学生进城试读，让他们感受城市的生活，比如如何过人行横道、如何乘电梯、如何逛超市、在哪儿看电影等。"

"毕竟，孩子的学习成长不仅仅只靠书本，不仅仅只限于农村或城市。兴许，这种互换会改变孩子的学习态度。"

听完我的想法，陈主任连连点头："是个好思路，要不你马上理个调研报告，我马上向上级汇报。"

陈主任的建议，我马上点头。

得知我们开始维修村办公楼，戴镇长与镇政法委陈书记一同前来关心，除了要求我们安全施工外，还跟我们提出施工结束的时间：最迟6月15日结束，因为镇里有一个现场会，拟将安居村纳入参观点。

"所以，你们马上增加施工人员，加大施工力度，最好提前完工。"镇长一边要求，一边邀我陪同他去沙子坡古城堡山下的现场，准备按之前的规划在那里建农民文化广场、乡愁博物馆、周边环境整治与经果林的发展。

　　这当然是安居村的福音。到了现场，我听起两位领导的工作安排，一是涉及到的土地，马上与农民座谈，马上开始征地，马上开始施工；二是马上召开群众会，听取大家的意见，如果定了种葡萄，这个月就要马上实施。

　　两位领导的安排，我答应马上落实，并在现场通知包组干部马上电话通知明天开会。

　　送走两位领导，我马上回村委会，因镇里的张副书记还等在那里。

　　一见到我，张副书记忙称："明天市政协吕副主席要来村里调研，想听取我们的发展思路，想了解'四在农家·美丽乡村'的创建情况，以便政协能更好地关心帮助。所以，你马上选两个点，明天拿来接客。"

　　这当然是美差！与村干部和驻村干部一起，我们马上选出两个点，一个是已经创建好了的偏岩子，一个是准备打造的沙子坡。

　　今天，我的工作就是在马上、马上、再马上的交代声中度过的。

三合"穷"，只剩下存款

6月2日，星期二，晴

调研结束后，市政协吕副主席让我一同去镇里参加脱贫攻坚小康驻村民主协商座谈会。

会上，戴镇长向吕副主席一行汇报了三合镇的社会经济发展情况，以及当前脱贫攻坚存在的问题。

镇长说，三合是个老区，是过去仁怀八区之一，地处仁怀最北端。三合相对于怀南地区，地理环境落差大，生态植被少，水资源相当缺乏。尽管如此，三合人秉承走出去海阔天空、站起来战天斗地的精神，并通过几代人的不懈奋斗，三合社会经济发展在同类乡镇中走在前列。用电量是同类乡镇中最高的，表明建筑、加工等项目不断增长；卫生院医疗床位增加，学校学生人数没有明显减少，表明医疗条件、就学条件不断改善；仅信用社的存款余额，目前就有3.2亿元，是同类乡镇中存款余额最多的乡镇，这些存款大都是在外务工的村民汇回来的……

镇长介绍到这里，吕副席打断他的话："这表明三合人敢于走出去，敢于创新，敢于拼搏，收入才这样高。这是汇回来的存款，而存在外地的存款呢？肯定会更高。这是值得研究的现象！"

"不过，副主席，时过境迁，没有高速通道，交通从过去的优势变为没有优势，发展还是缓慢。所以三合还是穷。"镇长谦虚起来。

"是喽，三合'穷'，穷得只剩下存款了！"吕副主席一句话，引得大家开怀大笑。

三合确实天天在改变。集镇建设曾经得过全省一等奖，也是省级卫生乡镇。几十年来，三合从一条小街，发展成现在多条街道、多条巷道的集镇，

人口从过去的几百人到现在的1万多人。三合曾经是外出务工人才基地，其中八一村还是贵州农民外出打工第一村。现在的三合已发展起电子厂、制衣厂，不少农民不用外出就可以在镇上务工，照顾家庭相当有利。

三合修建起的小区楼盘，让集镇群众过起城里人一样的舒适生活。通过白改黑工程，三合所有街道、巷道都修起沥青路面。建起来的农贸市场，不仅规范了菜农、果农的集中管理，还方便了群众、方便了商贩，也解决了赶集天拥挤的问题。

三合集镇还在变化，脱贫攻坚这场战役中，它将带起10个村特别是贫困村的群众，正大步走在社会经济跨越发展的道路上。三合人不穷，是因几代人的奋斗和现在脱贫攻坚一线干部与群众竭尽全力的拼搏；三合人觉得"穷"，是因为三合广大干部群众不知足，不安于现状，需要紧跟时代赶超，需要砥砺奋进，从零起步再出发！

可依靠组织，但不能依赖组织

6月2日，星期二，晴

"我们的群众特别是我们贫困户，要紧紧依靠基层党组织开展脱贫攻坚，但不能什么事都依赖我们基层党组织。当然，基层党组织不能什么事都包揽，要激发群众的内生动力，要充分认识到，群众才是脱贫攻坚的主体。"

今天下午市政协吕副主席的这句话，成为我今晚农民夜校课的主讲内容。

到村这么久，只要去调研开座谈会，只要去群众和贫困户家中走访，不少人一发言就谈自己的困难，都希望村里、镇里给予更多关心帮助与照顾，而谈自力更生、一门心思谋发展、一股劲儿地脱贫致富，却提得不多。这是为什么呢？可能他们心里真的装着依赖党和政府的这些想法，可能想通过"不劳而获"就可以脱贫致富。

我去一贫困户家中调研，他居然跟我说："书记，感谢你啊，你怎么说我就怎么干，我一定支持你的工作。"

这是啥子话？他的意思是他脱贫致富是为了我们这些基层干部喽？如果不给我几分薄面，他是不配合的，他是不想脱贫的，那么我们就脱不了干系了——他们是不是这样想的？

所以，结合吕副主席那句话，以及这段时间的调研，今天晚上的农民夜校课就必须讲这个问题，讲啥子事都想依赖基层党组织的思想认识。

来参会的除了群众代表、组长外，更多的是贫困户。一落座，我就开门见山：

"同志们，如果你的家里有几个身强力壮的儿子，你是希望他通过自己勤劳的双手、聪慧的头脑、吃苦的精神发家致富呢？还是担心他吃苦而由父母惯着天天给吃给喝一辈子？"

"当然不可能给他吃喝一辈子喽。再富有的家庭，都会被吃垮，这叫坐吃山空，肯定不行。""如果是我，我肯定要让我的儿子吃苦在前，享受在后，这样长大的孩子才经得起风雨，才可能发家致富，才可能超越父辈。那样，我们当父母的脸上都有光嘛！"

我让大家自由发言，群众好像把这堂农民夜校课当成教育子女的课了。见时机成熟，我话锋一转："我们每个家庭呀，就相当于一个国家、一级组织，我们国家现在富了，是世界第二大经济体，但国家的富裕，是天上掉下来的吗？肯定不是，是我们党带领人民群众创造的。如果你不创业我不创业，你不勤劳我不勤劳，你依赖党和政府我也依赖党和政府，那这个国家，肯定走不下去了，贫穷不被欺负才是怪事。这就相当于一个家庭，所有子女都不勤劳致富，都不拼搏创新，你这个当家长的再富有，迟早是要被花光、吃光的，再多的存款都会消耗掉。所以，归根结底，任何时候任何人，都要通过创造、都要通过奋斗才能创造价值，才能立于不败之地……"

一堂农民夜校课，我足足讲了一个半小时，有群众似乎听懂了。接过我的话，老党员陈洪江声似洪钟："古人有句话叫志士不饮盗泉之水，廉者不受嗟来之食。说的就是我们任何时候都要有气节，都要有艰苦奋斗、自力更生精神。"

农民喜欢有干货的调研

6月3日，星期三，小雨

尽管下起雨，但却阻挡不了仁怀市人力资源和社会保障局挂帮干部的脚步。

自去年以来，人社局就派一名干部驻守安居村，几十名干部分别帮扶安居村每一户贫困户。今年驻村干部轮换时，人社局又加派力量，派劳动仲裁院院长梁云洪同志和社保科科长王安龙同志驻村。

今天人社局王局长带着10多名干部进村入户，检查走访，并以召开座谈会的形式，帮助解决目前安居村遇到的困难。

冒着雨，王局长一行在新寨、曹子头、沙子坡等村民组调研。在新寨组，王局长一行查看了群众最想修的一条断头路。这条待修断头路有400米左右，如果修通，可让新寨与曹子头两个村民组少绕行至少3千米的路程。农民想修通断头路，但苦于没有经费、工程量大，这条路就只能搁起来。

一边检查，王局长一边询问这条路需多少经费，如果毛路修通能不能享受通组公路的硬化政策等。陪同检查的梁组长回答："现在政府的政策是群众自筹经费'打底子'，政府出资'铺面子'，也就是说，只要毛路修通，只要达到硬化路面标准，政府一定硬化。"冒雨听完介绍，并看到现场群众代表期盼的眼神，王局长当场表态："这条路我回去后开会研究，并纳入今年的帮扶计划。"

一听王局长这话，现场陪同调研的群众代表李光勇马上竖起大拇指："太好了，太好了！这条断头路我们盼了多年，看来今年可以整通了！"

随后，王局长一行又冒雨来到沙子坡贫困户张应超家，除了详细了解张应超家庭情况外，还问张应超想不想发展产业。张应超听后忙回答："如果领导关心发展产业，那就更好喽。只是现在没有产业，没有钱，群众发展不起来。但是，一定要有增收，如果收益超不过苞谷、高粱，那就没必要干！"张应超直言不讳。

听了张应超的话，王局长点头答应，"我们来挂帮，就是希望你们脱贫致富，干产业肯定让你们增收。只要大家有信心，产业一定干得起来。"

随后，王局长一行到村委会召开座谈会，听取驻村干部、村干部和村民代表的意见建议。近两个小时的座谈会，王局长收集了不少民生信息，包括基层党建如何搞、贫困户喜欢什么产业、贫困户如何补短板、如何抓基础设施建设等，最后他明确两点干货：一是新寨至曹子头断头路的事，我回去立即开班子会研究，争取调整10万元办公经费予以解决；二是田湾子组群众代表反映池塘边建栏杆的事，我们来解决。"那个地方太危险，老人小孩走路都要经过那里，水又深，如果不小心掉下去，后果不堪设想。"

座谈会结束后，田湾子组群众代表吴绍刚、吴开朝连连称赞："这局长敢表态，表明有担当，我们喜欢这种干货、这种能帮助群众解决实际困难的调研，希望这种调研以后更多一些！"

山区天天有新闻

6月4日，星期四，阴转雨

今天上午，我被邀请去仁怀市教育局为其系统的新闻通讯员讲解新闻采写课。来参加培训的，大都是基层一线老师，培训的目的就是让他们如何写好身边与教学有关的新闻信息。

结合自身经历，我向他们讲解了采写编新闻的实践，他们听得认真，也时不时提出些问题，其中一名老师的提问，我印象最深。他说："我们大多数老师，都在乡村小学教孩子，天天按部就班的课堂、食堂、办公室，没有什么新鲜事！没有素材，我们怎么写得好新闻信息呢？"

这位老师问得好，看来他真的在思考问题。

我说："哪怕你天天在乡村小学带孩子，同样有许多有价值的新闻呢！新闻无处不在，就看你有没有一双发现新闻的眼睛。比如，山区孩子的梦想是什么，他们的梦想与城市孩子的梦想有什么差异；比如，长期坚守在山区小学的老师，他们为什么坚持得下来；比如，你班上的贫困孩子，在脱贫攻坚中他们是如何获得帮助的；比如，留守儿童如何与在外务工的父母保持联系的；山区好多家庭尽管穷，尽管家徒四壁，可他们的墙上有一样东西特别引人注目，那就是奖状……举不胜举。"

我说只要你喜欢，乐意把这些故事写下来，就是新近发生的教与学、老师与学生的故事——这就是新闻啦！

我说："在我们村，有一年因暴雨发大水，孩子们放学后冒着危险过河沟。村小学老师知道后，冒着雨以100米赛跑的冲刺跑到水边阻止孩子过河。多亏这名老师及时赶到，不然懵懵懂懂、冒险过河的孩子肯定被洪水卷走。"

"还有，我们村深山沟里有一位父亲，他担心在镇上念书、一周才回一次家的孩子回家时被刺扎伤，或被露水打湿衣服，他就在每周星期五的傍晚去砍已长封了路的荆棘，用竹竿拍打草尖上的露水。"

"在山区，不仅仅只有老师与学生有故事，父母亲与孩子，也有感人的故事。只要仔细观察，我们山区，特别是贫困山区孩子如何勤奋学习改变命运的故事，几乎天天都有。"

讲完这些，在场的老师似乎明白了，之前怎么就没有这样思考过呢？

不过，我又似乎不忍心，为他们讲一堂新闻课，"怎么也忘不了脱贫攻坚呢？"兴许，扶贫已经植入骨髓，不"贴牌"讲一下，不快！

驻村要有"向上"的眼睛

6月5日，星期五，小雨

　　驻村不能总蹲在村里，还要有"向上"看的眼睛，还要跳起来摘桃子。吃透扶贫政策精神，对接上级有关部门，争取扶贫项目，村里的基础设施建设以及产业发展才更有成效。

　　这是今天戴镇长带我一同去市财政局、市文体广电局、市招商局等部门汇报并协调有关项目得出的感悟。

　　到了财政局，戴镇长向分管"一事一议"财政奖补政策的王副局长介绍说，三合镇的贫困村特别是安居村的干劲儿很大，希望王副局长关心，希望获得更多"一事一议"项目，以此促进贫困村基础设施、脱贫产业的发展建设。

　　王副局长说，财政"一事一议"奖补项目不少，包括人畜饮水、环境整治、小微产业、路道建设、路灯安装等好多项，只要有干劲儿，只要符合要求，局里会结合申报的情况和村里的情况按计划下达任务的，并由镇里或村里按要求统筹实施。另外，每年度镇里都要及时安排财政分局按程序申报"一事一议"项目，不然错过时间就申报不了。根据实际情况，在下达项目时，财政局会向贫困村倾斜的。

　　不去财政局了解情况，我怎么知道"一事一议"奖补政策？即使知道，也不知道申报流程和具体事项。

　　到市文体广电局，局里负责农村文化体育设施设备的负责人李主任告诉我们，他们那里的项目，就是农村文体广场的体育锻炼活动设施，包括乒乓球台、篮球架、健身器材、农家书屋的建设等，都需要申报后予以解决。

　　在市招商局，李局长说，招商的政策很多，涉及贫困村的，就是产业或者旅游开发的建设。只要立了项，招商局就向外招商。安居村最适合搞旅游开发，可依托古城堡遗址做一些文章。如果安居村旅游开发立项了，市招商局是可以对外发布相关招商信息的。只要有人投资，安居村旅游发展一定有希望。

不去对接，怎么知道这些政策？戴镇长带起我走了这几个部门后，我就想，以后安居村要建自己的项目库，每个项目都有对接的部门，只要部门需要，或者根据安居村实际，随时都可以向这些部门申报，不仅效率高，还能切实解决安居遇上的发展瓶颈。

看来，驻村扶贫，眼睛"向上"是必经之路！

要安全，还是要速度？

6月6日，星期六，小雨

　　大土组敖永利组长门前垮塌的公路，经与镇领导多次汇报，镇里研究同意后，动工修建已经好多天了。今天，镇公路管理所冯所长到村里，让我陪同他去现场检查施工进度与质量情况。冯所长刚到村委会，天就下起了雨。尽管雨落不停，可怎么也留不着客，冯所长因还有其他工作，要赶时间去看看心里才踏实。

　　见他执意要去，我只好陪同。他是为我们村干实事呢，他都不怕雨淋，我哪敢有推辞的道理？

　　陪起冯所长，我们俩在雨中直往公路现场赶。

　　一到施工现场，见10多名工人还在雨中忙碌，冯所长就火了："你们怎么还在干，这么大的雨，要命不？"

　　"所长，这是因为群众急啊！早一天完工，群众就早一天通车！"见冯所长发话，现场指挥施工的负责人解释道。

　　"是哪个群众说的急？早一天迟一天有什么关系？这么长时间不通，不也过来了！这么大的雨都在施工，是要安全，还是要速度？出了安全事故，谁承担责任？"冯所长一边说，一边要求施工人员立即停工，并严肃批评起施工方负责人，"你这是拿工人的生命在开玩笑。雨中施工，很容易打滑，很容易造成伤害。这点常识都没有，干什么工程？"

　　见冯所长批评，施工方负责人赵总没再吭声，立即命工人收工到敖组长家歇息。

　　等大家坐定后，冯所长又跟大家普及起安全施工常识，"很多安全事故，都是没把安全当回事儿而发生。雨中施工，最危险的是滑坡。如果施工地段因雨水发生二次坍塌，千斤重的石头压下来，在堡坎下方施工的工人，不出事才怪。除了土石方施工，与我们生活息息相关的安全，如建房、乘车、开车、用电、用水、用火或进城过斑马线等等，都得把安全顶在头上，装在心上。安全是最大的效益。"

冯所长跟大家普及这些安全知识时，让我想起在我们村里，斑竹园组村民王国友，就因开三轮车下坡时不小心，导致三轮车侧翻到公路坎下，使其受伤住院。还有田湾子组一名村民，在修沟渠时也不注意安全，最后受重伤而无法抢救离开人世，这给大家特别是亲人带来的伤痛不言而喻。

冯所长一席安全知识课，不仅对这10多名工人起到了安全教育的作用，使我也受到了教育——居安思危，思则有备，有备无患。今后的群众会，一定要讲些安全方面的常识。

水管接通，可离自来水是近还是远

6月7日，星期日，小雨

　　"王书记，你说的不准他们在雨中安水管，他们不同意呢，他们都干了好一阵了，还说你小题大做。"

　　临近中午，团山组组长敖永清突然打电话给我反映部分村民不守规矩，硬要下着雨干，有的衣服都淋湿了。

　　敖永清电话中反映的问题，是团山组杨柳坝点的10多家村民，不听我的劝告，忙着在雨中挖沟、填埋自来水管的事。安居村大部分自来水管都接通了，唯有这个地方的10多家人，由于绝大部分都进城务工，从主管连通到各家各户水缸里的支管就没有通。根据政府意见，这部分分管安装，由群众自行落实。于是，组长就通知他们回家挖沟埋管通水。没想，他们一回村里老天就连续不断地下雨，致使村民深感无奈，他们大都是请假回来的，要忙着回城上班。所以我说等雨停了再施工，他们都不听，说我官僚。我这样做，也因为受到冯所长昨天普及施工安全知识的影响。

　　"他们要干，就让他们干吧！"我在电话中告诉敖组长。

　　放下电话，我还是放心不下，于是又去现场陪他们一同施工，管道怎么绕过陡坡、沟怎么挖、管怎么埋，我就像个指挥员。

　　整整一天工夫，杨柳坝10多家人的水管接通，可他们身上，早就被雨淋湿了，却又没有衣服更换。我说："这就是你们要冒着雨干的结果，如果感冒了，又是谁的事？又不是急着用水解渴。"

　　什么安全、什么感冒，他们都不关心，他们只关心回城的车，更关心的是，水管接通了，什么时候通水。

　　什么时候通水，我真的回答不上来。安居村安装的自来水管，是村里镇里和市水务部门争取扶贫项目落实的。目前水管接通了，可水呢？安居村没有水源地，自来水要从另一个村引过来，那里是一个水库，据说储水也不多，要遇上干旱，准没有水。还有，这个水库有一些历史遗留矛盾，目前尚未解决好，所以常有纠纷产生。外村人在自家水库里引水，你说能没有矛盾？

这样一来，水管尽管接通，可通水仍是一个问题。于是安装水管的群众就说，等水管都锈坏了还不见水，那就笑话了。

因此，在我脑海里一直有一个梦想，安居村应该建自己的水源地，只有这样，安居村的自来水才有保障。安居村是一个水资源严重缺乏的村，人畜饮水靠的是水井或水窖，遇上天旱，水就会枯竭，记得有一年大旱，政府用水车拉水为群众"解渴"。

水，是扶贫的重中之重，是刚性要求，不然不准脱贫。安居村的脱贫路，不轻松！

小组长的大情怀

6月8日，星期一，雨转阴

　　今天很巧，两个组长都跑来向我报告工作，都想带领群众干一些事。一个是幸福湾组组长陈永文，一个是合林组组长敖世强。

　　陈永文前些年在贵阳经商并在那里定居，挣到钱后，他带着一家人从省城返回家乡发展养殖业，目前养牛100多头。见到我，他就直奔主题："王书记，我很想把产业再干大一些，但由于道路不通，大车进不了村进不了养殖场，通过转运导致运输成本增加。所以希望你尽快硬化村里的公路，让我运输方便些。"

　　"如果公路硬化了，我还有很多想法，光养牛，我就可以增加到200头，按每头牛赢利3000元算，一年下来也是60万元。同时，我还想扩大养殖场地，带领群众入股养殖，鼓励大家一起挣钱。"

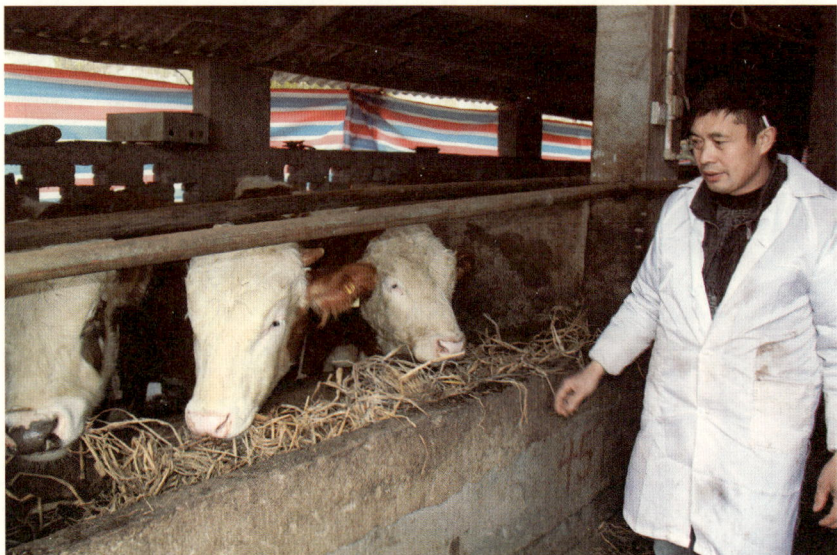

▷ 返乡创业人员陈永文发展起来的养殖场。

陈永文还说："组里的群众饮水有些困难，希望村里想办法解决。另外，不少从城里回老家的年轻人待不下来，原因就是不通网络宽带，他们一天不上网就心头慌，像与世隔绝了似的。"

陈永文一口气跟我讲了很多，都是群众目前遇上的困难，以及脱贫产业。尽管是小组长，但他心里装的是群众，装的是发展。

不一阵，合林组组长敖世强也来了，一进屋就介绍起他的发展思路，"我觉得，合林组应该这样干，你呼吁帮助解决一下——合林组有村民40多家，每年人畜饮水都会遇上困难，所以解决水是第一要务。第二就是搞大棚蔬菜，让群众的土地发挥效益。合林组有几十亩土地是空余的，地势平坦，利于耕作，利于发展蔬菜，再说蔬菜的收益远远超过高粱苞谷。第三就是发展水产养殖。合林组地势特别低的地方有地下水，水源地之外有一座小型水库，水库补漏蓄水后可养鱼，一年保证产鱼万余斤，算下来也是好几万收成。农民增加了收入，我这个组长才有面子，开展起工作才顺利！"

讲起合林组的未来，敖世强滔滔不绝，似乎成功就在眼前。

两位组长反映的问题，以及他俩的发展思路，我都铭记于心，真希望有这方面的项目能撬动两个组，而实现他们的梦想，实现一个组几十户群众的梦想。

偏远山区，小组长有这样的大情怀，真的难得！他们，同样是群众的贴心人，同样是群众的带头人、引路人。

让"飞地"不再"飞"

6月9日，星期二，多云

    经过几轮调研，镇里决定在斑竹园组沙子坡修建一个农民文化广场，为将来开发古城堡做一些前期基础性工作。

    然而，修建广场的地块是沙滩乡两江村余家的"飞地"，这要与那里的群众协商才行。

    得知我们要占用这块"飞地"时，村民张应强自告奋勇："那里的群众工作，我去做，争取把广场建起来，让这块'飞地'不再'飞'了。"

    余家在这里的田和土大概十来亩，由于历史原因成为安居村"飞地"，为争这块地，两个村的群众曾经打过官司。目前，这十来亩地为张应强代耕，所以一听说村里要用这片地建农民活动场所时，张应强就答应帮助村里做协调

▷ 拟将建为农民活动场所的"飞地"。

工作。

　　镇领导同意张应强的想法后，张应强立即与余家取得联系，并在电话里商定协商的具体时间和地点，初步达成有关土地的价格意向。

　　张应强是个热心人，村里的事只要他能办，他都愿意。早些年，组里修公路没有炸药，他就找人购买，并带头在悬崖上施工。在他的带动下，那条不被别人看好的公路修成了。组里缺水，他就号召大家筹资安水管、修水沟，从远处引水解决群众困难。在群众眼里，张应强干事干脆、果断，说干就干，是群众信任的汉子。

　　起初，镇里的领导拿不准张应强是否做得好余家的工作，对他的协调没抱多大希望，但一听村干部说张应强的能力以及他实实在在帮群众的事迹后，镇里的领导和我们都信了他，希望他尽快协调好这块"飞地""飞"回安居村，使工程按期实施。

种葡萄能当饭吃？

6月10日，星期三，阴转晴

今天下午，镇政府农业服务中心蔡主任与我们一道，为斑竹园组的农民上"夜校课"，目的就是转变群众思想观念，让他们转产增收。

课堂上，蔡主任说，镇里和村里通过调研，决定在斑竹园组栽种水晶葡萄，希望大家配合。葡萄种成后，收益远远超过其他农作物。课堂上，蔡主任还就葡萄的栽种技术、实施方案、挂果期等知识进行了讲解。

当得知葡萄要三四年才挂果时，有农民就嚷起来："我是坚决不种的，三四年时间才挂果，谁知道三四年后是什么光景？要是不结果，谁负责？还有，葡萄能当饭吃吗？我种苞谷、高粱，每年多少有些收成，要种上葡萄，三四年后无收成，我不就惨了？"

一个群众站起来，不少群众也站起来反对，说葡萄不能当饭吃。就算葡萄能卖，可谁去卖，又卖给哪个？要是卖不掉，怎么办，自己吃吗？况且，要三四年啊，太漫长。"等挂果的时候，我怕都入土了！"

见群众持怀疑态度，我立即站起来说："如果你们不相信，我跟蔡主任和镇领导协商，带你们出去考察考察，让你们开开眼界，看看人家是怎样种葡萄的。根据葡萄种植的收益，每亩产葡萄4000斤左右，如果按两块钱一斤来算，一亩地至少每年产出8000元啊！这个钱，你种传统农作物，是永远也达不到这个标准的。所以，种葡萄不仅能当饭吃，还能鼓腰包！"

"只要种上葡萄，卖的事，就交给驻村干部和村干部，以及挂帮部门，一定会销售一空的。再说，如果卖不掉，还可以将这些葡萄做成葡萄酒或葡萄汁嘛！"

听了我的讲解，群众还是不放心，都说要去考察后，回来再做决定。

群众提的要求，我答应了，并进一步向他们保证，如果四年后收益不如高粱，我负责。

会后，有群众握着我的手说："书记，不是不相信你，是因为我们害怕了。前些年栽的核桃，当时说第三年就要挂果，可到现在都五六年了，不仅不挂果，核桃树还不长。种葡萄要是跟核桃一样不挂果，群众怎么办？"

"我们相信你一回。但是如果几年后不挂果，或者葡萄卖不出去，我们必须找你。"有群众要我负责到底。

他们这些要求，我都答应了。我说："只要你们种，什么条件我都答应。种葡萄如果出了问题，你们尽管找我。你们想想，我来扶贫，是来害大家的吗？"

为转变群众思想观念，我只能这样保证，他们才敢试一试。我也理解他们，毕竟要几年后才有收益，如果他们吃不上"定心丸"，心里肯定不踏实。对他们来说，种葡萄是新生事物，如何选择难免有些疑惑。

▷ 当天的农民夜校课和葡萄种植动员会上，不少群众反对，认为葡萄不能当饭吃。

处理好与支书的关系，其实就是凝聚力量

6月11日，星期四，多云

今天，我被通知参加全市千名村干部大轮训的培训，时间两天。

培训内容比较丰富，有党章专题讲座，有"三严三实"主题教育，有第一书记、村支部书记在脱贫攻坚中如何精准发力的方法等。

培训课上，授课老师沈秀恒讲到第一书记与村支书的关系时，他讲了三个观点：一是第一书记与村支书是相互领导与被领导的关系，二是能力互补的关系，三是和谐共进的关系。

他说，第一书记均是国家干部，大都在机关工作，知识面广，对村的发展特别是脱贫攻坚工作有思路、有干劲，能利用自身优势向上级争取项目资金，带领村班子成员抓党的建设等。从这个角度讲，第一书记是"领导"村支书的。村支书基层工作经历丰富，村情民情了如指掌，调解矛盾纠纷有丰富的经验。从这个角度看，村支书又是"领导"第一书记的。这叫互补式、互助式"领导"。

村支书要从思想上接纳第一书记，要与他齐心协力，把心思用在脱贫攻坚之上；第一书记要当好参谋，要当好舵手，要承担起村里的各项业务工作职责，要负起引领村经济发展建设的责任。一句话，第一书记与村支书，都是当家人，都要当好当家人。

沈老师讲得很有道理，对村第一书记与村支书如何处理好关系很有帮助。但是，我们村没有村支书，这叫我怎么处理与村支书的关系呢？

安居村因村支书违反纪律受到处理，没有支部书记已经一年多了，支书职责暂由村委会主任负责，我到任后，镇里又让我暂时负责村支书的工作。

驻村一个多月的时间，我与村班子每名同志都能很好相处，他们对我的

工作也给予了很大的支持。大家都想干一番事，都希望我能带他们闯出一片天地，把贫困村建好建美，让村集体经济有收益，也使他们的收入增加。这是我非常欣慰的，但我又深深地懊恼，有时处理事情，他们都认为我说的、我定的就是正确的，我定了大家就干，很少提反对意见，很少说个"不"字。

如果大家长期这样，让我一个人"说了算"，那不是要出问题吗？我就提醒监委会主任张应科："科哥同志，你不能失职哟，应当加强对我的监督，我怕我定的事有局限性，而影响工作和脱贫攻坚任务。"

"没事没事，兄弟你站得高看得远，不会出问题的。再说，我也在偷偷观察并监督，觉得你处理的事都公平公正，你让我们怎么提意见嘛？没有这个能力提啊！"

张主任这句话，使我深切感受到，在基层，提问题或提意见、建议，都需要有很强的能力。没有亲身参与，没有亲身经历，哪提得出意见、建议呢？

真诚希望他们"有炮就轰"，特别是能有村支书站出来提意见、建议，让我做人行事头脑清醒，而不是盲目地向前。我向镇党委报告过几次，希望他们尽快研究支书人选，但由于很难选得上恰当的人，支书空缺至今。

今天，当沈老师讲第一书记与村支书的关系时，我就想，只要有支书，我一定会跟他处理好关系的，就打算当他的助手，就打算当他的手下，又有何关系呢？基层一线，脱贫攻坚一线，真的不是谁领导谁的问题，而是如何凝聚基层组织力量的问题，如何为民的问题，想不想谋事创业的问题，干不干净的问题。

可是，没有支书，怎么构建这样的关系呢？怎么凝聚起更强的基层组织力呢？期待支书早日出现！

崇高的职业道德就是为民

6月13日，星期六，阴

今天的培训继续。

不过，今天的培训是到遵义市人事部门参加技术职称考试的培训。培训内容，也一定找得到与我的扶贫、我与贫困村的联系。

第一堂课，培训老师开讲职业道德。职业，是人们为了满足社会生产和生活需要所从事的具有一定社会职责的专门业务和工作。职业，是人们谋生的手段，是一个历史范畴和社会分工的产物，要承担一定的社会职责，是社会发展和个人进步的需求，是促进个性发展的手段。

有了职业，就需要职业道德做保障。职业道德由职业理想、职业责任、职业态度、职业技能、职业良心、职业作风、职业荣誉、职业纪律等要素构成。新时期的职业道德，是热爱本职、忠于职守，要有强烈的事业心、高度的责任心，要有强烈的进取心、严格的求实心，也就是要敬业、乐业、勤业、精业、实业……

关于职业道德，老师讲了不少，但对脱贫攻坚一线的我来说，新时期的职业道德，就是脱贫，就是为民。

只要心怀为民心，只要心装责任心，只要肩扛重担子，就一定有职业道德，其行为一定崇高。我想，崇高的职业道德，一定是为民。

具有崇高职业道德的人，很多，远的有时传祥、王进喜、焦裕禄，近的有遵义县团结村的黄大发，仁怀市的守墓老人刘福昌，也还有一心守在自己工作岗位上默默付出的党员干部。在自己工作岗位上为国为民，他们一干就是几十年，几十年真的不简单。如果给我几十年，只要一心为安居村脱贫致富，安居村一定会变样的。可是，我能坚守几十年吗？

　　这一诘问，我几乎惊出冷汗，我若不能像其他人一样坚守几十年，是不是职业道德就打了折扣呢?

　　没有。只要努力过、拼搏过、奋斗过，就不愧于心、不愧于民。当前，脱贫攻坚就是我们的职业，在这个职业岗位上，职业道德体现的就是拼尽心力，把安居村顶在头上，做到"你不脱贫我不离岗""你不脱贫誓不罢休"的精气神，甩开臂膀干一场。

　　任何人，都有自己的职业，都有自己坚守的职业道德。而我，职业就是贫困村的脱贫攻坚，就是信守承诺、日夜工作。

每张纸都是国家资产

6月14日，星期日，阴

今天，除了专业技能的培训外，我们还学了艰苦奋斗与厉行节约的内容。

谈到厉行节约，我就想到在村里的一些办公开支。

光就村委会的照明用电，每个月都是几百块钱，一年下来好几千，而我们的办公运转经费，一年就是5万元。这5万元，除了用电，也还有其他开销，几乎不够用。我曾在会上提过，任何人，都不要浪费，不仅个人的私有财产不能铺张浪费，还有国家的、公家的，都不能浪费。

在村办公室，哪怕一张纸，都是国家资产，都有纳税人的血汗，容不得我们浪费。打印时要尽量双面打印，如果只能打单面，另一面也可在下次打印时利用起来。实在都打印不了，我们还可以用来打草稿。一张纸算成经济账要几分钱，如果合理利用纸张，一天就可节省几毛钱，一年下来也是一两百。有这一两百元，又可以用来开水费或电费。

还有用电。几次了，最后下班的同志老是忘了关灯，第二天，我第一时间上班时，看到灯还是亮起的。一个晚上，耗掉的电起码又是几度。还有，白天上班有同志老是在办公室开着灯，白天开灯，跟瞎子点灯白费油有什么不同？还有用电脑的同志，下班后也不关机，这也得浪费电。这些看似小事，看似举手之劳，但长期如此，一年加起来不知要浪费多少！

当然，除了纸、电，也还有水，也还有其他的开销，比如村委会门前公路的卫生环境整治，每次都是村里请人打扫。如果我们村干部自行打扫，每次又可以节省上百甚至几百的开支。

厉行节约，不管在什么时代，都是我们共产党人要坚持的，它反映的是一个集体的风尚，反映的是一个人的品格，在艰苦奋斗时期如此，富裕时期也是

如此，它不分高低贵贱，不分时间地点。

当然，村里的干部，在生活上是节俭的。至今，村委会没有餐厅，大家吃饭是一个大问题。早上，他们吃了早饭来上班，一直要等到下午下班才回家吃饭。也就是说，在村里不能就餐，中午他们就饿着肚子。实在太饿，他们就煮一碗面条，拌上酱油、醋和辣椒面，就是一餐，或者买一盒泡面就解决了。

也许，他们对节俭的理解，仅限于对生活上的理解吧，而对国家的资产，比如一张纸、一度电的节俭，就很少去思考，就不容易养成习惯。"反正这是国家的，节省了我又不得一分！"——但愿这句话是我多余的想法。

听完老师关于艰苦奋斗、厉行节约的课程，我想了这些。回村后，一定要加大厉行节约的教育力度，让大家明白公家的财产也容不得铺张浪费，让"每一张纸都是国家资产"的理念入脑入心。

贫困村期待现代物流

6月15日，星期一，阴

今天的课，有仓储管理与现代物流。

物流，分供应物流、销售物流、生产物流、回收物流与废弃物流等。物流的环节有输送、仓储、装卸、包装、流通加工和物流信息等。

学到这里，我就想：偏远山区贫困村，要什么时候才能达到这样的物流标准呢？太难了，比如运输，就连基本的公路都不通，全村大部分公路都是泥巴路，就算全部硬化，可路窄弯急，物流车很难进到村里来。另外，村里没有物流阵地，没有仓储设备，没有物流管理人才，没有物流信息网络，物流业的发展遇上瓶颈。

可是，贫困村很多农产品，包括蔬菜、粮食、肉食品等大量能变为现金收入的农副产品又希望卖出去，这就需要现代物流搭建平台。然而，网络到目前没有接通，想开网店特别是农村淘宝店，就是一句空话，发展现代物流就别提了。

安居村的"物流"，就是农民背上鸡、鸡蛋、大米或蔬菜，乘着小客车去集镇上找个地方摆摊设点卖给有需求的人。摆上半天或一天，要是卖不掉，又得背回家。这种古老的物流方式，不仅耗费时间，还耗费成本，这已经跟不上脱贫攻坚的步伐。但是，安居村的条件，又摆在那里。

安居村，真的期待现代物流业。当然，这是一个系统工程，需要多方面的努力，包括道路交通、网络信息、管理人才、仓储设备等，都需要一步一步地打基础。我相信，安居村有一天会开起淘宝店的，会有人将农副产品通过网络卖出去的，也会通过物流的方式运出去的。同时，安居村有需求，也可以通过网店和物流配送到家门口。

但愿，网店与现代物流，成为贫困村脱贫致富的重要手段。

希望冷库能"热"

6月16日，星期二，晴

今天的课程，涉及到冷库的内容。

冷库的作用，不讲大都知道。但在安居村，有谁知道冷库的作用究竟有多大？

每年夏天，安居村成熟的李子，有好几百吨近千吨吧，如果按每斤三元算，每年安居村的李子也是三四百万元。然而，鲜果不易被保存的特性，以及运输不畅因素，安居村每年优质可口的李子就掉在地上、烂在地里。

除了李子，还有新鲜蔬菜，由于运不出山，每年过剩的白萝卜、大白菜只能拿来喂猪，猪吃不完，就只能坏在地里。

如果把这些新鲜农产品储存起来保鲜销售，一定有市场，一定能增加农民收入。可是，这些新鲜的农产品，怎样储存呢？

这就需要现代冷库。每年把新鲜李子或新鲜蔬菜存进冷库，然后再根据市场需求销售，这不仅减少耗损，还有一定价格优势而增加收益。

说起来简单，可又如何实现？冷库谁来建？就算建成了，又由谁来管理，怎样运行，建成冷库后如何产生收益，等等，这些都是摆在一个贫困村面前不可逾越的障碍。

大家都明白建冷库肯定管用，肯定救得活新鲜农产品，让新鲜农产品卖上好价钱，但据我了解，建一个冷库需要几十万资金，这些资金从哪里来呢？

一想到钱，我心里就打起退堂鼓——还是不建的好，就当一门课程来学吧，想一想就行了。

可是，可是安居村的好多李子，包括其他好多新鲜农产品怎么办？我们今后还要发展种植葡萄，还要发展其他新鲜果子呢。如果真的发展起来了，这些果子就需要冷库。冷库，是贫困村发展鲜果产业、蔬菜产业的必备设施。这冷库，相当于一个现代家庭的冰箱，离不开了。

感谢今天冷库管理这堂课，它让我感受到一个村建冷库的实际意义，以及一个村因冷库带动未来发展建设的方向。期待，冷库能在安居村以及其他贫困村"热"起来，哪怕讨论一下、期盼一回，也挺好！

加工，让土产品转变身份

6月17日，星期三，阴

　　"加工，一定会改变产品的身份，其价值一定会高。"

　　今天上午，授课老师跟我们讲加工的作用，他说加工是现代物流，也就是说现代仓储和配送中心必须要经过的环节。加工，不仅可以改变产品的属性，还可提升产品的价值。

　　老师讲到这里，我又想安居村的农产品来，比如红苕、土豆、狗儿豆等，这些独特的农产品，如果经过加工，它们的价值一定会提高。就拿红苕来说，安居村的红苕品质好，产量大，按每年每户产量5000斤算，全村有红苕2000吨以上。这些红苕，在村里卖不掉，农民大都用来喂猪。

　　大家没想到，红苕只要通过加工，全身都是宝。可以加工成淀粉、粉条，可以加工成苕干，可以加工成苕丝糖，其价值是红苕的几倍甚至十多倍。

　　就因加工，习水县的土城镇带活了红苕产业。据了解，土城红苕加工企业上百家，推出的苕汤圆、苕丝糖成为土城的特色产业，经济效益也相当可观。

　　其实，加工红苕并不复杂，只要有人愿意投入二三十万元，就可以加工生产。另外，安居村如果今后发展葡萄种植，葡萄量大卖不出去的话，还可以加工成葡萄酒，葡萄酒的价值，也是葡萄的好多倍。通过了解，四斤葡萄能卖10元钱，如果将此加工成一斤葡萄酒，卖价就是30元，如果包装成成品，价格还会更高。

　　这就是加工带来的无穷魅力，不仅能改变农作物产品的"身份"，不仅让土货变身为洋货，更主要的是解决农产品量大过剩的问题，更重要的是增加收益，从而打通另一种脱贫致富的渠道。

　　安居村需要加工的农产品相当多，除了红苕、土豆、狗儿豆，以及未来的葡萄外，还有青菜加工成盐菜、辣椒加工成泡椒、大米加工成米皮、面粉加工成面条、高粱加工成白酒等。

加工，能不能成为安居村未来村级集体经济的企业呢？加工，不仅能改变农产品身份，还能助力一个贫困村脱贫致富。

今天这堂课，受益匪浅！

为争项目我撒了点谎

6月18日, 星期四, 阴

几天的培训, 今天开始考试, 只要达到考核分数线, 职称评定一定没有问题。

考试结束后还有半天工夫, 于是借此时机, 我跑到遵义市民宗局汇报工作, 请市民宗局的领导和同志关心帮助安居村的14户苗族同胞的困难。

见到市民宗局黄书记, 我没绕弯子, 请他帮助解决贫困村苗族同胞遇上的困难。

"书记, 您看我专门从仁怀跑来跟您汇报工作, 目的就是希望您帮忙解决安居村14户苗族同胞饮水难、行路难的问题。"我向黄书记撒了一点谎, 意在引起他的重视。

"为苗族同胞专门跑腿, 苗族同胞会记得你的。"黄书记鼓励起我来。

随后, 我向他汇报起安居村苗族同胞的情况。

"由于受地理位置影响, 安居村的14户苗族同胞和这里的汉族群众, 目前饮用水没有得到根本性解决, 他们的用水, 大都是小水窖里储存的, 遇上天旱, 小水窖的水一干, 他们就要到很远的地方取用。水, 成了苗族同胞与其他群众脱贫致富的瓶颈。"

"好在, 离他们不远的地方, 有一处地下水源, 流量大, 四季长流, 水质不错。要解决苗族同胞的用水问题, 就要从这里安装管道并建水泵站和大型水窖, 还有到各家各户的支管等, 这都希望得到民宗部门的帮扶。"

"除了用水外, 这14户苗族同胞也希望得到经济发展, 希望利用得天独厚的条件发展牛、羊养殖业。奈何没有起步资金, 他们的想法一直停留在'想'上。同时, 苗族同胞传承了一些传统歌舞技艺, 如果将他们掌握的歌舞做些

'包装'，让他们站出来为大家表演节目，不仅增加收益，更主要的是提振他们的精气神……"

"一句话，要帮助苗族同胞的项目很多，就看书记您的意见了。另外，我真诚地邀请书记以及市民宗局的同志到安居村检查指导工作。您去了，我们信心一定足，苗族同胞一定能看得到希望。"汇报结束时，我向黄书记发出邀请。

"为14户苗族同胞专门跑趟路，你算是用心用情啊，我们要感谢你才对！"黄书记勉励我说，民宗部门就是专门为少数民族同胞解决困难的，特别是脱贫攻坚中遇上的困难。但是，仁怀市是省管市，事权这块工作不归遵义管辖，也就是说，遵义民宗部门就算有项目，也只能提供给其他县区，如果给仁怀市解决，是不符合政策的。

黄书记说完，我顿时心里空落落的，怎么会是这样？我怎么没想过这个问题呢？

见我目瞪口呆的样子，黄书记补充说他可以跟仁怀的民宗部门对接，希望他们帮助解决，或者通过其他办法或渠道，解决安居村14户苗族同胞的实际困难。

走出黄书记办公室，我又燃起希望：解决苗族同胞的困难，应该有"眉目"了。

穷超哥的"财富"

6月19日，星期五，多云

这段时间，我们驻村工作组的每名同志，按照要求对所有贫困户进行遍访，了解贫困户的家庭基本情况，以便因户施策搞好脱贫攻坚工作。

今天走访的斑竹园组的超哥，令我佩服。

超哥叫张应超，是当地有名的木匠，能做家具、门窗，为人本分厚道，村子里谁要有大小木工活，准找他。

超哥是个勤快人，跟爱人一起，将家庭建得美满幸福，一栋小洋楼，装满一个村庄对超哥的评价：人好，手艺精巧；儿子能干，儿媳孝顺。

天有不测风云。幸福的超哥，一夜之间"穷途末路"。他唯一的孙子，突然患病，医生还未查出个名堂，孙子就落了气。再本分的超哥，也经受不起这样的打击，他哭得比爱人、儿子儿媳还伤心。超哥潜意识里，孙子才是继承香火的传人，才是一家人的终极希望与精神支柱，可如今没了小孙子，这日子没有盼头了。

超哥六神无主，手上的木工活儿时常"过脉"。见超哥一天天没精打采，有人就劝慰："超哥，让儿媳再跟你添一个男孙，不就结了。那孩子就是一个过客，何必为他茶不思饭不想？"

听得大家安抚，超哥心情好了许多，他也感觉得到，儿子儿媳也许有这个想法吧！

正当超哥怀着憧憬心情时，儿子儿媳又突然得病，医院查出——类风湿病。"怎么是这命？"超哥想不明白。

后来，小两口被超哥送进小医院、大医院，近医院、远医院，不管什么医院，只要一听到能治这个病的医院，包括遵义、重庆、成都等，都送去检查治疗。通过医疗，儿子有所好转，但不能干重体力劳动；儿媳就严重了，要长期在医院治疗，否则性命就保不住。

为给小两口治病，超哥花光所有积蓄，变卖了值钱的家当，还借了外债，就一门心思为孩子。至今，儿媳还在医院，儿子就在医院照顾。家中农活、两个正在念小学的孙女的抚育以及不能报销的医疗费，都靠超哥老两口。

超哥与爱人都年近60岁，但为了孩子，为了这个家，他们不敢放弃，不敢有任何松懈，起早摸黑，四处奔波。

"我们都是老人了，但现在我们不得不像年轻人一样操家理事，不得不像年轻人一样奋斗。当初还想'香火'之事，而现在这个念头都不敢有了，一心挣钱还账，一心为孩子治病，一心养育两个孙女。"超哥说，只要有他在的一天，就要撑起这个家。

超哥就是这样穷下来的，所以被列入贫困户。其实他一万个不想当贫困户，但这是没有办法的办法。列入贫困户后，小两口的医疗费几乎都可以报销，一家人的低保金也能解决些问题。

▷ 勤快的贫困户张应超到外村学习养蜂技术。

尽管如此，超哥与爱人依然闲不下来，有人找干木工活，他依旧出场，有房顶施工的活儿，他一定上。有人劝他，年纪大了就让年轻人上去吧，但他说："拿了人家的钱，得到人家的信任，干活就要对得起人家，心头才安心。"

超哥就是这样的一个人，再穷，不能"穷"了对家庭的责任，不能"穷"了手艺的道。所以，超哥是一个有好口碑的人。

穷超哥，其实是一个有"财富"的人，相信他一定会挺过难关。

没钱，所以不搞卫生？

6月20日，星期六，晴

　　"王书记，人穷啊，没得钱，卫生怎么搞得干净嘛？"

　　这话，是我今天走访贫困户中一户户主说的。他叫张应顺，爱人是聋哑人，两个孩子分别上小学和初中。

　　由于爱人无法与人沟通，以及身体原因，全家重担就落在张应顺身上。张应顺要忙农活，还要养猪养牛，还有其他家务劳动，他也挺辛苦的。

　　当然，张应顺也得到不少人的关心，除了享受扶贫政策、得到镇村组织关心外，还有帮扶干部经常上门帮扶资助。每次帮扶干部去他家，他家给人的印象就是"看不过眼"，顺哥不会收拾，不讲究，室内室外卫生差。每次帮扶干部都讲，但每次他都"嘿嘿"一笑就了事。

　　帮扶干部也曾跟村干部提过，要村干部督促一下张应顺，让他把卫生搞好。

　　"这个太难！不讲究卫生，可能是大部分群众的普遍问题。张应顺我曾经提过，但没有效果，说没时间搞卫生。"村监委会主任张应科说，他与张应顺是邻居，对张应顺一家人的情况特别了解，当然也比较理解他，一个大男人，心不细，不是干家务活儿的料。

　　了解张应顺一些情况后，我今天一睹究竟。

　　果真如此。张应顺房前的院坝，泥巴遍地，看上去很久没有打扫了。屋内家什摆放凌乱，客厅餐桌上，吃饭留下的油渍一眼就能看见，地上的灰尘人一走动都可以带起来，墙角的沙发扶手与靠背，乌黑发亮……

　　除了客厅，我还看了他的每个房间。房间不仅跟客厅一样凌乱，还伴有一股霉臭味儿，连窗户都紧闭着。

　　与张应顺坐下后，我开导他说："顺哥，你其他原因导致的贫穷，我们理解，党和政府以及帮扶你的干部，都会想办法的，但你这卫生，太差，哪个客人来，脚都放不下，你有面子吗？不至于卫生都要我们帮扶干部跟你打整吧？"

　　"王书记，就是因为穷，卫生才这样差。如果家境好了，我晓得搞卫生的。"张应顺显得理直气壮。

　　"搞卫生需要钱吗？就动动手的事。卫生都干不好，其他的事你干得好不？"我数落起顺哥来。

　　见我批评，张应顺又"嘿嘿"地笑起来，立即在爱人面前比起手语，示意爱人打扫卫生——张应顺还是不愿意动手。

　　见此，我又"上纲上线"，一个大男人，举手之劳的事都要让身带残疾的爱人干，是什么德行？张应顺面前，我又跟他解释了一番，并向他提出"严正交涉"："如果下次来，卫生还是这样，还听到帮扶干部说你的卫生差，我一定'取消'对你的帮扶，你信不信？小小卫生都干不好，帮你何意义？难道要派个人专门帮你搞卫生？"

　　"好好好，我记得了，书记，我一定干好，你下次来，保证很干净。"见张应顺做了保证，我才离开。

　　从张应顺家出来后，我反复思索，在农村，大部分村民跟张应顺一样，都为了忙其他的农活儿，而忽视了家庭卫生。他们没想到，家庭卫生其实比其他事都应该搞——再穷，不能"穷"了干净整洁，不能"穷"了精神面貌！再怎么解释，就是有人改不掉习惯。

　　看来，不良的环境卫生，依然是贫穷落后的一个标志，要让他们养成良好的卫生文明习惯，还需要长时间的引导，更需要列入帮扶计划。

儿子为什么不回家?

6月21日, 星期日, 晴

　　幸福湾的陈绪义, 一提起儿子, 心头就七上八下。

　　"儿子已经出去多年, 把小孙子扔给我。我是养了一辈养二辈。"跟其他贫困户一样, 陈绪义也讲述起他的家庭情况。

　　陈绪义就一个儿子, 儿子十多岁时去四川读职业学校, 毕业后尽管没有找到适当的工作, 尽管没有好的就业岗位, 但他带回家一个女朋友。不久, 儿子与女朋友结婚。

　　然而, 好景不长。由于不习惯这里的生活, 儿媳妇生下孩子后, 离家了。

　　看到从小就没有妈妈的孩子, 陈绪义与爱人哭红了眼。"这孩子, 生下来就没了妈, 今后怎么过?"

　　儿媳出走后, 儿子气上心头, 也扔下自己的孩子外出打工, 这一去就是好多年而且杳无音信。儿子不归家, 也不寄钱回家, 养育孙子和整个家庭的开销, 就只能靠老两口。

　　几年的挣扎, 陈绪义挺过来了, 如今孙子已经上小学, 学习成绩还不错。想起孙子, 陈绪义算是看到一线希望。

　　"我是被儿子儿媳逼穷的。我也不想当贫穷户, 王书记。我是个勤快人, 但如今年纪大了, 干不动, 就只能靠党和政府, 靠大家的帮助。"陈绪义说, 不知道儿子儿媳为什么那样狠心, "这是你亲生的啊!如果对我们老的有意见, 你们年轻的可以与我们老的分开过嘛, 何必拿孩子来遭罪, 何必离家出走, 何必离婚?小孙子生出来就没有爸爸妈妈喊, 可怜不?"

　　陈绪义养了两头牛和几头猪, 也种了几亩高粱和水稻, 当地有工地时也做做临时工, 生活倒是过得去, 但一想到儿子, 就觉得无依无靠, 这人活起没什么意思。

听完陈绪义介绍,我问他:"还需要养猪不,如果需要,我们帮助你。"陈绪义摇摇头:"感谢你们好意,实在干不动了,身体撑不住,老伴身体也有毛病,再拼命地干,我担心倒下了,小孙子无人管。"

陈绪义怎么会遇上这样的儿子呢?贫困山区,这可能不是个别现象。合林组的陈圣彬,儿子在外地结婚,也很少回家。尽管孩子孙子不在身边,但陈圣彬干劲儿足,通过帮扶,他养了不少羊和猪,种了好几亩地,收入没有问题,生活过得不错,但相当辛苦。陈圣彬说,儿子不回来不是不孝,而是家乡太贫穷,留不住儿媳儿子和孙子。"你想,上个厕所洗个澡都成困难,能留得下年轻人吗?"陈圣彬还算理解儿子儿媳。

除了陈绪义和陈圣彬外,干子坪组的独居老人陈绪陶,就更艰难了。陈绪陶唯一的儿子十多年前外出打工,据说去云南了,但至今没有回过家,也没有写过信通过电话,父亲至今说不清楚儿子干什么去了。难道,儿子就不想年迈的父亲吗?

在镇里和村里的关心下,陈绪陶的房子得到改善,用水用电、生活起居不成困难,但一个70多岁的老人独居,就怕一病不起而无人知晓。所以,我们反复叮嘱组长,反复嘱托邻居隔三岔五去看看老人。

通过了解,在安居村儿子不归家的现象不仅仅只有陈绪义、陈圣彬、陈绪陶这样的老人,有的是为了务工,为了家庭,把父母老人留在家里,所以滋生了两个词:留守老人、空巢老人。有的子女进城后,老人又不愿意跟随,守在农村寸步不离。当然,也有个别子女孝敬程度不高,家庭矛盾产生后,老人与年轻人住不到一起。

贫困山区,因为穷,因为落后,因为综合素养差,不少老人因此"留"了下来,因此成了困境人,因此成了基层组织和帮扶干部"越位"关爱的人。

一条腿撑起一个家

6月22日，星期一，晴

"老子叫你喂猪，可你喂的猪呢？猪都跑出圈了，晓得不？你个死婆娘！"

今天走访幸福湾组的陈永久，我们一进院坝，就听见陈永久在院坝里指责爱人。

陈永久少时得了小儿麻痹症，一条腿残疾，就靠另一条腿支撑起一个家庭的重担。他上有老母亲，中有患癫痫病的妻子，下有三个未成年的孩子。

由于爱人常犯病，所以陈永久很少安排她干重体力劳动，身体好时就让她做做家务。可是，妻子有时好像忘事儿一样，安排喂猪扫地之类的，都记不起来，这不，今天安排她在家喂猪，可等陈永久在山上干完农活回来时，猪因饥饿就跳出了圈。

"老子真想打人啦！"陈永久尽管骂骂咧咧，但对妻子疼爱有加，哪动得了手。拖起一条残瘸的腿，陈永久一瘸一拐地将猪追赶进圈舍后，又提起饲料喂起猪来。

听到猪仔饥饿后大口进食的声响，陈永久松了口气：只要按时进料，哪有不长的猪嘛？

坐下来后，陈永久除了算自己的困难外，就求组织关心，他想修间房子。

陈永久还有一个兄弟，在外打工多年，很少回来。目前陈永久居住的两大间房子，有一半是兄弟的，再说，房子多年未维修，有透漏，怕今后住不得人。

按照政策，陈永久要先申报，通过镇政府审查再修建，且由危房改建部门验收后再按政策补偿，经费大约3万多元。

但是，工程一启动就要资金，可陈永久手头一分钱也没有，他希望组织想想办法。

我联系镇政府村管所，看有没有其他办法。村管所的同志说，陈永久这种情况，可以申报成扶贫搬迁对象，可以将他们一家人安置在集镇上，而且几乎不花钱，房子面积100多个平方，完全够住了。再说，孩子大了，要在镇上读初中，方便孩子。

我做起陈永久的思想工作，让他放弃修房子的念头，到镇上去住，一分钱都不要，多好的事。

"王书记，说起来是好，但我们一家人去镇上，怎么生活，光那点儿低保金，养得活不？在老家，我还可以种地养猪，至少吃的不愁，如果一去镇上，吃的都成困难。要说务工，谁愿意要我们两口子？一个脚残，一个有癫痫病呢……"陈永久说，如果将他们安置在城里，他可以考虑考虑，因为去城里可以当保安之类的，有份稳定收入，心头才不慌张。

陈永久的实情我很理解，于是想帮他申报成进城搬迁对象，如果申报不成功就按危房改造政策自己修房子。

可是，要修，钱呢？这不是又回到之前的话题了？还有，陈永久一条腿能支撑得下来吗？修房造屋，毕竟不是简单的事情。

见我疑虑，陈永久说："只要政府答应我修，哪怕就一条腿也能支撑得下来，问题是在哪儿找启动资金？"大家一时又陷入无奈的氛围里。

"你能不能先找亲戚朋友借点儿，等房子验收后上级划资金就还，如何？"我开导陈永久。

"对，我找妹妹试一试，她应该可以帮助我。但王书记，房子验收后一定要请政府把钱划我，我好还妹妹。急借急还，再借不难，一个人得讲信用。"

见我承诺后，陈永久向他妹妹打起电话。结果呢？妹妹愿意帮助。

被我"逼"的经理一脸委屈

6月23日, 星期二, 晴

今天早上, 由于骑摩托车送U盘到镇政府上报资料信息, 知识青年彭小刚不慎摔了一跤, 好在并无大碍。见小刚呻吟的样子, 我拨打起电话:

"曾经理吗? 你好! 我王洒, 今天是几号了? "

"今天6月23号。怎么了, 王书记, 怎么突然问这个问题? "

"我记得很清楚, 上个月的25号你来我们村调研, 说一个星期后答复我们拉不拉宽带或者怎么样接宽带的事, 你们提的要求, 我们也是答应了的。但是, 这都差不多一个月了, 怎么没见你们回复? 就是由于没有宽带, 今天早上我们一名同志送U盘上报资料, 差点儿出车祸了。这宽带, 对我们太重要了啊! "

"不好意思, 王书记, 我回来后确实是上报了, 遵义的回复是, 根据发展需求, 偏远贫困村根据国家政策, 是可以接通光纤宽带的, 用电话线接宽带不适应了。由于近来时间紧, 就忘了给你回复。"

"看来, 你们不重视我们贫困村啊! 。当然, 我也知道, 贫困村的收益, 不能与集镇或城市比, 但这确实是急需解决的困难啊! "

"莫生气, 王书记, 就算我忘给你一个电话, 可问题还是要一步一步解决嘛, 这需要个过程。我找适当的时间过来, 再测测光纤距离, 再预算一下成本, 然后上报给遵义公司。上边一同意, 我们就立即施工。"

"这样, 你今天就带人来调研, 我在村委会等你们。"

"书记, 你'逼'得好急。这样, 我联系其他测数据的同志, 如果他们有空, 我们就今天下来。"

"好! 我就听你这句话, 我在村委会等你们。"

接完我"轰炸"式的电话，约莫三个小时后，曾经理和其他的技术人员如约而至。

在村委会见到我，曾经理谦虚地直说"对不起"，看得出他被我埋怨得一脸委屈。

握住他的手，我说："兄弟不要见怪，我是被送资料的同志吓怕了。这要感谢你们才对，请理解我。"

说真的，我也过意不去，不应该步步紧逼，毕竟需要一些过程。据曾经理说，从基站拉光纤到村委会，至少需要上百万元的资金，这么大的项目，必须逐级上报。凡涉项目申报，就要经过一些流程，就要花时间。

带着歉疚，我领起他们往山上的基站赶。

曾经理与技术员一路上记录起数据，一路上拍下照片，说要将数据和资料做齐全，好打报告到仁怀和遵义两级公司。如果申报符合要求，遵义会派人来调研的，只要符合公司有关规定，连通宽带不成问题。

看着曾经理和技术人员认真的样子，我感觉到，承载现代信息的宽带离边远山区，又进了一步。

我泰哥是文化人，举万双手赞成

6月24日，星期三，晴

　　根据前期规划，古城堡山下的沙子坡将被打造成旅游景点。当然，旅游景点打造是否成功，是否能增加群众收益，我们没有把握，但对于沙子坡的20多户群众来说，意义很重要，至少能改善那里的人居环境。

　　因此，今天带上王安龙副组长和村干部王国坤、张应科等同志，我们去沙子坡了解情况，希望他们支持配合。

　　到村民王国泰家，我对泰哥说："政府和村里将在沙子坡搞景点建设，重点是改善人居环境，重点是保护和利用青龙山上的古城堡。如果有游客，你门前满树的梨和桃，至少能卖几百块。人多，卖水和副食品，都可以。"我鼓励起王国泰，因担忧他第一个就有难题出。

　　没想到，泰哥一脸兴奋："我之前说过嘛，老祖先在山上留下来的城堡遗址，一定是宝物，迟早一天会发光的。可没人信，说我扯把子，说那是几个石头堆堆。他们懂什么？真没文化。我泰哥是个文化人，你们搞开发建设，我举一万双手赞成……"

　　"泰哥，那如果政府要征用你的房子搞建设，你支持不？"我见缝插针。

　　"怎么，要征用我的房子？兄弟你下套哟！你这书记，咋不直话直说呢？"王国泰心里一紧，好像舍不得房子。

　　我道出真相："政府想在你家房子的位置建一个陈列馆或旅客接待中心，所以想征用你的房子与宅基地。不过不会让你吃亏的，政府会跟你选址、会跟你修建新房子的。"

　　"兄弟，我对这房有感情。我与你嫂子修的，十几年了，住习惯了。让我搬迁，舍不得。"泰哥为难起来。

"泰哥刚刚还说举一万双手赞成，原来是吹牛的。"王安龙副组长跟泰哥开起玩笑。

"兄弟不要急嘛，我没说不同意，得让我考虑考虑嘛，得跟你嫂子商量商量吧。当然，我是一家之主，所有大事我说了算，你嫂子最好不要插嘴。不过，一年到头就没几件大事。"泰哥一直是一个乐天派，很会搞笑。

国泰哥在小山村是一个文化人，会择良辰，会安神龛，会念经送葬，搞笑与豁达，来源于他对生活及其对生死的另一种理解。

"好吧，说一不二，谁叫我是文化人呢！举一万双手赞成。你嫂子回来，我立即跟她商量，政府搞开发是为我们，我得带头支持配合。不过，书记兄弟，搬迁房子我支持，但你们不要亏待我！"

国泰哥爽快地同意后，我们又去做起其他村民的思想工作，结果效果都很好，他们都愿意支持在沙子坡搞建设，都希望把家乡建设好。

寒酸儿子愧对英雄父亲

6月25日，星期四，晴

　　看着老父亲深邃的眼神，看着老父亲胸膛和臂膀穿透过子弹而留下的伤痕，吴开贵就一脸的懊恼："我愧对父亲啊！"

　　吴开贵，田湾子组村民，爱人与他身体都不好，常年离不开药。女儿在外打工，儿子在外读书，一家人生活过得紧巴巴的。

　　见到我们上门走访，吴开贵总是埋怨自己不争气，愧对英雄父亲的一生。吴开贵的老父亲90有余，中华人民共和国成立前是国民党部队的一名战士，参加过抗日战争，中华人民共和国成立后他又参加抗美援朝战争，"死"过几回，杀敌无数，身上几处子弹留下的伤疤，就是他一生的勋章与荣耀。

　　老父亲与老母亲相濡以沫，都是八九十的人了，却从未红过脸，从未吵过架，一家人过得和睦美满。

　　"但是，我总觉得自己不像话，老父老母已经得到国家无数优待，可我为什么还要享受国家扶贫政策呢？我什么功劳都没有啊！"说起自己的景况，吴开贵总认为对不起国家，说自己一定要自力更生，把家庭建设好。

　　说起容易，但实际并不是吴开贵想象的那么简单。吴开贵与爱人患有疾病，单就开药治病也是一笔不小开支。养几头猪，种几亩高粱，也是杯水车薪。他曾想外出找个轻松点的活儿，但父母交给谁照顾呢？

　　吴开贵只好留在家里，一边照料年事已高的父母，一边照顾妻子，并尽最大的努力发展养殖业。哪想，他养殖的羊子因瘟病血本无归，导致他始终在贫困线下徘徊。

　　吴开贵努力过，但由于身体原因和养殖技术，他终究没能翻身。"父亲打仗出身，碉堡、敌人都战胜了，可我为什么就战胜不了贫穷这个'敌人'呢？

寒酸啊，可这症结出在哪儿呢？我是不是应该总结总结经验？"

吴开贵很想通过帮扶政策，再继续搞养殖业，争取有稳定的收入，不能让父亲小瞧自己，不能让旁人看出他与父亲的天壤之别。由于受父亲影响，吴开贵在组里干了不少好事，邻里之间产生矛盾，他会上门协调，村委会有什么需要他帮助的，他义不容辞。

吴开贵想过向党组织靠拢，不仅提高自己，还能向其他党员一样多为群众办些实事，"但目前连穷都脱不了，不具备先进性，所以不敢想。"他说，等脱贫后，一定向党组织写申请书，争取受到更好的培养与锻炼。

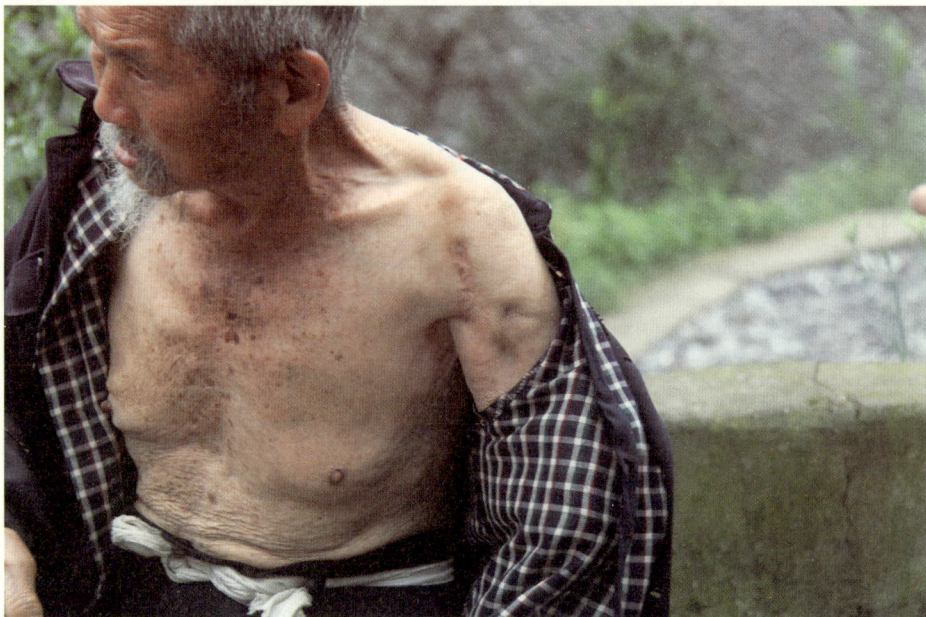

▷ 吴开贵的父亲、抗日英雄吴连蚕老战士身上留下的刺刀伤痕。

谁说葡萄不能当饭吃，我第一个反对

6月26日，星期五，阴

之前，我带群众外出参观考察葡萄种植基地的承诺，今天兑现了。

带上斑竹园组、幸福湾组、田湾子组的组长和村民代表，我们向习水县隆兴镇万亩葡萄基地进发。

来到葡萄基地，当看到一眼望不到边的葡萄园，当听起当地果农介绍种植葡萄带来的收益时，同去的群众代表都"啧啧"称奇："不看不知道，一看吓一跳！"

隆兴镇的葡萄种植涉及几个村，有蜜味型水晶葡萄，也有专门酿制葡萄酒的红葡萄，品种多样，可以说，葡萄在当地已经发展成规模产业。基地里面新光村，由于村班子团结，敢啃硬骨头，硬是带领群众在荒坡坡上发展葡萄3000多亩，不仅群众收益高，村集体经济资金也积累到10万余元。

新光村副支书袁光理现场介绍说，新光村的群众积极性相当高，这些年抱着这个产业不放松，几年工夫，全村葡萄漫山遍野。一亩葡萄丰果期产量可达四五千斤，按当地每斤两元算，一亩地一年的收益近万元。"种其他粮食，是没有这个收成的。不过，要有决心与恒心！"

袁副支书还介绍说，葡萄种植第三年开始挂果，所以前两年可以在葡萄架下种低秆作物，不影响收成。葡萄长成熟后，还可以在葡萄架下搞林下养鸡，从而实现"多重收益"。

"葡萄成熟了，如果滞销怎么办？"有村民代表问袁副支书。

"这个更好办。万一滞销，我们把它酿制成葡萄酒，价格更高。4斤葡萄酿1斤葡萄酒，散卖每斤二三十元，更划算。买上几个坛子，用手工捏碎后放在坛子自然发酵，然后过滤就成。葡萄酒存放周期长，可存放三四年。"袁副支书开始支招。

葡萄架下，袁副支书介绍得头头是道，我们同去的群众代表，也听得十分认真，几位组长还认真做起记录，说一定回组里好好跟群众宣传宣传。

这时，一名新光村的当地群众也凑了过来，他说也是因为种植葡萄，一家人才走上富裕的道路，不仅买了轿车、运输车，还为孩子在县城里买了房。他当初租地30多亩，全是别人放弃了的荒土。土壤贫瘠怎么办？他就带起家人从山下背肥土到坡上培育葡萄苗。几年时间后，葡萄成了他一年收入超过30万元的产业……

越听越来劲儿。我们同去的群众，包括我，都感到葡萄种植是一项好产业，因为通过之前的调研，安居村的土地与气候，适合葡萄种植。只要拿出隆兴镇和新光村的精神，就没有干不成的葡萄产业。

斑竹园组组长王国辉、田湾子组组长吴开朝说，回去一定宣传好，一定带群众干这个行当。村民代表王国泰说，要干就干几百亩，有人愿意租地给我，我一定像这里的群众一样。

"书记，今后要发展产业，你得带我们出来开开眼界，不然我们不知道能不能干。今天一见，葡萄种得！一亩一年收入近万，种苞谷要十年。"村民代表赵汝先说："今后谁要说'种葡萄不能当饭吃'的话，我第一个反对！"

参观完习水的葡萄基地，我的收获是，群众的观念不难转变，关键是他们要有转变观念的动力与条件。我相信，通过这次参观，安居村的葡萄种植一定干得成。

帮贫困户脱贫不是施舍

6月27日，星期六，晴

　　"我们帮扶干部，包括驻村干部，不能把帮扶当成简单的下乡活动，要把帮扶当成自己的事业来干。"

　　今天上午，安居村贫困户的帮扶干部在市人社局王局长的带领下来安居村调研。座谈会上，王局长勉励大家并反复强调："帮贫困户脱贫，不能带有施舍的态度。脱贫攻坚帮扶，是历史赋予我们的职责使命！"

　　是的，王局长这番话，不仅鼓舞大家，还像点穴一样点着我们的痛处。下来这么长时间，尽管每天都夜以继日地工作，尽管大家都没敢停下来，但遇上困难和矛盾时，心里总要埋怨，心里总要后悔，为什么我们要来领这个任务？

　　很多疑问常常令我坐立不安，思想难免有过怀疑。贫困户大多因为自身原因而致穷，我为什么要帮他？我也曾经穷过，可当时为什么就没人来帮过我呢？遇上焦头烂额的矛盾时，心头也打过退堂鼓：把几年时间干满，回城便是，你爱穷不穷，爱富不富。

　　王局长的话，无疑为我们一线脱贫攻坚干部打了一次强心针——帮扶，脱贫，是历史赋予我们的光荣责任，是要载入史册的，是人生路上难以遇上的。

　　王局长的话，像为我们把了脉，让我们不至于在脱贫路上偷懒、畏惧与茫然。

　　"帮扶不能一阵风，要实实在在、真真切切，带着感情帮他们。"王局长还教起方法，"帮扶干部特别是驻村干部，要对安居村做长远的切实可行的规划，比如安居村怎么定位，朝哪个方向发展。同时要做一个短期规划，也就是马上能看得见摸得着的规划，特别是对贫困户的帮扶，他们如何发展如何脱贫，干什么产业，该享受哪些扶贫政策等，都要有规划有目的。所以，我们帮扶干部不能下来走一趟就了事。到此一游有何意义？"

帮扶路上，我们肯定会遇上一些意想不到的艰难，比如群众观念难转变，思想不通，不愿意配合帮扶干部，那我们怎么办？继续上门做工作，让他觉得我们是真心实意的，这样就好开展工作了。

当然，也要教育贫困户，特别是扶志与扶智方面，一定要引导他们明白，脱贫攻坚群众才是主体，而非帮扶干部。要教给他们脱贫致富的能力，让他们辨明"授人以鱼不如授之以渔"的道理。

"如果帮扶干部不真心，每次去一味地送这送那，尽管解决现时，可时间长了怎么办？不想长远，只顾当下，也是一种施舍！"王局长最后补充说……

有谜团，"石头堆堆"就有光芒

6月28日，星期日，晴

　　今天中午，在我一再邀请之下，市政协吕副主席陪同天津建筑规划设计院的两名建筑学教授，专程到安居青龙古城堡考察。

　　青龙古城堡位于斑竹园组青龙山上。青龙山三面为悬崖，一面为陡坡，古城堡遗址就在山顶上，占地约300亩，其中重要部分占地50亩，一部分占地200多亩。

　　青龙古城堡遗址，现存城墙200多米长，城墙高约3米，厚度平均1.5米。城墙有三座城门，城墙有多个观察哨口。其建筑风格与遵义海龙屯土司城堡的遗址类似。城墙内有多块平地，这些平地不知是做什么用的。离这段城墙200米之处的另一座连体山顶上，也有类似的城墙遗址。

　　据当地老人讲，城墙在"文化大革命"时遭到严重破坏，大部分城墙被捣毁，连山顶上的几座木质哨楼也被火烧掉。与这座城堡同时遭到破坏的安居村几百年前修建的规模宏大的寺庙崇音寺，也被一把火烧光。据说，这座寺庙烧了一个多月。

　　1989年，当地农民张应超，在青龙山山脚下的耕地里挖到一枚印章。据他说这枚刻有"洪武二年"的印章出土几年后被文物贩子跟踪骗走。由于印章底部刻的文字是篆字，张应超不认识，也没用纸取印，文字是什么内容至今没人知晓。

　　所以，我力邀两位建筑专家到青龙城堡考察，争取从他们专业的角度了解一些我们不曾了解的信息。

　　没想到，两位建筑学专家非常热心，通过两三个小时的初步考察后，他们觉得青龙城堡建筑遗址，有一些解不开的谜。根据他们的设想，我整理出青龙城堡的12个谜团。

1. 这座城堡是什么人建造的？

据当地人讲，这座城堡的城墙立在山上，爷爷的爷爷辈就知道了，但不知是什么人修的。城墙用的巨石，以及庞大的建筑工程，一般老百姓、地方武装和官僚地主，是没有那么多财力、物力、人力修建的，唯有朝廷或地方政府才有能力修建这样大的工程。可又是哪一朝代、哪一级官员修建的呢？

2. 城堡修来有什么用？

城墙修建在悬崖山顶上，究竟修来干什么用？不可能是地主的住宅，因为山上条件太差，地主不会干这种蠢事。也有人提出，会不会是修来存放官盐的？城墙外不远处，为什么建有哨楼？会不会是军事设施？城墙中为什么有外窄内宽的观察哨口？是不是观察敌情用的？

3. 这样大的工事，为什么地方史志、各姓家谱没有记载？

▷ 安居村青龙古城堡遗址。

占地面积大，建筑规模不小的建筑工程，在当地老百姓中，祖祖辈辈都不知道这是修来干什么用的，也不知是什么时候什么人修的。当地地方志、家谱也无任何记载。建筑学专家表示，没有任何记载有两种可能：一是有可能是当时皇帝逃难至边远山区的皇帝避难所，二是有可能是冷兵器时代的兵工厂。这两种建筑，历代以来都必须保密，谁走漏风声就遭杀头。

4. 为什么在城墙内的地里挖到熔炉残渣？

青龙城堡城墙内有几十亩土地，农民耕种时会经常挖到一些炼钢炼铁才能留下的熔炉残渣。是不是钢铁大跃进时期留下的？历经钢铁大跃进时期的农民一口否定了这种设想。那这些埋在地里的熔炉残渣是怎么来的呢？会不会真的是冷兵器时代兵工厂炼兵器时留下的？

5. 为什么城门建在悬崖上？

整个城墙有三道城门，除一道门建在观望哨楼的平地上之外，其余两道城门都建在悬崖上。这是为什么？它建成后难道不让人进出？城门建在悬崖上，人要进出就只能在百余米高的悬崖上使用软梯，使用完软梯后再拆除，以防敌人攀上去。这种假想对吗？

6. 为什么没有路？

整座山、整座城堡没有一条路上去。这是为什么？现在走的路，都是农民种地时走出来的。

7. 为什么相传当地老祖居是从城堡内搬木材下山修的？

青龙山脚下，王姓人家老祖人相传，他们很多代人住过的木房子，就是从城堡里搬木材下山修的。为什么有这个传说？为什么要搬城堡里面的房子？是不是城堡换了主人？城堡的房子是什么模样又是什么建筑风格呢？

8. 城堡内多块平地是用来干什么的？

城墙内多块平地，是不是用来修建房屋的，是不是练兵场？当地农民讲，让人感到神奇的是，城墙内居然还有一口井，井里还溢满了水。为方便耕地，农民已把井填了。

9. 城门口一处图案有没有喻意？

在东城门口外的石壁上有一处图案，这图案是不是文字？是不是一种符号？为什么有这个图案，有没有实际喻意？

10. 为什么有营村和银村，为什么有海龙和青龙？

当地邓姓家谱反映，他们祖先带兵打仗至此修建的防御工事和驻扎地兵营被取名为营村，这个营村会不会就是这处城堡？当地一个村民组叫银村，这银村与营村有关联吗？

遵义土司王朝的遗址地名叫海龙，安居村这处遗址的地名叫青龙。青龙、海龙，都是龙，两龙有联系吗？其喻意有没有考究？两处建筑遗址有没有联系？

11. 农民挖到的印是不是玉玺？

当地农民张应超在青龙山脚下耕地时挖到一枚印，印高约10厘米，厚度约5厘米，方型。据张应超和当地群众讲，印的顶部有造型，像龙，又像一种有角的兽。印的一侧刻有"洪武二年"字样。这字样，与明朝开国皇帝朱元璋有关吗？印的底部由于是篆字，张应超和农民不认识，所以不知是什么内容。

据传，朱元璋追查寻找到秦始皇传下来的传国玉玺后，担心玉玺丢失，就在玉玺上刻上"洪武"的年号，可后来传国玉玺还是失踪了。有文史专家猜测，张应超在青龙山下挖到的这枚印，是不是失踪的传国玉玺？是不是朱元璋自刻的玉玺？

12. 文物贩子为什么跟踪多年骗走印？其价值有多高？

1989年，张应超挖到这枚印后，消息很快传开，当地群众都去他家看稀奇。几个月后，两个文物贩子出钱向张应超收购，可张应超觉得这枚印应该更

▷ 云雾中的青龙城堡古城墙。

值钱，所以他没有卖。时隔半年，两个冒充是文物局工作人员的骗子，又上门要求张应超交出印章，不然就属于违法。文物贩子的冒充被当地农民识破后，这枚印才未落入骗子之手。

事隔几年，张应超一年之内突然灾难来临：张应超从房顶上摔下造成重伤，妻子突患腰椎间盘突出，独子因病突然昏死后经抢救及时才活了过来，儿媳患类风湿病致残，唯一男孙也因病死亡。出现这些灾难后，一名风水先生突然来到他家，说要帮他看风水，看哪个地方出了问题。病急乱投医——没有多少文化的张应超答应了，就让风水先生看风水。一番折腾后，晚上风水先生开口了：你家老祖坟、宅基地没问题，可你家受这些灾，一定是沾染上了邪气，家里一定有死人陪葬品。

听风水先生一说，张应超才明白过来，原来是那枚印"惹的祸"，于是将这枚印送与风水先生，让其代为驱邪后扔掉。

第二天天亮，等张应超醒悟过来，风水先生已不知去向。

文物贩子追踪几年，终于将这枚印骗走了。这枚印，有何不可估量的价值呢？

整理完这些谜团已至凌晨两点，可我却兴奋得很，贫困落后的安居村，青龙古城堡遗址不是简单的"石头堆堆"，它们一定是一处深藏不露、价值难以估量的历史遗存，一定是一部正待解读的史书。有谜团，青龙山上的"石头堆堆"及其安居村，一定能释放封存已久的历史光辉。

你晒黑了，亲

6月29日，星期一，晴

今天，我去宣传部向冉部长汇报工作，想请他关心安居村，为安居村解决一些体育器材、农家书屋，以及环境整治特别是"四在农家"的建设项目。

一进门，部长一抬眼就问："你下去多久了？怎么晒得那样黑？"

"部长，我是天天在太阳底下晒，能不黑？你心痛我，就帮我解决点困难吧。"顺着冉部长关心，我向他诉起苦。

听完我的汇报，冉部长说，建一个农家书屋是有必要的。农家书屋尽量建在村委会或学校，以方便学生或爱好读书的村民阅读。图书管理与阅读要形成制度，让书本发挥作用。体育器材的事，他与文体局协调，争取解决一批。器材拉下去后也要利用好，最好是用坏的，而不是锈坏的。

关于"四在农家·美丽乡村"的建设，他说安居村可以打造一个点，让我们尽快上报，争取列入来年计划。

向冉部长汇报结束后，我又去组织部找游部长汇报工作，希望她到安居村检查指导，将安居村纳入基层党组织示范村来打造。

汇报完我的想法后，游部长说："你干好了，我一定去你那里的，争取为安居村解决一些实际困难，包括队伍建设、党组织建设、村级集体经济建设等。"

临别时，游部长突然叫住我："你晒黑了，亲！多休息，少熬夜。"

"感谢部长关心。没关系的，苦点儿累点不要紧。"我一边应承，一边感激地出门。

"怎么那样黑？"我真的黑了吗？

来之前，我不知道自己有多黑，怎么好久不见他们，都说我晒黑了呢？我

赶到洗手间反复照起镜子，发现真的黑了，两鬓也出现几根白发。

晒黑，是天底下最美的太阳色，是印在脸上的"驻村证明"，是脱贫攻坚一线最具幸福感的礼物。"你晒黑了"，是一座城市闪烁的最美的言语，也是组织对驻村干部和脱贫攻坚干部最高的褒奖。

干好每件小事，就是大事

6月30日，星期二，阴

明天就是建党节了，所以市里今天开大会庆祝，并表彰一批优秀党员，我也并列其中。

这么高的奖项，我感觉自己受之有愧。安居村的脱贫攻坚，不是我一个人干的，是所有村干部和帮扶干部共同的心血与汗水，可拿奖由我拿，能不惭愧吗？想想，这个证书里，一定浸满他们的辛劳。

今天，让我铭记的，还有市委张书记的讲话。

他说，我们要做信念的模范，要做修养的模范，要做为民立功的模范。位卑未敢忘忧国。不要小看我们小小的岗位，特别不要小看一个村的支部书记，他可是我们人民群众的主心骨，是我们脱贫攻坚战场的战斗员、指挥员。

我们自己更不要小看自己的小职位，更不要小看手中的小事。每天坚持干好小事，就是大事，你就是大人物，就像今天受表彰的同志一样，干的都是平凡事，守的都是平凡岗。

空谈误国，实干兴邦。只有扎扎实实，一件一件地干，才能成就一番事业。万不能雷声大雨点小，万不能好高骛远和不切实际。当然，只要看准了，就要一股劲儿地钻，不达目的不罢休，不破楼兰终不还。干这种小事，还要不骄不躁，始终保持创业的激情、拼搏的勇气，要有敢于啃硬骨头的精气神，要有敢于担当的责任心。脱贫攻坚，亦如此。

散会后，张书记的讲话言犹在耳。脱贫攻坚战场，干的真的是每件小事，谁家养了多少鸡，谁家该不该养猪，谁家又去哪儿务工了，断头公路是否修通了，路面是否硬化了，陈大爷的医疗报销是否落实了，张三爷与王大叔的纠纷是否调解好……这些，都是脱贫攻坚不起眼儿的小事，可我们每天都行在路上、战在前线，但似乎看不出什么名堂。

在村里，我们还要求每名村干部记录每天的工作，记录自己这一年究竟为群众干了多少事。同时，我还要求驻村干部每月至少为群众干十件实事，哪怕就是跑一次腿、写一个申请都行。只要坚持，一年下来，驻村干部为群众干的事，也是600多件，何况每个干部一个月也不止十件实事啊，有的天天都在办实事。这些小事积累起来，能不是大事吗？

我们就是干小事的干部，这有什么不好？

镇长、市长，干的也大都是小事。冒枪林弹雨，攻碉堡阵地，算是大事，可人人都干大事，小事谁来干？

党的生日话党恩

7月1日，星期三，雨转多云

　　今天是党的生日，村党支部组织在家党员以开座谈会的形式庆祝建党94周年。

　　尽管座谈会形式简单，但开得相当有意义。参会的人有党龄超过50年的老党员，有刚刚入党的新党员，也有村民代表和入党积极分子，他们忆过去、谈变化、谋发展，心底满是对党的感激之情和党带着大家迈上小康路的幸福话题。

　　"我入党已经超过50年了。50年我经历了很多，要数起码数几天。我年轻的时候吃不饱，而现在的年轻人，天天闹减肥。这就是变化！"

▷ 安居村党员"七一"重温入党誓词。

老党员吴绪华谈起过去，心里充满感激。解放之初，受过磨难的十多岁的吴绪华，再也不用看别人的脸色生存了，跟着共产党组建的生产队大队部，他带领群众抓生产、促增收。由于战斗力强、思想纯净，他被列为入党积极分子，后来加入党组织。尽管吃了没有文化知识带来的苦头，但他受到党的教育很多，明白共产党人就是为人民服务的，相信我们党一定会带领人民过上幸福日子。

所以，不管过去还是现在，党支部每次通知吴绪华参加党组织活动，他都雷打不动要参加。"几十年，我已经习惯了。"他说，这是一种感情，一种对党无限忠诚的感情！

谈起党的生日，老党员吴少刚一脸自豪："党的生日，其实就是我们每名党员的'生日'，我们必须把这个'生日'过好。在党内，不分职务高低，大家都互称同志。同志就是一同干事一同过日子，同志就是有难同担，有福同享。你说，哪种组织像我们党组织？"

"跟在座的比，我是受到党组织培养最多的人。没有党，我就没有今天的生活。"退休教师、老党员陈洪江感慨，他出生在中华人民共和国成立前，那时不能上学，中华人民共和国成立后家乡建起了学校，他被大队部送去读小学、中学，后来考师范，最后当了一名人民教师，教的学生数以千计。"看到各行各业的学生，我就骄傲，当然也为今天的幸福生活骄傲！"

地里干活的老党员、离任村干部王世强听说今天村里要过党的生日，他立即放下锄头赶到村里参加活动。见大家踊跃发言，王世强也停不下来："过去我们村干部也跟群众干了不少实事，可总感觉效率不高，原因就是条件太差。而现在，用电脑可以办公，到镇上为群众办事乘车就十多分钟。"王世强说，按目前这种发展速度，按党支部和驻村工作组脱贫致富奔小康的规划，安居村发展会越来越好，越来越快。

老党员忆过去话党恩、传党情，年轻党员也受到感染，内心顿生感佩之情。刚入党的年轻党员冯文素说："我一定好好干，向老同志学，学习他们默默无闻为党为民的精神。相信在党组织的培养下一定能成长进步。"

　　"就是因为看到我们党带领全国人民一往无前的奋斗精神，就是因为看到村里的党员干部默默奉献的品格，我才申请加入党组织的。入党几年，受益匪浅，光就开展民主生活会，也让我明白很多道理。"年轻党员敖永进深有感触。

　　幸福湾村民组长陈永文见大家话党情、颂党恩的话题不断，他也按捺不住激动的心情讲起来："我不是党员，但今天党的生日，好像也是我的生日一样很有意义。我理解，如果没有党，就不会有我们今天的幸福生活。为回报党恩党情，我必须把组长当好，把组织交给的任务干好。"

　　党的生日，参会党员有说不完的党恩党情，有说不完昔日艰苦生活的追忆，也有道不完对未来美好生活的憧憬。

是党员，却无"风采"

7月2日，星期四，阴

　　傍晚正准备下班，上级报社突然来电话：王洒吗？近期报社准备刊登党员风采相关内容，请把你个人简要事迹写好传给我们。

　　放下电话，我心事重重，我是党员不假，可我有风采吗？伏在案头，我使劲地审视自己。

　　来村里已经两个多月，遇到的困难挫折比想象的多。村里没有自主资金，没有行政审批事项，要搞好脱贫攻坚就只有反复找上级组织帮助解决。这两个月，光就矛盾纠纷调解以及贫困户走访，还有公路、人饮等基础设施建设，就要牵涉很大精力，当初答应帮群众发展水产养殖的事，一搁再搁。

　　任何项目发展，都要向镇里作汇报，争取他们同意后才敢实施，不然不符合规定与程序。

　　这种工作效率相当低。脱贫攻坚，我们等不起啊！来村里这么长时间，工作难有起色，报社让我谈党员风采，我感到压力大，我有什么风采呢？

　　忙里忙外，好像也没有忙出什么名堂，班子建设、阵地建设、贫困户的脱贫任务、水电路与危房改造等，还有一大堆工作等起的。当然，就这点儿时间，要想吃个胖子，不可能，所以有什么风采可言呢？

　　我能写的，就是一腔热血、一往无前。未来的路，还很长，还很远，还需要拼着命干。政如农工，日夜思之，日夜行之——就把这个当成风采吧！

"梦想"输给"现实"

7月2日，星期四，阴

今天，我邀请安居村的几名在外知名人士走进村里，意在请他们回乡发展，意在让他们带动大家脱贫致富。

陈强，安居村走出去的企业老总。他是一名退伍老兵，曾参加过对越自卫反击战。退伍后，他也曾想过在家乡带领乡亲们脱贫致富，然而，家庭生计不容许他这样干，于是放弃梦想去了云南，这一去就是30年。30年来，陈强经历过坎坷、挫折，也有很多收获，目前产业发展很不错。

回到安居村，陈总对家乡这些年的变化很欣慰，他说，之前安居村公路不通，而现在不仅四通八达，不少公路还硬化了。"交通引领发展，这是农民看得见摸得着的实事。"陈总说，一通百通。如果时机成熟，他一定会回来发展的，圆当初未圆的梦。

文化企业老总陆元武应邀也回安居村考察。听了我对安居村的情况介绍以及安居村未来规划，陆总说，他是贵州省黔东南苗族侗族自治州人，目前在仁怀发展。当村官为乡亲谋富，也曾是他有过的梦想。可是，由于个人原因以及家庭情况，他不敢去履诺。直到后来辞职办企业，都没有为家乡干一件实事。"愧对家乡啊！一生，就为生计奔波，就为个人奔波。你的勇气令人钦佩。如果有需要我的地方，我一定不推辞。"

陆总一边握起我的手，一边向我表示，如果安居村今后发展文化产业，他一定投资，算是还儿时的一个小小心愿。

从机关岗位退休的陈坤华，跟陈强一样，也是从安居村走出去的，现在在城里发展，经济效益也很好。他说，自参加工作后，他就想为家乡做些事，但一直没机会，也没精力和资源。"我们都有一颗爱家乡的心，但因现实太残酷，我们放弃了当初的梦想。现在能做的，就是为家乡尽一份绵薄之力。"

陈坤华告诉我，可以在家乡成立一个协会，让从安居村走出去的安居人，都来支持家乡发展，都为家乡献计献策。

"我们的'梦想'都输给了'现实'。当初，我也曾想过大学毕业后一定回家乡带领群众发展，可真正毕业后，我却被组织安排去教书。这一教就是10多年。"从安居村走出去的人民教师王楚说，有过后悔，但现在也无悔，毕竟教书跟带领村民致富是一样的，都是为民。

"退休后，我一定回家乡干点事，你得等我哟！"

听了王楚以及各位我邀请来的客人的心里话，我觉得是他们"投资"来了，这个"投资"就是"只要有梦想，就一定要追，不然等到力不从心时，梦想就真的输给了现实！"

把好政策揣在衣兜里也叫"贪污"

7月3日，星期五，阴

今天上午，我被通知去镇里开会，会上镇领导传达了好几个惠民政策，包括养老保险、危房改造和脱贫攻坚的政策等。

回到村委会，我立即召集村干部通知各个组的组长于下午来开会，传达学习今天我去镇里开会的精神。

话音刚落，老彭就好心劝："王书记，今天是星期五哟，你还要赶末班车回城哩。这个时间通知各组组长来开会，来得及不？"

老彭的担忧我理解，因为都下午两点钟了，通知各组长来开会，至少要等两个小时以上，况且有的组长不一定在家。

"没关系，万一没有车回家，我就明天走吧！"我对老彭说，今天镇里开会传达的都是惠民政策。退伍老兵和以前乡村代课教师、电影放映员、农技人员、乡村医生、知青、修川黔湘黔铁路民兵等，只要缴纳一定养老金，等达到规定的年龄后，就可以享受养老金政策，每个月像领工资一样，好几百上千呢。另外还有就业培训政策，只要有劳动力，都可以报名参加养殖、烹调、家电修理等技能培训，每天还有生活补助。还有危房改造政策，没有安全住房的，只要按规定修建验收后，就有资金补助，按不同类别，少的几千，多的几万。

"这么好的政策，我们能不及时通知下去吗？让农民早点了解，早做准备，不好吗？好政策如果揣在衣兜里，也是一种'贪污'。"我向老彭解释说，今后这样的会，特别是惠民政策的宣传，一定要及时，一定要做到家喻户晓，让党的声音落地生根、开花结果。

往往，我们群众对政策了解不深不透，甚至不知道，就是因为我们党员干部没把政策及时传达到位，或者一知半解地传达，导致信息不对称使群众与村干部产生一些不必要的误解，产生对政策理解上的偏差。

听了我的话，老彭明白了，立即拿起电话分别打起电话来，通知全体村干部和组长到村委会开会。

的确，等组长们都到齐时，已经下午五点多。开了一个多小时的会，并部署完计生、贫困户遍访等工作任务后，已是傍晚时分。镇上跑城里的公共汽车已经收班，我只能明天回城。

决心与干劲是脱贫攻坚利器

7月6日，星期一，晴

　　几天工夫，大土组敖正香、敖正强、敖正平、敖永科等4家人，就把一条长约一千米的公路挖通了。

　　行在山坡上新挖出来的毛坯路，看到正在工地上施工的挖掘机和10多名施工人员，我就为这4家人的决心与干劲感动。

　　敖正香他们4家人，大部分都在外务工而搬进城，听说家乡正开展"群众打底子、政府铺面子"的脱贫攻坚公路政策，就立即组织起大家修通连接老家的公路。

　　不算不知道，一算吓一跳。这条公路约一千米长，要经过林地、耕地，要经过陡峭的山坡，施工难度大，涉及资金仅挖土石方和砌堡坎，一定超过15万元。"这么多钱，到哪儿找，大家愿意出吗？"当初，敖正强不想拿钱，再说也拿不出来，他的想法就是通过村里申报项目解决。

　　敖正强曾找我想办法，我说太难了，目前市里的政策就是"群众打底子、政府铺面子"，如果你们今年干不成就等明年吧，但明年的政策谁也不清楚，不要到时连硬化路面都由你们自己出钱，就更糟糕了。

　　听了我的话，敖正强没作声，回家后立即召集其他3家人开会，会上他们明确，就是砸锅卖铁，他们也一定要把连通老家的公路修通。"这是祖祖辈辈都遇不上的好政策啊，只要毛坯路挖通，政府就来出资帮我们硬化。硬化的经费，每千米30万左右呢，我们更出不起。否则，过了这个村就没有这个店了。"敖正强在会上打气。

　　一不做二不休。4家人意见统一后，立即调整土地、立即贷款、立即借款、立即变卖猪牛，十来天时间，他们就筹足了经费，并组织起施工队和挖掘机动工修建。

人停机不停，几天不分昼夜的工夫，4家人家门口一条粗线条的毛坯路就出现在大家的面前。

行在公路上，当感受几家人战天斗地的精气神，以及背账、欠款都要把脱贫公路修通的决心与干劲儿，我肃然起敬，我想说，全村群众只要有这种团结协作、勇于挑战的精神，就没有战胜不了的脱贫攻坚。

一类贫困村的安居村，决心与干劲，一定是打赢脱贫攻坚战的利器。

一次沟通"等于"一年工龄

7月7日，星期二，晴

　　"王书记，你说我这工龄，为啥子要跟我少算一年？反映多次，就是不给我解决，为啥子？"

　　下午，离任村干部王世强来村委会，向我反映他的工龄被少算一年的事。

　　王世强曾任村干部十年，担任过大队会计、村主任，是群众信赖的基层干部。王世强已经65岁，享受离任村干部待遇几年，今年突然发现自己的养老金比跟他一同参加工作的村干部要少几十元。

　　于是，他就去镇里查档案，发现自己的工龄少了一年。他问镇里管档案的干部这是怎么回事，镇里的干部也搞不清楚是什么原因，档案上记载的时间没有涂改过，是最原始的表册啊。

　　管档案的同志不能给他任何答复，王世强又找领导，请领导帮他解决少计算一年工龄的问题。找到镇领导后，镇领导让他到村里查有没有原始档案，如果原始档案记载的时间多一年，就予变更。

　　可是，村里的档案不齐全，经过几次搬家，不少档案遗失了，找不到离任村干部参加工作时间的信息。村里就让王世强找三个以上跟他一同参加工作的同志出证明，证明王世强工龄时间。但是，与王世强同一年参加工作的同志，有的已经去世了，健在的就一人，怎么出得了证明。

　　了解王世强情况后，我立即联系同王世强一起工作过的陈绪聪老支书，请他回忆王世强参加工作的具体时间。

　　陈老支书说，镇里的原始档案都是村里交上去的，填的时间应该没有错。王世强讲的同他一年参加工作的同志为什么比他多一年工龄，有可能是王世强参加工作的时间是当年的腊月，另一名同志参加工作的时间有可能是当年的冬月，以农历的方式计算肯定是同一年，但如果按公历算，王世强就是第二年了。

"王世强工龄少算一年，可能就是这样产生的。"陈老支书说，王世强与另一名同志到村任职，确实是同一时间段进去的，但记不清准确时间了。村里填的任何表格与资料，都是按公历填写的，年头岁尾，多一天少一天，都有可能是另一个年头。

了解这些情况后，我问王世强，你回忆一下你当年参加工作的时间。想了一阵，王世强才说他确实是那年腊月参加工作的，另一名同志要比他早一些时间。

▷ 走访慰问曾反映工龄问题的老村干部王世强。

王世强工龄少算一年，有可能是这样产生的。同时，我又做起王世强思想工作，就打算你的工龄少算了一年，但你要花很大的精力去办理证明材料与手续，还不一定办得妥。就算办妥了，一个月也就多二三十元。"三二十元钱，你王世强能买田买土？当然，如果确实有佐证材料，你维护自己的权益肯定没问题，问题是没有这材料啊！"

听了我的解释，王世强心情渐渐明朗："王书记，你这解释，我服了，也许真的是当年我记成农历的时间了。感谢感谢，我心里的结总算解了……你一次沟通，'等于'我一年的工龄，我服气！"

修路潮，纠纷潮

7月8日，星期三，晴

    由于加紧脱贫攻坚公路硬化，不少村民从城里纷纷回村挖毛坯路和断头路，踊跃参与可谓空前。

    但，有发展建设，就一定伴随着矛盾与纠纷。这不，干子坪组学堂坡的陈永江等几名群众，又来找我反映问题了。

    陈永江、陈登忠等几家人筹集资金挖通了大约600米的断头公路，但路陡，我们找的硬化路面的施工队不愿意去硬化，除了危险之外，还会增加运输成本。可是，这几家人又不愿意多出资金，怎么办？

    通过反复协调，我们请的另一家施工队愿意去帮助这几家群众硬化，但需要这几家农户补助一定经费他们才敢去，否则免谈。

    做通施工队思想后，我又返回去做陈永江他们的思想工作，希望他们几家再出一把力，再筹资一万元补助资金，使公路能尽快硬化。没想我一开口，有人就反对，说为挖公路他们腰包都掏空了。"这钱，当真是树上掉的叶子？"

    "好，等你们有钱了再硬化吧。但我今天要重申一下，今年还有政策可以硬化，明年，我就不敢保证政府有没有硬化路面的政策了。"我又以激将法的方式做他们思想工作。

    见我讲出担忧，陈永江背过脸："就听王书记的。这钱，大家再挤挤，再想想办法。不然，过了这个村，就没有那个店儿了哟。"

    协调一阵后，他们最后同意我的意见，并现场与施工队联系起来。

    回到村委会约莫一个时辰，陈永江他们又找到村委会，说这条断头公路两头刚硬化的公路，由于政府没有验收，两边的施工队不让过。所以他们的运料车过不去，怎么硬化？

看着陈永江等几名群众的愁容，我又联系起两头施工队负责人和镇公路管理站，请他们到现场解决问题。

这件事还未处理完，木栏山的公路硬化，也因群众纠纷又停了下来。木栏山通往杨里沟组的公路，由于十年前挖毛坯公路没有解决好土地纠纷，所以现在硬化时，群众就跳了出来。"以前的事解决不好，就是天王老子的施工车都不允许从这里经过。"

由于阻拦，施工队一气之下走得干干净净，把未硬化的公路又摆在那里。

了解情况后，我联系起那里的施工队，可施工队一万个"不干了"，群众太难协商，要硬化，你们另请"高明"。

无奈，我只好联系其他施工队，希望他们能来安居村考察，如果愿意，安居村还有未实施的硬化公路，都交给他们硬化，使其"多赚一点儿"。可是，我的承诺对他们没有"诱惑"，都称"搞头不大"，垫资大，利润薄，报账程序复杂，群众纠纷难解决，谁愿意？

看来，这截公路只能放一放了，等找到别的施工队后再作打算。另外，要抽时间做通群众思想工作，以免今后再有阻拦。

一波未平，一波又起。

大土组通往崇音寺组公路硬化现场，有群众又闹起来了，原因是有几家人要修通往自家门前的公路，大型挖掘机就要经过正在硬化的公路地段，可刚硬化的公路怎么经得起重车碾压？

赶到现场了解情况后，我说你们挖公路大家支持，但也要支持硬化施工，这都是为大家修路啊。随后我明确，群众挖公路再等几天，等硬化了的公路凝固期结束后再让挖掘机经过。同时要求公路硬化施工队暂时停止，待几天群众挖公路的挖掘机通过后，再开始施工。见双方没有意见后，我才回到村委会。

脱贫攻坚，公路建设是重中之重。由于扶贫政策以及多次群众会的宣传，群众自行修建毛坯公路的积极性相当高，所以全村一时兴起修路潮，但也带来纠纷潮。这几天，因修路带来的青苗补助、土地调整、树木毁损、田边土角争议、排水沟渠占用等民事纠纷就十多起，村干部有时忙得上气不接下气。

农家小屋里的大话题

7月9日，星期四，晴

今天，在带村领导、三合镇财政分局局长杨朝玉带领下，我们一行去崇音寺组开展"农民夜校"政策宣讲，除宣传脱贫攻坚政策外，还有就是听取群众对脱贫攻坚的意见建议。

在杨开友家的堂屋里，我听起了农民朋友对脱贫致富奔小康的大话题。

"我叫刘朝甫，村民组组长。可以说，崇音寺整个组需要解决的困难比较多。水，尽管安了水管，但水源地位置低，水上不来，需要水泵抽水。电，电压低，有时煮饭都煮不好。小路还有3500米没有硬化，群众走路就带泥。还有，退耕还林没有搞起来，年年造林年年为零。我提这些都是群众的大事，希望村里和驻村工作组解决。"

"我叫刘虎朝，以前是村民组组长。我们这个地方急需解决的就是水，枯水期没水，不少群众吃屋顶的水，肯定不行的。还有，之前村里让我帮群众安装水管，目前还有1200元的工程款没有结账，几年了，请村里解决。钱是不多，但诚信是大事。"

"我叫刘朝明，我提的意见是，希望村里'包装'一下我们苗族同胞杨开友、宋长发等同志。他们会吹笙、跳舞，但只会简单的几首，村里能不能请老师来培训一下，让他们能吹更多更好听的歌曲。"

"我叫陈应发，我的意见就是能不能开一个养牛场，如果发展，我一定参股。还有，能不能搞大棚蔬菜，或种些中药材，让更多的有规模的产业带动大家脱贫致富。"

"我叫刘朝东，我一直在养羊，现在还有8只，养羊经验我比较丰富。我们这儿有草场林场，建一个既养牛又养羊或养猪的养殖场是相当有条件的。养殖场建起来，我们这里的贫困户和群众，不脱贫致富都说不过去。只可惜，我本钱不多，要不然我一定要建设一个养殖场。大山里每年长的青草，没有牛羊吃，浪费了！"

"我叫宋长发，我什么都不养，就'养病'。这些年感谢党和政府的关心，我才度过难关。由于长期生病，导致不能干重体力劳动，连养殖都干不成，只能靠政府低保金过日子。我的想法就是培养好孩子，让两个孩子好好学习，将来摆脱贫困走幸福路。"

"我叫刘庭勇，我们崇音寺村民组这个地名，是因一座寺庙"崇音寺"而得名。这座庙宇规模宏大，占地好几亩，据说是唐朝时期修的，有上殿、正殿、下殿，左殿、中殿、右殿等。庙里悬挂的用木板题刻的各个时代的书法作品很多，我亲眼看过，庙的顶梁上还题有'康熙四十一年'的字样。中华人民共和国成立前，寺庙里有十多个僧人，香火很旺，解放军来时，寺庙主持被定为恶霸和尚而被枪毙，其他僧人也分别受到刑事处罚。僧人走后，这个寺庙成了村民收庄稼、晒粮储粮的保管室。再后来，这个寺庙在'文化大革命'中被一把火烧掉，足足烧了40来天才被化为灰烬。介绍这些，目的就是请村里邀请专家来考察一下，研究一下这个寺庙遗址有没有价值。如果有，可否考虑复建呢？把它建成旅游项目，让其产生经济效益。"

张兴桥、王六芬等群众也提建议，说把崇音寺的两个坝子建成水塘发展水产养殖，以增加群众收入……

农家小屋里，村民提的大都是发展建设的意见建议，都想通过基础设施建设和产业发展摆脱贫困过上幸福美好的日子。农家小屋内的大话题，我一一写进民情日记本里，但愿村民们质朴的愿望有朝一日能从纸上落实到地上。

思路不能有"断头路"

7月9日，星期四，晴

已经很晚了，可大土组敖正强等4家人因修公路产生的纠纷，使我们的脚步不敢停下来。

敖正强等几家住在一起的邻居，下定决心筹款请施工队、挖掘机修一条连通几家人的通户公路。几天工夫，路通了，他们又请硬化公路的施工队帮助他们硬化路面。

然而，新挖的路陡，以及路基不稳，运输硬化材料的货车主不愿意干，不仅运输成本高，更主要的是安全隐患特别大。"你拿多少钱，我们也不敢来干。关键是运料车不是我赵某人的，是其他人的，他们不愿意来，我没有办法。"在现场，为我们村硬化通组通户公路的负责人赵温泽也显得无可奈何。

赵温泽不愿意硬化这条公路，群众就不高兴了，都说大家勒紧裤腰带修这公路，目前，就是希望你能来硬化，你不硬化，我们挖这条路不是就"白搭"了？

敖正强他们心头慌得紧。根据政策，群众自建毛坯路，硬化由政府负责，实施模式就是先由施工队老板垫资硬化，待交通管理部门验收后再支付工程款。施工队由村或群众自行联系，并签订合同后再行实施。敖正强他们也联系过其他施工队，但没一家愿意接手，原因就是路基不实，路陡弯急，路面不平整，担心出交通事故。原本要载四吨的车，到这儿最多载两吨。这样一算，运输成本大大增加，如果不增加运费，不仅不赚钱，还要亏本。

赵温泽不同意硬化这条路，敖正强他们就找到村委会，希望我们去现场做做赵温泽的思想工作。

邀请上杨朝玉局长，我们前去敖正强家了。

了解情况后，我说公路才有断头路，思路怎么能有"断头路"呢？大家讲不通，都是站在自己的立场想问题了。我提出建议，施工方不能动不动就"不干不干"之类的话，这样容易伤群众的心，遇上困难后商量解决。施工方提出的危险性问题，敖正强等群众也应重视，趁挖掘机还在，就用挖掘机重新处理一下路基，确保运料车能上得来。

群众答应重新处理路面，赵温泽也答应只要过得起车，一定来硬化。但运料车要增加运输成本，群众补贴4万元运输费，施工队才来硬化。听施工方要增加4万元资金，敖正强他们急得跳起来：这不是狮子大开口吗？没钱啊！为修这条路，大家鸡都卖尽了。

群众不同意，施工方又提出，那你们自己找车来运输如何？我们施工队来硬化，搅拌材料算我们的。

可是，群众又到哪儿找运输车？

我心里没有底，对施工方提的意见，我偷偷打电话咨询起来。了解这种新路确实不敢拉重车而需增加运输成本后，我才返回身找敖正强四家人单独商量意见。一商量，敖正强他们也明白运输成本会增加，但就是几家人拿不出钱。我说，你们出一万元如何？剩下的我来解决。

群众同意了，愿意出1万元。可还有3万呢？

我又折回身，与施工方反复商量，施工方最终答应至少两万五，否则就不干了，让我们另外请施工队。

施工方最后打出底牌后，我又拉起杨朝玉商议，最终确定，由群众补助施工方的1万元，余下的1.5万元由镇政府和村里解决，如果解决不了，就让这个施工队优先硬化村委会门口没有施工难度的公路，以此补偿他们。

摸清三方最终想法后，我立即召集大家谈我的意见：这条公路，群众也辛苦，也花了血本，但目前遇上新困难，请敖正强等四家人筹资1万补助给施工方。施工方要求的4万元，请打折到2.5万元，欠下的1.5万元，由带村领导杨朝玉同志负责，或者优先让赵温泽硬化村委会门口公路，以此作为补偿。

"大家有意见没？如果没有，我马上写协议，你们签字。"

"没意见，没意见，按你谈的办。"

终于，经过三个多小时的调解，一条新建的公路硬化难题解决了，双方也都满意地点头。

谢绝村民送锦旗

7月10日，星期五，晴

　　时近中午，大土组村民敖正强等几名村民来到村委会，说要跟我反映一件事。

　　一听他们要反映问题，我脑子里立即浮现起昨天的事来，是不是群众反悔了，或者施工方不愿意干了？

　　一连串问题闪现后，我问起他们来："敖老辈子，什么事啊？是不是公路上的事？"

　　"正是。"敖正强不紧不慢地说，"你为我们干了一件大好事，昨天要不是你协调，大家修的公路肯定硬化不成。群众记在心头，就想来感谢你们！"

　　"感谢我？不行不行，上级有规定，驻村干部不允许收受群众一针一线，你们的心意，我领了。再说，帮群众是我们分内事，是必须干的，这是我们职责。"

　　我与敖正强他们攀谈起来，希望他们不用感谢，要谢就谢党的好政策。

　　"不是感谢，是大家想跟村里送一面锦旗，以表大家的心意。"

　　没想到，村民专为送锦旗跑一趟，我要感激他们才是呢，就仅仅做了这么点小事，群众就牢牢记在心头。看来，我们办的实事还不够多，不然群众怎么会把我们应尽的职责当成是"做好事"呢？

　　想到这里，我坚定地谢绝了："老乡们，你们心意我领了，你们的好意我一定在班子会或群众会上传达，希望他们记得你们的心意。"

　　见我坚定的态度，敖正强他们很遗憾地走出村委会，边走边埋怨，"你这王书记，油盐不进，担心什么嘛？我们就是普通群众，为村委会送面锦旗，碍什么事？既然不收，那就算了吧。"

　　送走准备来送锦旗的群众，我心里除了感动，也还有自责：是不是我想得多了？锦旗就是民意，民意怎可违？其实，锦旗不应该挂在村委会的墙上，而应当挂在群众心坎上！

为路，不能停步

7月13日，星期一，晴

今天一直为公路东奔西跑。

早上，为安居村杨里沟组硬化公路的施工方负责人陈海到村里反映困难。

"王书记，我的钱花光了，现在连工人基本生活费都开支不起，怎么办？能不能跟银行打个招呼，我用项目抵押贷款30万元解燃眉之急。不然，公路就要停工。"

陈海在杨里沟组硬化公路已经两个多月，硬化公路近10千米，用去经费近百万元，目前再也没有资金可垫，希望村里能帮助帮助。另外，群众意见大，说施工方有始无终，而不准施工队撤离，以防施工队甩个烂摊子走人。

了解情况后，我立即打电话咨询三合镇农商银行行长，得到的回复是，用项目抵押贷款不符合规定。

"看来，你只有另想办法了。或者找人帮你担保或者找其他财产抵押贷款。"得到我无能为力的答复后，陈海失望地甩出一句："找你是空了吹！"

送走陈海，大土组敖正强、敖永科等群众，又来到村委会。

"王书记，前几天跟你说的送锦旗的事，你当时拒绝了我们，我们回去后反复商量觉得，书记你是在忽悠我们。群众跟党给政府送锦旗，有什么不恰当嘛？你们实实在在为群众干了事，我们群众表示感谢，难道错了？"

几位群众很执着，于是我耐心解释起来。"你们没错，你们的心意我们领了。党和政府就是专门为群众办实事的，你想，办一件事群众就要送锦旗，那每级党组织每级政府，得多少屋子来挂锦旗？我说过，锦旗不是挂在墙上，是挂在群众心坎儿上的。"

"可是，有人觉得我们几家人是土包子，懂不起嘛！"

"他们说他们的，你们干你们的就行了。有人再说，就说王书记不准送，不就得了。"

一番劝导，敖正强他们又失落地走了。

送走敖正强后还未坐稳，镇公路站冯站长突然来电话，要我在村委会等他，他要带技术人员验收敖永利家门前已修复的塌方公路。

敖组长家门前垮塌的公路，曾多次汇报并经镇领导同意后维修的。塌方量大，经月余施工现在总算结束了。

赶到现场，经技术人员验收测算，总金额为44800元，由施工方确认后做资料上报，然后划拨资金。

双方签字确认后，埋在心底的一处心病，总算了结了。这要感谢镇里的关心，不然不知何时才为群众办完这件承诺过的事呢。

验收结束后，我们正准备往村委会赶时，突然听到几位群众朝我们喊："王书记，今天无论如何，就牺牲你一点时间，去看看我们新挖的公路，希望你们帮忙硬化一下。"

"什么公路？几时挖的？"冯站长不解。

原来，这新挖的公路是大土组柏香林邓少强、邓少刚等十来家人筹资请挖掘机不分昼夜挖的，现在挖通了，请镇里村里按之前硬化公路的政策为他们硬化公路。

可是，村民没有申报，就连村里以及管小康公路的冯站长都不知道，怎么硬化？硬化公路要提前申请计划，可是，今年三合镇的计划数已经使用完，邓少强他们新挖的公路硬化不成。

见冯站长要走，群众慌了："这样，今天不谈硬化的事，请你们去现场看看如何，帮我们指导指导。"

"盛情"难却，我便邀起冯站长一同去公路现场。在现场，冯站长跟他们指出新挖公路弯度、宽度、坡度等都不符合要求的问题，希望他们整改。"就算政府不予硬化，你们自己通行也要图方便嘛！"

一听政府不予硬化的言语，群众又急了，并反复强调：不可能，不可能。

我们没做过多解释，群众也没要求什么，我们就从工地返回村委会。

　　回到村委会已经下午三点钟，可我们还没有吃中午饭呢，突然觉得肚子好饿——为早日修通群众路，这点儿饿又算得了什么？就当减肥吧！

6%的森林覆盖率可否改变

7月14日，星期二，雨

"你们需要什么树种，包括经果林、用材林等树种，我们都可以提供，尽量满足你们村。"

今天上午，市、镇两级林业部门的技术人员到安居村测绘退耕还林地形，力求帮助安居村恢复生态。

听了技术人员的话，我们都高兴，希望6%的森林覆盖率从此有所改变。

安居村几十年前是有森林的，后经"钢铁大跃进"时代的砍伐，森林几乎砍光。最近20年，几乎每隔两三年就要开展一次植树造林活动，但效果不好，除了后期管理不到位之外，一个重要的原因就是土地贫瘠，存活率相当低，哪怕活下来，也不见成长。因此群众口里常常挂起一句话：年年造林不见林，年年造林等于零。

安居村，要怎样造林才能恢复生态呢？今天市、镇两级退耕还林工作人员再次走进安居村测量地形，查找退耕还林图斑，补缺没有退耕还林的地块或者造林不见效果的地块，这使我们寻找到了答案。

在村委主任李云凯带领下，测绘人员爬坡上坎，通过脚步丈量安居村光秃秃的山头。

在村里，我们曾经做过规划，想将安居村打造成习近平总书记提的"看得见山、望得见水、记得住乡愁"的村庄，想将安居村打造成具备"山水林田湖"的村落，梦想安居真正成为"山上有林、山中有花，山下有水、水中有鱼"的新农村。生态文明，对一个特别贫困的村，太重要了。

因此，我死死地记起春秋管仲的话：草木能植成，国之富也；草木不植成，国之贫也。

时近下午四点，李云凯带着林业技术人员下山了。在村委会，我苦苦把他们留下，请他们无论如何一定关心安居村，把我们安居打造成有花有果有林的村庄啊。"你们能不能回去跟领导汇报汇报，可否将安居建成贫困地区退耕还林的示范村？"

听我恳求，林业局李志科长答应说，这个建议好，我们回去一定跟领导汇报。你们需要什么树种，我们一定提供。但通过查看，安居村土壤薄，成长快的树种成活率低，耐旱、存活率高的树种如柏树成长又太慢，所以又容易遭到牛羊破坏。因此，安居村的退耕还林和生态建设，困难还是有的。

"既耐旱又成长得快，三五年就成林的树，有没有呢？"我这一问，李志他们笑了，笑我心急，笑我的心情比光秃秃的荒山还慌。

▷ 安居村光秃秃的山上很少见到树林。

他们不配合，我不干了

7月15日，星期三，雨转阴

"实在干不下去了。他们表面一套，背后一套，不仅不配合，还与我们工人打架。我们不干了，你找其他施工队，我退他们的钱……"

为大土组硬化公路的施工队负责人赵温泽急匆匆跑到村委会，一肚子火药味儿找我反映敖正强、敖永科等人的问题。

因为下雨，以及新挖的公路路基不稳因素，敖正强等四家人请赵温泽负责硬化的公路下沉，今天上午一辆运输混凝土的货车险些翻车。见状，几辆运输混凝土的车主就要求敖正强他们先运砂石填平公路或找挖掘机清除障碍后，他们再运混凝土上工地。然而，敖正强他们不愿意，因为这需要一大笔钱，觉得运输混凝土的车主在为难他们。

"你不干，难道我还要冒起危险跟你干？"就这样，运输混凝土的车停运了。运料车不上工地，正在硬化的公路只有停工。你要停工，我就阻工。于是，几家群众就阻拦起赵温泽在其他路段正在施工的工地。

"天底下哪有这种德行？太不讲理了，我们不干了。"一扔手中工具，赵温泽带起工人怨气冲天跑到村委会找我。

了解来龙去脉后，我立即与赵温泽赶往工地。一到工地，敖正强他们就反映："王书记，赵老板他们太过分了，还要收我们二道钱，这叫黑心钱。运料车明明是可以上去的，可他们就是不上去，造成公路停工。"

一边听群众解释，我一边查看起路形。在公路一拐弯处，由于路太窄、太陡，运输混凝土的车在这儿就上不去，后胎打滑，前胎离地，还险些侧翻在路坎下。险情发生后，现场施工的工人将混凝土卸下后，再用麻绳套住车头往上拉，运料车才脱险。除了这处路段，整条公路由于是石块铺的路面，运料车行在上面行走像跳舞，轮胎也割坏好几个。

所以，车主意见大，见今天危险一幕，车主罢工了，赵温泽也提出不干了，把之前群众补贴的钱，退还给敖正强他们。"要是出了人命关天的事，我赵温泽有几个脑袋承担？"

见双方僵持，见现场情形，我态度鲜明：由敖正强等另找车运砂石填路，或找挖掘机清障，让路基稳固后赵温泽再运混凝土施工。如果群众不同意，由赵温泽退还敖正强等人之前给的补贴，由敖正强另外请人进场施工硬化。如果前两条都不同意，群众又硬要赵温泽施工，那由敖正强等人写上承诺书，承诺在此路段出了安全故事，由敖正强等人承担。

"书记，你这几条，我们都没有退路。"敖正强朝我嚷起来。

"那怎么整，你说？你想个好的办法。"我劝起敖正强他们，你们之前与施工方签的公路硬化补贴协议中，有一条就是群众负责毛坯路路基的稳固性，要确保路道通畅，要确保减少一半重量的车能通行。但今天呢，你们保证了吗？平时人家载四吨，到你这儿才载两吨，即便如此都不敢走，还险些翻了，这是活生生的事摆在这儿的。不把路基整稳固，你们这叫违约。

"我们违什么约？这都是下雨造成的。"

"下雨造成的？同样是下雨，其他地方为什么没出问题？归根结底还是路基没铺好没压好。"

"那我们怎么办？你指条路我们走。"

"用他们的运料车，帮你们运几车砂石先铺路，待路面稳固后再运混凝土施工。今后，你们不要再吼施工方找法子收你们几道钱的伤人话了……"

一番解释后，敖正强他们同意我最后提的意见，我同时也告诉施工方，如果路基填稳固后，施工方必需全力以赴、加班加点，十天时间内必须硬化完毕，让群众不能再为公路费心费神费力。

听我现场明确的意见，双方不断点头，我也像吃了一颗定心丸。与此同时，我问起自己——敖正强、敖永科他们前天被我谢绝的锦旗，是否还"挂"在他们心头？

班子强不强，关键是班长

7月16日，星期四，晴

经过一个多月正规化管理制度和分工不分心的工作要求，以及"班长带头、从我做起"的铁规矩，村班子所有干部，都能按要求早出晚归，都能按要求完成各项工作任务，计划生育、脱贫攻坚、小康驻村等工作还受到上级表扬。

所以，今天的村班子会上，带村领导、镇财政分局局长杨朝玉夸起我们来。

"近来，大家都辛苦，很多任务都完成得出色。希望你们再接再厉，再立新功。这一个多月，各种管理制度比如上班制度、值班值日制度、文件登记制度、公章管理制度等，都严格按要求落实。大家上班非常积极，有的同志早上七点过钟就到办公室，值得表扬。王洒书记，白天黑夜都在上班加班，要嘛在处理群众脱贫攻坚的事，要嘛就在办公室加班写材料，相当勤奋与辛苦。还有李云凯同志带头带得很好，几乎天天提前上班、推迟下班。"

"你们俩是班长，一带头，大家还有什么话可说？只要班长过得硬，其他同志一定过得硬。"

"所以，班子强不强，关键是班长。"杨朝玉总结起来，自带领安居村以来，这段时间大家的进步与成绩，是有目共睹的，也是值得称赞的。今后，还有很多硬仗要打，只要保持过硬的工作作风和激昂的精神斗志，就没有完不成的脱贫攻坚任务。

确实，这段时间，大家的工作像是打仗，人人分工明确，人人手里都有硬任务，稍有松懈，工作就摆在那里。

驻村工作组长梁云洪，驻在村里不分你我，与大家一同研究项目、争取项

目。副组长王安龙驻在村里给自己定任务，一天至少为群众干一件事，有时还加班加点为村里做计生、养老、保险、安全管理等资料，工作任务有分工，但在落实时不分彼此，看到谁最忙就主动靠前。村主任李云凯，工作作风应该是村班子里最过硬的，各项业务都很出色特别是计生业务能力最强，谁要马虎他一眼就看出。挂在他嘴上的一句话就是：干不到就让我来，你靠边休息。

可是，有谁愿意"靠边休息"呢？至今没有。

驻村工作组，兴许是带动村两委班子的领头羊，兴许让他们感触到干劲与担当、未来与希望。"班子强不强，关键是班长"，此话太有深意！

一定要让"空壳村"脱壳

7月16日，星期四，晴

　　这么多年，安居村村委年年过的都是紧日子，自己没有一分钱收入，都是上级财政资金解决项目与办公经费，日子肯定紧巴。

　　"要自己有几分收入，还愁电费都交不起吗？"有干部时常念叨。

　　可是，要怎样才能有几分收入呢？目前的办法就是发展村级集体经济。

　　于是，今天镇党委胡书记到安居村，专门调研安居村的村级集体经济。他说，发展村集体经济，不仅能解决收入短缺问题，还能提升村干部特别是村两委负责人发展农村经济的能力，带动群众脱贫致富的能力。

　　我们向胡书记汇报，目前村委没有任何收入来源。当然，资源是有的，但如何利用，如何找市场？我们提了一大堆问题。

　　"如果大家有信心，我觉得建一个纯净水厂如何？爬海溪水质不错，可以试一下。另外，我们即将建的葡萄基地，你们把它当作村集体经济实体来建，每年多少有些收入。"胡书记听完我们汇报后鼓励我们，今明两年，一定要让安居村这个"空壳村"脱壳，至少年收入越过5万。另外，安居还可以成立施工队，承建一些简易的工程，如土石方、公路硬化等，都是可以干的。一句话，要想些办法，在脱贫攻坚产业建设中，把村集体经济纳入进去，按股份模式分红，既带动产业，还增收收入。

　　胡书记的鼓励，我们都觉得可行，可大家都没有钱。要发展，就缺不了投入，要投入，经费从何来？我当天统计，班子所有成员，人人都有贷款，再不可能贷款搞建设。而财政资金，目前没有。

　　发展村集体经济，可谓"手长衣袖短"，想得到，但实施起来相当困难。胡书记提出建纯净水厂应该是很好的点子，但需要几十万元投入，这让我们疑惑重重。尽管即将建的葡萄基地可纳入村集体经济，不过，谈了好久的建葡萄基地，又要什么时候开工呢？

为村集体经济，我们都陷入深深的思考，大家都明白好处多，但都手足无措。要招商引资，可有谁愿意接招？偏远山区条件落后，连公路都没有硬化完，况且道路窄，稍大的车辆就进不来，这种条件，有谁愿意投资呢？

尽管我们下了"一定要让安居这个'空壳村脱壳'"的决心，但目前还没有找到合适的路子。

普通一天，最重是紧张

7月17日，星期五，晴

今天工作不少。

生态移民搬迁。镇里确定每个村民组定计划，由各包组干部下组统计，先了解申报的人有多少，如果多，就以抓阄的方式确定。生态移民是国家好政策，边远山区房屋不安全的群众，都可以申报，交的钱也不多，如果利用宅基地"增减挂钩"政策，只交两三万元钱就可得一套集镇小区房。

由于政策惠民，山区需要安全住房的人不少，但镇里就120套房子，只能通过评估后，再以抓阄的方式确定上报。

农民夜校建设。开办好农民夜校，让村干部上讲台，宣讲好党的好政策。将金融夜校列入其中，让银行员工为农民讲金融知识课和诚信体系建设信息课。

农村滥办酒席问题。安居村滥办酒席、办假酒席的现象不少，群众无不痛恨，但又无可奈何，目前成了恶性循环。可村里怎么去执法呢？已经开了若干会，做了不少宣传，但效果不好，群众没有钱用，就办酒席收钱。村里没有执法权，怎么处理？

大家冥思苦想，最后想出一个"妙招"，办酒席必须通过食品安全部门检查，办厨的师傅如果没有厨师证和健康证，必须予以处理。办法是有了，可由谁去执法呢？执法依据是什么？能不能执行下去？

农村滥办酒席之风，到目前为止，没有一个行之有效的办法。我问过，村里之前将其列进村规民约，但村里无力执行，执行两次后不起作用。

考核。今年上半年党建考核，本月23号进行。

一提到考核，大家都紧张，担心考核不过关。老同志担心的，就是考核组问问题答不上来；很多资料不完善，需要连夜加班。

任何单位，只要有隶属关系，就免不了考核。这是检验下级工作的一种途径，也是强化政治功能了解基层创新工作的一种方式。

镇党委要求，今年是"改革、党建、小康"三个决策年，小康建设、城镇建设、改革发展等，成绩各有侧重，现在就看党建成效了。安居村今年是全市党建考核必查单位之一，所以大家都高度重视起来，这是光荣，也是责任。考核内容有专门清单，我们必须一一对照，如果资料收集不齐，工作还需要跟进的，就必须加班整理。根据规定，我们还要撰写一份介绍安居村党建工作亮点的经验材料。

今天部署工作不少，大家都紧起来。安排结束后，大家各司其职、各负其责。

"卫生，卫生。每个房间、每层楼道，里里外外都必须整干净。"我最后向值日的干部强调这一点。

我的工作最重了，要连夜赶写汇报材料，包括村里开展的"五型"党组织建设和"六有"农村党员的个人标准等，都要将这些亮点工作撰写进去。

已经好长时间没有完整地睡一晚上的瞌睡了，几乎每天都加班。今天晚上，除了写汇报材料，还要撰写我们村在外知名人士组建安居发展建设促进会的相关方案。白天根本坐不下来，电话多，群众反映的事情多，还要到现场处理问题，还要开展贫困户走访以及村委会各项业务工作，以及各种会议。文字工作，全留在晚上，不加班那是假话。

我不干谁干？村里的同志，特别是村班子成员大都是老同志，他们连电脑都不会，怎么写稿子？驻村工作组的同志，他们都有原单位的业务工作，好多也是利用晚上加班。

第一书记，就得干第一的工作，也就是最多的工作，出彩的工作——我这样理解"第一书记"这个职务。

安居村党组织与党员标准讨论

7月20日，星期一，晴

昨天晚上，几乎没有睡觉，直到今天早上，总算将材料撰写完成。

今天上午，我通知村里的干部开会，讨论昨晚撰写的稿子，征求大家意见，看哪些地方还需要补充。

稿子的重要内容是安居村拟按"五型"党组织和"六有"党员标准抓安居村的基层党组织建设。

"五型"党组织，就是"服务型、学习型、发展型、创业型、模范型"；"六有"农村党员标准，就是"有信念、有道德、有文化、有能力、有干劲、有业绩"。

标准提出后，同志们都认为党组织建设方面，最难的就是创业型、模范型。安居村党支部，除李云凯同志年轻点外，其他同志都是老同志了，都是有孙子的人了，谈创业，真的力不从心。就算想创业，就算有项目给他们，他们干得好吗？安居村其他党员大都外出，留下的全是上了年纪的党员，怎么组织起他们创业？

至于农村党员标准，这个也需要思考。安居村党员70名，平均年龄60.1岁，40岁以下的年轻党员，就两三名。六七十、八九十的老党员占了近70%以上，有的连字都不认识，要求他们成为有文化的党员、有能力的党员、有业绩的党员，难上加难。

大家讨论认为，党组织、党员这两个"标准"是当前安居村党员难以实现的，所以订制这样的标准意义不大。

见大家疑虑，我说，定这个标准，重点是我们基层党组织和党员队伍的长远要求，大家要朝着这个目标奋斗。老同志在年轻的时候，也许是这样干的，也许是这样奋斗的，只是今天他们年老了，我们不能用这个标准要求他们的现在，而应该对照他们的过去。

我们入党的时候，是如何向党组织写入党申请书的，申请书是如何阐述个人的理想信念与奋斗目标的，要回忆一下。今后的学习，我们要将当初党员写的入党申请书复印出来，对照一下自己的申请书，对照一下我们做到了没有。

一石激起千层浪。见我说出对照自己的入党申请书，大家都讨论开了，都往写入党申请的时间回忆。

听说要复印当初的入党申请书，同志们都要求尽快复印，一睹当初为人民服务的承诺，一睹当初对党忠诚、敢于奋斗的承诺……大家纷纷表示，按安居村"五型"党组织和"六有"党员要求党支部和每名党员，一定能达到，没准，入党申请书中承诺的职责使命，比这个标准还高呢！

"这样一想，大家就通了，气就顺了。党组织'五型'、党员'六有'一定干得到。"村委主任李云凯、党支部副书记陈波等党员同志热议起来。

工作任务不能"过夜"

7月22日，星期三，雨

　　今天，我召集大家开班子会，除了听取驻村工作组长梁云洪同志关于上报安居村厨师培训班的学员名单外，还听取其他同志联系安居村在外人士的统计、联络工作，低保评定、计生工作、人畜饮水等工作的落实情况之外，还重点听取前几天某同志违规的处理意见。

　　"这同志，差点儿就误了大事。我不点名，你自己对照自己。安排前天就上报的信息，直到今天上午才报完。这几天干什么去了？"村委主任李云凯针对这名干部对待工作不负责任、执行力差的问题，在会上提出批评。

　　"以后，万不可出这样的事。你这信息不报，就影响全市的进度。多亏镇里没有追究，不然肯定要处分。太吓人，打电话都打不通，干什么去了，为什么不请假？手上有工作，有特殊事，可以找人代劳的嘛。"监委主任张应科说，对干部的行政作为，监委会也是可以监督的。

　　副支书陈波说："今后我们一定注意，对待工作不能随意任性，不然真的会造成影响。当然，近来我们村的工作压力也大，加班加点时间多，大家也辛苦，但不能因为一个小失误，就影响大家的形象。"

　　"大家一定要团结，都是一个战壕里的兄弟。遇到困难，都可以讲，都可以让大家一同帮助。这样的团队，才有凝聚力，才有战斗力。在村工作，干部一无权二无钱，全靠兄弟团结，全靠立说立行。不然，工作就容易滞后。"梁云洪组长说，"我教大家一个方法，无论什么工作，都不要过夜，有安排有任务，就立即干。这样又轻松又不累。不然工作越往后拖，事情就越多，时间就越紧，干起来就越累，心头就越慌。"

　　工作"不过夜"，这是一个好方法，也是我们基层党组织执行力的标准，

更是提升基层干部创业谋事能力的基本要求。

　　大家发言毕，我最后补充，"今天的事今天干，再晚也是早；今天的事明天干，再早也是晚。"

基层党建，安居村有答案

7月23日，星期四，晴

半年党建考核，如期而至。

检查并听取完我们工作汇报后，考核组负责人母主任说，安居村做得非常好，党建工作有思路，开展活动有声有色。以党建工作为引领，安居村各项工作走在前列，特别是谋划的脱贫产业，以及小康公路的建设，脱贫攻坚帮扶等，都取得很好的成效。

安居村谋划的博士服务团进村服务，这项工作尽管还没有启动，但有这样的超前规划，已经相当不错了。一个村能组建公益博士服务团，那这个村一定有希望。希望把博士服务团这个活动办好，办成品牌，让安居村走特色发展之路。

考核组骆科长说，安居村提的"五型"党组织建设，尽管这种提法有待商榷，但一个村能想到这一步，已经不容易了。这几句话看似简单，但它能体现基层党组织的政治功能和组织功能。安居村"六有"农村党员，也就是让农村党员达到"有信念、有道德、有文化、有能力、有干劲、有业绩"的标准，这可能是农村党员队伍建设的一种探索，它有利于培养党员，有利于凝聚党员力量，从而激发他们谋事创业的激情。这应该是农村党员管理与战斗力形成的有力载体。

"希望安居将'六有'党员标准抓好抓实，让其成为党建工作的一张品牌。"骆科长说，除了抓这个品牌创新工作，其他工作也不能丢，比如三会一课，比如民主生活会等，都要按时按期开展。

"应该说，这几天的考核中，我们对安居村的印象是特别深的。这几天我一直思考，要怎样才能做好基层党建工作，党建工作要如何创新如何突破呢？心里始终没有底。但今天了解、检查完安居村开展的工作后，特别是听了党支部以'六有'党员标准抓党员队伍建设的党建工作汇报后，我似乎找到了基层党建工作的答案。"一同参与考核的干部陈科长说，安居是值得学习的，基层党建始终没有停步，创新意识始终没有停步。"仅此一点，就已经难能可贵！"

考核结束后，我深深记着陈科长那句话：基层党建，在安居村找到了答案。这句话，既是对我们的鼓励，也是对我们的鞭策。

我修公路犯法了？

7月24日，星期五，晴

　　柏香林邓少强、邓少刚、敖永强、敖永刚等群众筹资修建的公路已经挖通一个星期了，可由于没有硬化指示，这条路停工了。

　　今天下午，群众又来村委会找我，要我无论如何帮助他们。

　　群众修这条路也不容易，据说他们每家花了几万，有的还是贷款筹集的。他们这样急，目的就是抢时间享受硬化政策，不然以后没有政策，几十上百万的钱就"白花了"。

　　我非常理解他们，于是再次到镇政府找戴镇长。镇长很关心，就找分管副镇长了解情况，得到的答复是，今年整个三合镇的小康公路硬化指标全部超任务完成，计划只有等明年。但是，明年还有没有这种"群众打底子、政府铺面子"的小康公路硬化政策，就难说了。"反正市政府和交通局现在还没有明确明年是否继续实施这种政策。"

　　"这如何是好？"我向戴镇长求援。戴镇长最后说，要不你联系交通局如何？如果交通局让干，那你就干，到时我们这里协助交通部门验收并完善相关手续。

　　"要是交通局不让干呢？"我问。

　　"那我也没得办法呀。"戴镇长肯定地答复我。

　　回到村委会已经晚上七点过钟，可邓少强他们还等着我，希望我能带给他们好消息。

　　当我把镇里没有指标不能硬化的消息告诉他们时，群众你一言我一语又嚷开了。

　　"不让硬化？这不公平嘛。"

　　"如果不让硬化，我们就去阻工，让安居村正在施工的公路，全部停工。轮到我们就没有计划，怎么别人那里就有计划？明显是哄人的嘛。"

　　"你们去阻拦工地？这是违法的，晓得不？"我跟他们解释，"真的是没有指标了，现在施工的那些公路，是之前就报了计划的，你们修公路，跟谁说过，谁报的计划？"

　　见我不答应，邓少强发起火："我们修公路，反正没有违法。你们觉得违法了，就拉我们去坐牢吧！"

　　为修这条路，他们已经有很大的情绪了。如果现在硬化不成，这条路若被雨水冲刷，时间一长肯定连拖拉机都难以通行。"这岂不是白干了？"邓少强说。

　　我很理解他们，于是劝他们先回家，待我明天再想想办法，争取明天给他们结果。

群众乐了，可我犯难了

7月25日，星期六，晴

　　一起床，我就想起这件事：柏香林邓少强他们几家群众挖的公路，如果不帮他们硬化，我怎么面对他们？

　　硬起头皮，我给在大土施工的负责人赵温泽通起电话。

　　"赵总，柏香林那条公路，你帮他们硬化一下如何？总里程大概两千米。"

　　赵温泽没说什么就挂了电话，约莫一小时，赵温泽到村委会就开门见山问我："王书记，那公路我知道，镇里没有计划，你让我硬化了，哪个来验收，钱谁来支付？两千米，几十万呢！"

　　赵温泽不愿意接活儿，还说那公路刚挖，路基不稳，路陡弯急，不敢上重车。

　　我做起赵的思想工作："群众花了血汗钱，有的还是贷款筹措的，现在不硬化，我们心里过意不去，都难受嘛！这样，你先硬化，如果以后没人验收，你收不到钱，我负责，我承担。"

　　"你有钱？大哥，两千米路，如果按每千米35万标准算，得70万，你房子屋基卖了都不够。别哄我了！"

　　赵温泽一边说，一边甩手出了门。而我，陷入痛苦的挣扎中。

　　思索良久，我拨通了市交通局王局长的电话，希望他关心帮助，可仍然没有得到肯定的答复，说要等市政府下达指标。

　　难道，这路就不硬化了？

　　我又打通了赵温泽的电话，谎称交通局领导已经答应了，你硬化完工后他们交给镇政府验收，然后给你划款。

　　赵温泽对我的话半信半疑，我又补充说，你万分担心，那我写一个承诺书给你，到时我不履行承诺，你告我。赵温泽依然没有吭声，这时我来气儿了："好吧，如果你不相信我，你不干，我也不勉强。你在其他路段施工如果发生群众纠纷，你就别来找我了，你自己跟群众协商处理。"

　　见我使出"杀手锏"，赵温泽终于答应先垫资硬化柏香林公路。

　　赵温泽答应后，晚上约了他，再去柏香林找群众座谈。我答应过邓少强他们的，今天要给他们一个结果。

　　在邓少强家坐下来后，我们步入正题，我说赵总已经答应帮大家硬化公路了，但目前没有政府计划，今后的经费如果没人承担，我王某人负责。

　　谈到这段公路如何硬化时，赵温泽说，这路太陡太窄，重车不敢上去，所以需要增加车次运输混凝土，这也就增加了运输成本，所以群众至少补贴4万元就给硬化。"否则，我一万个不干，要阻工你们阻就是了。在你们村施工，我算是寒心了。"

　　我始终没敢放弃！通过两个多小时与群众、赵温泽的沟通协商，最终双方认定补贴2.5万元，由赵温泽立即硬化公路。

　　签完协议后，群众乐了，可我犯难了——要是真的无人验收，政府和交通部门不认可，几十万元的硬化费用，我怎么办呢？只能走一步算一步了。

干产业不能总把困难想在前

7月27日，星期一，晴

　　"谭书记，感谢您呀！前段时间您去关心我们，您去看望慰问老军人，他们至今念念不忘呢！"

　　一进茅台集团保健酒业公司党委谭书记办公室，我和一同去的同志，就向谭书记问起好来。

　　去年和今年，在谭书记关心下，茅台集团保健酒业公司党委及其下属支部，与安居村达成结对子关系，在他们关心下，安居村学校、村阵地建设、抗战老兵和抗美援朝老战士，以及其他困难群众，均得到帮扶。前些日子，在谭书记带领下，公司部分党员再次去安居开展活动，让安居党员开了眼界，让困难群众得到帮扶。看到我们简陋的办公设备，谭书记立即关心，帮我们解决两台电脑。

　　今天，当谭书记见到我们，他立即放下手中活儿，热切地关心起我们安居村来。

　　我汇报说，安居村准备发展葡萄产业或其他经果林产业，我们现在愁的不是缺资金，担心的是今后的市场。"书记，我们准备发展几百亩葡萄，但对几年后葡萄成熟时的销售，没有信心！"

　　"你担心什么？别害怕，贫困村差的就是产业，而不是卖不掉的农产品。"谭书记鼓励我们说，安居村生态相当差，发展经果林是一条路子，不仅生态增效，还能增加农民收益。"这种'双增'事儿，干得。果子如果卖不掉，还有我们嘛，还有帮扶单位和大家的关心嘛！办法一定是有的，你们尽管大胆地干。"

　　谭书记一席话，我和其他同志都轻松起来，觉得比起我们在村里关起门冥思苦想顺畅多了。就因为总把困难想在前，就因为总爱想到有没有退路，所以谋划的一些产业，往往缩手缩脚，往往停滞不前，始终缺乏勇气，始终缺少担当。

"发展任何产业，解决任何事情，困难与矛盾肯定大于容易与顺利。敢于与困难矛盾挑战，才是脱贫攻坚战场所应具备的精神。"谭书记又鼓舞我们。

谭书记在茅台集团任职多年，也曾经在基层挂任过副县长，对基层工作了如指掌，对村一级党组织建设，村一级产业发展和脱贫攻坚遇上的瓶颈，他经常予以关注与关心。所以一提到安居村，谭书记就为我们打气，要我多往好的结果想，不然会让你裹足不前、贻误战机。

听君一席话，胜读十年书。临别谭书记时，我反复邀请他再去安居村，去感受我们的干劲儿，去感受他今天为我们指点迷津带来的信心。

"一定，一定！"谭书记愉快地接受了。

▷ 茅台集团保健酒业公司干部职工深入农家小院慰问老战士。

驻村25天，对你来说是低要求

7月28日，星期二，晴

今天上午，我去市小康驻村办公室汇报安居村近期驻村工作情况。

安居村驻村工作组共五人，有三名是市直机关派驻的，有两名是三合镇派驻的，大家都能按要求驻村，都按要求开展工作。不过，由于派出单位业务过重，个别同志还没有完全脱钩。

"不过，请领导放心，我这第一书记，每月驻村至少25天，远远超出每月驻村不少于20天的要求。"我向小康驻村办杨书记、敖科长"骄傲"地汇报。

"25天？对你来说，这是低要求。要干出彩，得做出牺牲。对你，大家刮目相看、寄予厚望。"敖科长说，你去驻村，是自己申请去的，所以对自己必须高要求。

"男人，对自己要就狠一点。"杨书记打趣道。

对自己，确实够狠的了。汇报材料多，方案计划多，请示报告多，信息资料多……驻村以来，草拟的各种项目请示报告资料，几十件。向上级汇报工作，除口头汇报外，还要准备文字资料，不然领导也记不住，安排工作、下达项目就没有依据。有领导来检查指导，也需要准备材料。这些，都只能放在晚上处理。加班，已经成为常态，星期六、星期天经常回不了家，也成为常态。

也还有更"狠"的。村里没有食堂，我就在村小学搭伙，村校放周末，我就自己做饭。太忙，怎么可能做得了饭，有时一包泡面就解决问题，有时一餐饭就是一天，有时煮一锅粥吃上两天，既省事又省时。

不这样"狠"，怎么可能减肥呢？近三个月时间，成功减肉七斤，辛苦与节食，真是有效的减肥方法。

这样看来，每月驻村25天，真的是低要求了。

　　辛苦归辛苦，但效率呢？有时候，不是因为事多，是因为我们的工作效率不高造成的，正所谓"效率不够、时间来凑"。效率不高，除了自己没有养成高效的工作节奏外，还与班子配合不强、每个人工作效率低下有关。安排工作任务，明明两个小时就可以完成的事，他们一干就是一整天，且工作质量还不高。当然，还有与处理群众矛盾纠纷所耗掉的时间有关。近段时间处理硬化公路遇上的纠纷，一处理就是三四个小时。偏远山村，他们的理解能力以及认识问题的能力都比较弱，得耐心的、细致地解释，直到他们理解为止，直到解决了问题为止。

　　驻村25天，不是简单的时间凑数，而是每天都以战斗的姿态奋力脱贫攻坚，办理那些难啃的、群众急需解决的问题。

敢宣传说明工作过得硬

7月29日, 星期三, 晴

今天, 在市里的统一安排下, 我们去参观中枢街道火炉坎村的驻村工作经验。

火炉坎村是中枢的贫困村, 自有驻村工作队后, 这个村发生了变化。在驻村工作队和村两委奋力攻坚下, 火炉坎村发展起水产养殖、畜牧养殖、经果林种植等产业, 贫困户家家有稳定收入, 脱贫出列就在眼前。在帮扶单位和驻村工作队的努力下, 这个村建起移动信号铁塔, 使村里的信号增强, 并为有电脑的家庭接通宽带, 应该说这是全市所有贫困村中第一个用上宽带的村。

这个村的阵地建设相当完善, 有党员活动室、图书室、党群服务大厅、餐厅等办公、生活场所, 还有驻村干部专门的住宿房。"这些, 都是驻村工作队帮扶的结果。"驻村工作队队长张伟现场解说时指出。

更让人感兴趣的是, 在这个村群众聚居的地方, 宣传栏以及墙头上, 都贴上驻村干部和村两委干部的承诺, 以及他们开展活动、处理问题、发展产业等一些宣传内容。"我们开展活动, 我们跟群众承诺的事, 都要让群众知晓, 一来让群众监督, 二来通过发布承诺和宣传的方式倒逼自己, 让干部不敢马虎。"张伟现场解释。

据张伟介绍, 火炉坎村的干部、驻村干部还到市人民广播电台做过节目, 在节目里晒他们工作职责、承诺, 以及他们办的每一件事, 同时与群众连线, 了解人民群众的需求和诉求。通过电波, 干部的工作和承诺信息不断传进听众耳朵。

"都这样宣传了, 也答应为群众解决问题了, 你说你还无动于衷吗? 就是通过这种倒逼式的机制, 才使火炉坎村发生了变化。"张伟一边解说, 一边翻起他们通过宣传倒逼干部干好每桩事的信息台账。

火炉坎村这种倒逼式的宣传方式，值得借鉴，它不仅鼓舞士气，不仅能提高群众的知晓率满意度，更重要的是倒逼党员干部处理好问题，解决好问题，更重要的是通过宣传检验党员干部的工作是否过得硬。敢宣传，是一种方法，也是一种底气。

立项了，葡萄可以不"酸"了

7月30日，星期四，晴

谋划好久的葡萄种植，今天总算尘埃落定。

镇里今天会议明确，安居村古城堡山脚下，先期建50亩，如果群众积极性高，再扩种。除了葡萄，还将修建农民休闲广场和古城堡山上的步行道，以及葡萄种植基地几十家人的环境整治。

葡萄种植，当初群众不愿意干，但通过反复宣传讲解，以及带领群众外出参观考察，农民认可了，种植葡萄的胃口被吊了起来。然而，葡萄项目申报与立项需要一些流程，葡萄种植迟迟得不到回复，实施与否，谁都没有把握。答案遥遥无期，有群众就觉得是村里放大炮，光打雷不下雨。

"王书记，种葡萄放黄了？你把大家的胃口吊起来了，可最后又给一瓢冷水，这算什么事儿？群众不骂你才怪。大家还等起吃甜葡萄呢，不要最后让葡萄真的'酸'了哟！"村民王国泰跟我半开玩笑半认真地说。

我跟王国泰解释说："就打算现在可以实施，但这是夏天，葡萄也栽不活的。"

国泰哥好像很懂："现在可以不栽葡萄，但可以栽葡萄架嘛，可以挖坑嘛。栽葡萄的前期准备工作，不少。"

是的，葡萄产业是安居村第一个脱贫产业，要干就一定要干好，要干就一定要干出成效，万不能半途而废，万不能拖泥带水。没想这个项目时间拖这样长，工序这样复杂，我担心会影响群众积极性。

好在，安居村这个项目，今天总算定下来了，总算不"酸"了。

驻村让我明白，有些事有些项目，不是说干就能干的，它涉及到资金、方案、流程、审计、验收等一系列工作，每一个环节都出不得差错。好在，这点儿时间还算不长。

不过，我又反复琢磨，如果任何产业任何项目任何事情，都需要如此复杂的流程，那一年到头能干成什么事呢？中央要求2020年要全面脱贫，要求不能落下一个群众，所以时间紧、任务重。如果按这个速度，怎么干产业啊？就算人可以等，但季节等不起，过这一春，又要等下一年。

还有，为什么才50亩？为什么不一步到位种几百亩呢？产业应该成规模才更有效益，可是50亩平均下来，也没多少农户受益。不能栽植的，我们能保证没有意见？

项立了，表明葡萄种植可以干了，可什么时间实施、怎样实施，目前我们不知晓，镇里说会安排专门的施工队实施，让我们不用操心就行，我们要干的，就是组织好群众，做好群众思想工作。

邻村来的"情况反映"

7月31日，星期五，晴

时过中午，陪同戴镇长下乡尚未结束，我就接到村委会打来的电话，称有外村两位老人找我反映情况，他们已经等了一个多小时，要我尽快回去。

奇怪，反映情况大都是本村群众，怎么外村的情况也反映到我这儿来了呢？

结束下乡后，我匆匆赶回村委会，原来是三合镇红旗村大寨组的陈应江老人和新农村盐店组的蔡聪利老人。

"王书记，听说你爱做好事，所以今天来跟你反映个问题，无论如何请你一定要关心帮助我们这些老同志。"陈应江老人喘着粗气说。

一听说是反映问题，我就跟陈应江老人解释："老人家，您到我们这儿来反映情况和问题，我们解决不了啊！大寨属于三合镇红旗村管辖，盐店属于三合镇新农村管辖，你们反映的问题，应该由他们帮助解决，我们安居村行不通。"

"不是要你解决，是我们想跟你反映一下，你看能不能帮助我们。"蔡聪利老人说，他俩来反映的情况，就是希望我向有关部门呼吁一下，看有没有希望，或者帮他们写个材料，他们自己去找有关部门……

总算听明白了。两位老人，陈应江80岁，蔡聪利78岁，身体不算硬朗，为找我帮忙，他们先打听我的下落，知道我今天在村里时，就挺起腰杆找了过来。反映的情况是，他俩都曾是1958年入川修建川黔铁路的铁路工人，铁路修建后期，他俩于1961年回乡务农至今。

"听说凡是当年修建川黔铁路、湘黔铁路的工人，都可享受国家优待政策而领退休金，其他省都执行了，可我们为什么没有？我们反映过多次，但都说没政策，这是怎么回事？"陈应江一边说，一边从衣兜里掏出一张皱巴巴的报纸，说政策就在上面，要我看看。

我打开报纸，上面一条消息说，各省各地可结合实际情况开展帮扶慰问有困难的曾修建川黔、湘黔铁路的老工人，条件允许的情况下，可将他们纳入社保体系。

两位老人反映的情况，安居村也有。安居村十多名参与修建川黔、湘黔铁路的老人曾反映过，希望予以解决有关待遇，其理由就是"外省都解决了"。村委让他们拿有关文件时，他们又拿不出来，都说是听别人讲的，于是组织起来到镇里或市里反映。

我细心地跟两位老人解释，报纸上讲的，是有条件的省可以开展慰问帮扶活动，可以将老工人纳入社保，这话的意思就是说没有条件的省可以不开展这项活动。再说，这报纸连报头、时间都没有，也不知是什么报纸，所登记信息可不可靠都不清楚。目前贵州的政策是，像你们这样的老工人，可以花六七万元现金购买社保，然后按政策每年领取国家的社保金几千近万元，直到去世为止。

"相当于是存了款后再按月领取。睡起跟躺起，不是一回事吗？"蔡聪利老人说。

"所以，您们得考虑清楚……"

一番细心讲解后，两位老同志明白了，心里压起的石头总算落了地，也不用我再对他俩的"情况反映"进行呼吁了，更不用帮他俩写反映材料。

烦恼的"空中垃圾"

8月3日,星期一,晴

今天,镇里通知参加镇村干部大会。

会议安排的工作不少,有计划生育,有道路交通安全,有脱贫攻坚工作,有创文创卫工作和农贸市场搬迁任务等。每一项,都是我们的中心工作,每一项都慢不得、等不得。

会上,镇党委胡书记讲的"空中线网、空中垃圾"的问题,我印象最深刻。

三合集镇通过小城镇建设、环境整治与街道治理,以及农贸市场搬迁后的管理,使集镇管理规范,卫生改观,被评为省级卫生乡镇。这么美的乡镇街道,从上到下,从左至右,都透着现代而不失传统的美。

然而,给这个小集镇平添不美的景象,就是这个集镇上空的各式各样的网线,包括电线网、移动网、电信网、联通网、电视闭路网等等,在街道上空,横七竖八、密密麻麻、严严实实,被称为新集镇的"空中垃圾",抬头就能填满双眼。

网线开初布局时,几乎没有规划,只要能在空中通过,拉就是了。时间一长,新线盖老线、好线盖坏线,日积月累,网线越来越多,最后连布线的部门和技术人员,都不知这么多的线是什么线了。

烦恼的"空中垃圾",却又是集镇群众离不开的。供电网、通讯网,几乎就是集镇群众的生命线,谁能离得开?要让这些空中网线布局到隐蔽处,或从地下经过,一方面是技术在当时可能不成熟,另一方面就是经费问题,要把空中网线全部埋设或重新布局,得花多少经费呢?

兴许,集镇建设的决策者,应该思考到这个问题的,兴许是技术与经费的原因吧。

现代集镇，哪怕是现代乡村，在整治环境时，在建设新居新貌时，空中的线网，怎么才能避免呢？应该引起我们的思考。我在想，如果安居村将来要规划新农村或打造旅游村寨，以及童话式的古村落，空中的线网，一定必须要入地。当然，我知道这个过程很艰辛、很麻烦，很费功夫与财力，但我觉得一定要做。规划时，一定要把"空中垃圾"处理好。

中国乌镇，以及其他传统古村落，在其上空，旅客一点儿也看不到空中网线的，"空中垃圾"早退出"现代舞台"。尽管看不到"现代元素"，但一点也不影响市民和游客的现代生活。

"空中垃圾"的治理，一定是有技术方法的，它缺乏的是时间，缺乏的是理念。

寻找最美驻村故事

8月4日，星期二，晴

　　仁怀开展脱贫攻坚小康驻村工作，已经有四个年头，每年都有三四百驻村干部奋斗在脱贫攻坚一线，其成效获得群众和上级的好评。

　　这几年，仁怀投入大量人力物力财力，大力实施"六个到村到户"工程，使仁怀广大农村特别是贫困村面貌得到改善，各项指标超前完成。这几年，为实施仁怀全面小康工程，派出的驻村干部兢兢业业、任劳任怨奋战在偏远山区，为贫困村脱贫攻坚做出了极大的贡献，不仅让贫困户脱贫、让贫困村出列，还锻炼了一批敢打硬拼、敢于吃苦的党员干部。

　　所以，今天市委组织部小康办通知我去了解驻村故事，寻找他们身上的感人之处。

　　仁怀小康驻村故事很多很多，仅我晓得，赵仕怀在大坝镇簸箕坝村驻村三四年，为群众干了不少实事，尽管很快就要退休，可他依旧乐此不疲奋战在贫困村。喜头镇米江村胡跃，不仅一个人驻村，还让家人也来"驻村"。为让群众出入方便，他贷款几十万元硬化通村通组公路。驻村期间，为帮火石岗乡明光村搞好人饮工程，驻村干部敖齐不仅跑项目争取资金，还要起早贪黑忙在工地上，尽管苦，但当看到群众渴望自来水的眼神时，再苦再累都烟消云散……

　　像这样的最美驻村故事，很多很多，几乎每个驻村干部的身上，都有闪光的故事，都值得大家学习。我驻村短短几个月，这几个月对我来说，几乎每天都有故事，每一个故事于我都是一种磨砺，当然更多的是收获。

　　驻村，是一门学问，它对驻村干部特别是第一书记来说，除了脱贫攻坚，还有班子建设、党员队伍建设、农村社会治理等，每一桩事，只要用心，都有

刻骨铭心的记忆。记得，我们调解处理一起群众纠纷，花去的时间就是几个小时，直到双方心服口服地接受为止。苦与累中，驻村干部收获的是群众工作方法，收获的是群众满意的笑容。

希望通过寻找，让驻村干部的最美故事影响另外的人，影响我的驻村工作。

"他死了还要好点"

8月5日，星期三，晴

"王书记，我已经没有办法，这个尤小浪，应该叫疯小浪。"今天一见到我，团山组杨柳坝贫困户尤正刚就诉苦，"他死了还要好点啊！"

尤正刚说的尤小浪，是他小儿子，患有糖尿病，更要命的是患有精神分裂症。为给儿子治病，尤正刚已花去20来万元，重庆、贵阳、成都等地，哪儿能治这种病，他就送儿子去，但效果都不是很好。在重庆精神病院治疗几个月后，病情有所好转，但出院回到家中不足半年，病情又复发了。

一旦复发，尤小浪就四处乱跑，不仅不回家，还要惹出祸端。儿子疯跑，一家人又心痛，又得找，有时一找就是几天。找回来，他们就将他捆起来，可这也不是办法。

说起尤小浪，尤正刚就一脸苦恼，爱人也在一旁落泪："这些年，我家遭什么罪？这个疯儿，让一家人不得安宁。所有能变卖成钱的，都卖光了。要不是政府关心，要不是村里帮助，一家人可能连生活都成困难。我这疯儿，需要的是能治好病……"

"怎么治？要死死了算了，留起是祸害。"尤正刚骂起来，"花老子好多钱啊？为他，整得一家人不安宁，家不像家、人不像人、鬼不像鬼，还吃低保，我丢不起这个人。"

"你就晓得吼，你就晓得咒。他死得倒不？你把他整死嘛！"尤正刚爱人骂起丈夫来，"你有良心没，他才20多岁的人啊，怎么就放弃了？死马都要当活马医呢！"

我明白，尤正刚两口子骂的不是不争气的儿子，而是他们的烦恼与无奈。为给孩子治病，尤正刚要外出打工挣钱，在家他要发展养殖，还要租邻居的土地种高粱，一年下来能挣好几万，但都花在儿子的身上了。由于太过劳累，尤正刚及其爱人，40多岁的人两鬓已染白发。在村里，他儿子病情发作时，我们帮他找，找到后还要捆起将他送到就近的精神病院。为防他伤及村小学生，我们还要到学校布防。

根据他的病情，我们为尤小浪申请办理了贫困户的大病医保报销手续，尽管可以解决大部分医疗费用，但实质问题是，尤小浪的病情一天比一天严重，治不好病才是一家人的心病。一家人尽管伤透了心，尽管时常把"死了还要好点"的话挂在嘴上，但孩子是他们心头肉，怎么舍得放弃？一打听到哪儿能治孩子的精神分裂症，父母一定会忙碌起来。

为帮尤正刚一家，我们联系帮扶部门并请专门干部帮扶他，使尤正刚一家养起10多头猪和200多只鸡，尽量增加一些收入，以减轻些负担。

▷ 父亲尤正刚（中）一提起患有精神分裂症的尤小浪（右一）就一脸的茫然。

难以拒绝的"会长"

8月6日，星期四，雨

　　安居村在外知名人士回乡组建发展建设促进会的筹备会，今天正式启动。

　　今天来的，有从安居村走出去经商、从政、教书等行业的游子20多位，在我邀请下，他们回来参加筹备会，目的就是为8月8日的发展建设促进大会做筹备工作。

　　筹备会上，20多名游子代表提出宝贵意见，有为安居村发动一次募捐活动建议的，有为家乡发展献计献策的，有为发展建设促进会修改章程的，也有具体到当天开会议程建议的，拟请哪些人参加等，他们都提出个人观点。

　　筹备会上，大家都同意村委、驻村工作组提名的常务副会长、副会长、秘书长等人选，但就是不同意会长的人选，一定要我来担任会长。

　　见大家推选，我立即站起来说，我感谢大家对我的信任，但我是难从命，不仅不能胜任这个职务，不能发挥作用，更重要的是村里的工作实在太多，抽不出身来。

　　见我推辞，参加筹备会的永康大爷有些不悦，"全村就你忙，其他同志都不忙？推举你干，你就干，这又不是一个了不起的职务，你还当真了？重要的是帮家乡干事。担任副会长秘书长人选的同志都没推辞，你推辞啥子？你再推辞，意味着不敢担当。再说，这还是推选，还没有正式选举嘛，只是暂时推荐你。当然，大家再酝酿，如果还有更合适的人选，我们再重新推选也行。"

　　一石激起千层浪。见康大爷激励，其他同志也议论纷纷，"就推选你了，你就不要推了，这是干事，不是当领导。组建促进会，是你倡议的，如果你不想干，就说明你对促进会没有信心。"

　　大家越说，越觉得我是在左躲右闪，对安居村发展建设的信心不足。

难以拒绝的"会长",难以拒绝的乡情!我答应会长候选人的提名——他们说得对,会长不是职务,就是领着大伙为家乡发展建设奉献一份光和热。

筹备会程序结束后,大家都畅谈起安居村的未来,离开家乡多年是该"回家"了,是该通过游子共同的促进会,带动大家回乡投资兴业,或带头致富,让家乡发展每天都行在路上。

就算天亮，也要把工作干完

8月7日，星期五，多云

　　昨夜下了一夜雨，我们准备召开促进会的现场，也就是安居小学的操场被大雨冲洗得相当干净与清爽，可由于雨大，我们准备的舞台与装饰品被淋湿、淋坏。今天，还未准备到位的现场，我们继续布置。

　　明天就要召开安居村在外游子首届发展建设促进大会，根据之前我们发出倡议后的反馈，来参会的安居村在外知名人士可能有300人左右。来参会，除安排大家为安居村发展建言献策外，还要安排参会人员用餐，还有促进会其他活动等。今天要准备的事很多，单就车辆停放，也要派专人负责。

　　举办任何活动，背后都要付出很多努力，这是举办过活动的人的经验。

　　时过傍晚，所有村干部都还没有吃饭，村小学现场，所有人都各忙各的事，负责生活用餐的、负责来宾引导的、负责舞台和座位的、负责音响设备的、负责现场卫生的，等等，大家分工不分心，一鼓作气将这次活动准备到位。

　　已经是晚上了，大家连中午饭都没有吃，肚子饿得受不了，有同志就想回家先吃饭，待明晨来干。

　　"今天的事今天干，就算天亮，也要把它干完。明天怎么忙得过来？"村委主任李云凯在一旁扯起嗓子吼，"干点儿事就喊饿，还有点儿精气神没有？饿得死不？"

　　一边说，李云凯一边拿起扫把，开始扫起操场的积水。见李主任带头干，其他同志还有什么话说？

　　接过李主任话茬，我说："大家继续干，饿了我们在学校煮点儿面条解决。"

在学校随便吃了点面条后，在李主任带领下，我们继续布置会场、搭设灶台、生火造饭等，直到凌晨1点，待所有事项都准备好后，大家才回家。

村干部长期与群众打交道，难免会遇上自由散漫的行为，这使我们有些基层干部养成拖拉的习惯，导致工作效率提不高，就如今天的工作任务，如果大家怕饿坚持不下来，第二天的活动肯定会受影响的。

之前我说过，今天的事今天干，再晚也是早；今天的事明天干，再早也是晚。也曾经跟大家讲，不论什么工作任务，都不能过夜。讲是讲，但要真正执行起来，要真正落实起来，还需要过程。今天的工作，李云凯同志算是开了个好头，今后大家都保持这种"事不过夜"的干劲儿，再重再难的工作都不会有拖拉，都不会干不成。

当然，基层工作繁琐，面对的又都是群众，有时群众一拖，时间就耽搁了。比如，我们通知开会，明明通知的是早上九点钟开始，可十点钟了，群众还来不齐。这是什么原因？都是长期养成的习惯所致。群众也需要引领，也需要坚持，不好的习惯才能克服掉。

但愿，今天这种工作状态越来越多；但愿，"再晚，就是干到天亮，也要把今天的事干完再走"的工作状态越来越深入每一名干部和群众的心中。

"报告"让村民看到希望

8月8日，星期六，小雨

安居村首届在外知名人士发展建设促进大会正式开始。

前来报到的安居村在外知名人士近300人，有经商的，有进城务工的，有行政机关和企事业单位的，有从遵义、贵阳来的，也有从重庆、长沙、广州来的。为家乡发展建设，安居村游子不辞路途辛劳，一定要回到家乡看看，了解家乡的发展建设。我们还邀请来市领导、镇领导和挂帮部门领导，希望他们看到安居村的另一面，感受安居游子的赤诚心灵。

安居村穷，是省级一类贫困村，过去连喝水都困难，通村的泥巴公路很难通车，手机信号时有时无。偏远落后山区，安居游子吃了不少苦头，所以他们奋力走出大山。而今，家乡有召唤，他们又到家乡。谁不说家乡好，谁不说家乡亲，谁不愿把家乡建设得更好更美呢？

一到村里，不少游子就嚷着要向村里募捐善款，让促进会有基本的运行经费。没想，一人开口，所有回家的游子立马行动起来。募捐有一万多的，也有几百元几十元的，不论多少，都体现他们难舍家乡的心情，都体现他们为家乡发展贡献一份力的春晖情怀。

除了募捐，他们还在我们已准备好的留言簿上，留下了他们宝贵的意见和建议。

上午十点钟，发展建设促进会正式开始。会上，我代表促进会筹备委员会作报告。报告重点是谈安居村的现状，以及安居村的未来。

安居村现状，特别是生态和地理环境，是有目共睹的，仅森林覆盖率才6%，这是一个贫困落后村的基本标签。谈到未来，我说未来的安居村，家家都有小产业，人人都是创业者。安居村要干的事，就是从基础设施补短板做起，特别是小康公路的建设，这是群众看得见摸得着的实事，群众最喜欢最拥护。当然，还有水和电，都是我们必须解决的。我说，通过2—3年时间，一定解决完成基础设施建设，特别是危房改造、文明卫生间创建等，都纳入群众基础设施建设范畴。除了基础设施建设外，我们还要有自己的产业，包括种植与养殖，特别是经果林的发展。另外，要大力发展生态林，让荒山都绿起来。山下，要恢复古梯田，让每一块梯田都装上水，都发挥它的效益。

另外，我们还想建一些人工水体，也就是人工小湖泊。准备在干子坪、当湾、偏岩子、新寨、崇音寺等地，建人工水体湖或水产养殖场，不仅改变环境，发挥生态效益，还可发挥水产养殖带来的高收益。我鼓舞大家，水的经济效益特别是生态效益，是陆地的10倍。一句话，山上有林，山中有花，山下有水，这是我们安居生态环境建设整体要求。

除了生态文明建设，我们还想到安居的历史文化，特别是山上的古城堡，一定要将它复原，让这座古城堡散发光和热。发掘安居的历史文化和自然风光，特别是溶洞的开发与利用，包括秀才洞、月亮洞、赖子岩等，这些自然风

▷ 安居村首届发展建设促进会召开现场。

光是完全可以开发利用的。

安居村的四合院、三合院，都是安居村的建筑史书。每一栋房子，都承载着一家人的家风与故事，它需要我们保护与利用。兴许，它就是我们未来的艺术品，就是写生创作的绘画元素。安居，真的可以开发成写生创作基地。试想，一个村每年若能接待5万学生写生创作，毛收益就是千万元啊……

越讲，台下游子越着迷，觉得家乡还可以这样美。故乡的老宅、梯田、池塘和每一座小山，都有一个村庄不朽的记录，包括未来与希望、信心与决心。

会上，其他回乡的游子代表也在会上作了发言，对家乡的发展充满爱，充满热血与豪情。

最后，大家举手表决，通过了促进会的章程，选举产生了理事会和会长、副会长、秘书长等，我被大家选举为会长。

深山大爱

8月10日，星期一，晴

　　今天，我去走访慰问爬海溪贫困户陈坤荣。陈坤荣大哥年近70岁，是生活在深山里的孤独老人。

　　40多年前，陈坤荣大哥结婚，但爱人没有生育能力，所以一直没有子女。两口子相濡以沫，相依为命。陈大哥爱人觉得对不起丈夫，就悄悄请了一个媒人，从山外几十千米远的地方介绍了一个女子来爬海溪与陈大哥一同居住，目的就是让这女子为陈大哥生个一男半女。

　　这女子来到陈大哥家后，陈大哥爱人谎称，这妹子路过此地，天色已晚便想投宿一夜，第二天就走。可到了第二天，这女子不走，找借口说等家里人来接她，可这一等，就是10多天。不可能让这女子长期待着不走啊，吃住是小事，关键是邻居——一个陌生女子在家里住10多天，邻居不说闲话才怪。

　　陈大哥下起逐客令，爱人慌了便道出实情，这妹子来，是为陈大哥生子女的，让陈大哥有后。这是妻子精心安排的。

　　"桂莲，你怎么这样傻？再没孩子，我们之间就相互当孩子吧，等我们都老了，我孝敬你，你孝敬我，这一生不就是这样过的？"陈大哥劝起妻子说，"我娶了你，就注定这一生离不开你，就注定你是我生命里的人，这是上天安排的，我陈坤荣怎么能干出这种事情来呢？你也不要固执了，一句话，我坚决不同意！"

　　就这样，陈坤荣大哥将那个女子打发走了，从此，陈大哥与妻子在深山里相濡以沫地生活。那一年，陈大哥嫁出去的姐姐有一儿子，被过继给陈大哥两口子当儿子。陪伴、抚育、上学、娶妻、生子，很快，陈坤荣大哥为儿子办结了一个家庭应该具备的事，也等着享清福呢。

哪想，等待老俩口的，是婆媳之间的误解，以及老俩口与小俩口生活观念不一致产生的家庭矛盾。看到年轻人在这深山里过起也不安生，陈大哥只好劝儿子儿媳搬出大山，到他老家的集镇。"这深山，不适合年轻人。让他们走吧，他们有他们的想法，有他们的前程。"陈大哥说。

儿子儿媳走后，陈大哥爱人特别伤心，怪这两个年轻人不孝，白养育他们了。当初这孩子来时才几岁，从几岁到20多岁，并送他上学、娶妻、生子，这要花费养父养母多少精力、财力？养育过孩子的人，一定有切身感受。

尽管不情愿，但老两口也理解年轻人，毕竟这深山沟太封闭，一年四季没几个人来往，野猪、猴子便成了这里的常客。

过了几年，陈大哥出山赶集，在赤水河边，他突然听到路边婴儿啼哭的声音。循声过去，原来草丛里的一个背篓里装着一个弃婴。

这是一条生命啊，哪个家长这么狠心？

抱起孩子，陈大哥左右端详，孩子哭过之后也不断朝他笑。"这孩子对我亲，我怎么舍得将她放回背篓？"

抱起孩子，陈大哥激动地往家赶，想告诉妻子，上天为他们送来了一个孩子。路上，知道陈大哥捡到一个弃婴的人都劝他：大哥，算了，你之前养那个，都不理你们走了，现在再养一个，你知道这孩子长大后会对你好？

陈大哥想起之前的孩子，心里也犹豫起来：我该怎么办啊？可是，这是一条生命，我不要，谁要？放回原地，最多一天就要丧失生命。

犹豫片刻，陈大哥抱起孩子继续往家赶。回到家里，妻子知道丈夫捡回一个孩子，心里别提有多激动。"我就知道，好人有好报。上天不会亏待我们的。"

就这样，老两口将这女婴视作掌上珠。一晃，孩子上小学了。可是，妻子还没等到孩子长大，还没等到享受孩子的孝，就撒手西去。妻子的坟茔前，陈大哥哭了几天几夜。他伤心，孩子还没长大，她就走了；还没有孝敬到她，她就走了。

又过几年，这个孩子长大了，在镇上读起初中。每一个周末，估算孩子要回家时，陈大哥都会在出山口的小路上，为孩子打掉草尖上的露珠，为孩子把长到路上的刺剪掉，他担心孩子回家时，有露水打湿她的鞋，有刺扎伤她的脚。

多么好的丈夫，多么好的父亲。深山大哥，大爱无言。

又过几年，孩子长大了，并读了职业学校，再后来，孩子嫁人了。而陈大哥，一个人又在深山里，守望深山。孩子对他很好，经常来看望他，还想接他去城里一同生活。

▷ 把如山一样的爱藏进深山的陈坤荣大哥。

知屋漏者在宇下

8月11日，星期二，雨

　　"知屋漏者在宇下"，是我今天走访吴绍章老人时回味的句子。

　　吴绍章是田湾子组村民，前些年老伴去世，唯一的女儿也嫁到四川，很少回来。吴绍章老人独居，种有地，养有猪，生活没有问题，就是腿脚不灵便，影响生活。另外，他住的房子为木板房，年久失修，屋顶时常漏雨。

　　"王书记，你看，这就是我的房子，请你关心，看能不能帮助修缮一下。"吴绍章老人在屋内一边指着正在漏雨的屋顶，一边介绍起他家的情况。

　　吴绍章老人脚有残疾，尽管如此，但他没有放弃，女儿出嫁后，他自食其力，不想给女儿添加负担。加之国家好政策，他每月低保金和帮扶干部的扶助，他的生活还算过得满足。

　　每次女儿电话担心得最多的就是他的身体状况，可女儿得到的回答是，父亲时时刻刻都是健康的，吃得饭、走得路、干得活。老吴说，身体还是有些毛病，但不能告诉女儿，担心女儿为他牵肠挂肚。"路途远，她来一次不容易，耽搁时间和工作。"

　　吴绍章尽管一个人居住，但他并不感到孤单，有女儿问候，有邻居守候，还有帮扶干部经常过问，他说他心满意足了。只是，房子的问题，实在修不起，请政府关心关心。

　　老吴说，他一直想修房子，把老房子改造改造，但有人说他是"五保户"，没必要修，如果修好了，要是哪天一口气上不来，这房不是白修了？

　　有人一评价他想修房的事，老吴就一脸不高兴："雨没漏在你屋里，你肯定不知道苦楚喽！"老吴说，就是因为年久失修，他的房子才成这个样子的，天上一下雨，屋内就有雨。这房不修，我怎么住？

老吴说，他不是懒人，也不想给国家增加负担，但现在不依靠国家不行，老了，干不动了。

老吴一直念叨，说自己没用，连房子都修不成。老吴的自责，其实是提醒我们不要忘了他改善房子的想法。

了解老吴的家庭情况后，我立即回到村委会，并与分管危房改造的同志进一步了解情况。分管危房改造的张应科主任说，老吴曾经申请过，但由于他没有钱先垫付，所以放弃了。现在想修，可能是女儿给他寄了点钱来。

通过电话再次核实后，张主任将老吴的房子列为申请对象，并于近期申报到镇里，由镇政府现场核查后，再行决定。按目前危房改造政策，贫困户老吴享受的房屋补贴三万多元，房子面积不超过130平方米。另外，修房导致的其他费用，由老吴自行负责。

只有躬身进屋，才知道群众的房子究竟漏不漏，才知道他们的生活状态。几百户这样的贫困户，必须加快脚步"丈量"他们的困难。

让留守儿童不"留守"

8月12日，星期三，晴

    一到暑假，胡跃就开始担心，担心村里的孩子放假后无所事事，担心留守儿童没有家长管护调皮捣蛋或溺水或发生交通事故等。

    胡跃是喜头镇米江村驻村工作组长，驻村后，他用工资抵押贷款40万元为群众硬化公路，用奖金和工资建"留守儿童之家"，为村里的几十名留守儿童和志愿者提供帮助。

    胡跃驻村工作出色，我今天去他那儿学习经验。一见到我，胡跃就诉说起心中忧愁——留守儿童的管理与教育。

    边远山区，大部分年轻父母都外出务工，家里就留下孩子和父母老人，由于"隔代亲"缘故，不懂事的孩子往往得不到严格的管理与约束，假期里又缺少老师的监管，所以在这个时间节点上，孩子最容易出事。

    为让孩子特别是留守儿童在暑假既能学点东西，又能很好地管护起他们，胡跃就想在村小学办暑期留守儿童学校，让放假的大学生当志愿者老师，让全村包括邻村的留守儿童或其他孩子，都来学校接受暑期培训。

    这是好事，可孩子们和来当志愿者老师的生活起居，谁负责？

    胡跃想了很久，也找了有关单位，但都没有落实，可是假期很快就到了，等不得。于是，胡跃就先用自己的工资购买蔬菜和油、米、面，以及简单的床上用品，请不到人做饭，就让爱人来学校无偿为留守儿童和老师做饭。

    刚开始，父母和爱人都反对，说他吃饱了撑的，但看到胡跃的坚持，想到邻家孩子暑期无人管理的可怜样，家人最后还是同意了。

    放假后没两天，胡跃开办的公益暑期留守儿童学校正式开班。原计划只招募几名志愿者，没想到来了20多名，不仅有大学生，还有高中生，他们都觉得这是一个有意义的社会实践活动。到了学校，他们不计较条件，在教室里搭建几张竹板就成简易的床铺。志愿者老师来了，村里的孩子和邻村的孩子也来了，当初估算就两三个班的孩子，没想后来达六个班270多人。

根据孩子的爱好，志愿者老师为孩子们开设起舞台走秀、小小主持人、美术、音乐、舞蹈等内容的培训，完全是课本外的知识，尽量减轻孩子学习负担而过快乐暑假。

孩子们聚起来了，不仅能学到之前从未学过的东西，更重要的是有人管护，避免安全事故。

为管好几个班的孩子和志愿者老师，胡跃自任"校长"，忙完村里的事，他就守在学校，生怕有什么闪失。饭怎么做、环境卫生如何清理、孩子如何管护等，胡跃都得上心上手。有时见爱人做饭忙不过来，他还要帮一下忙。

由于人多，胡跃每天要花近1500元的生活费，如果开办一个月或更长的时间，要花的经费也是好几万。"干好事，是要有付出的。"胡跃说，等留守儿童学校结束后，他就向上级申请资金，让大家不要为他操心。

胡跃开办的暑期留守儿童学校，应该是在仁怀开了先河，是其他学校和村委会值得借鉴的经验。不过，有一个问题是，教育主管部门很焦虑，怕开办这样的暑期留守儿童学校出安全事故，包括道路交通安全、饮食卫生安全或高温中暑等，如果出事，必须问责。如果问责，这板子又打在谁的身上呢？所以，教育主管部门一般不批准开办这样的学校。

教育主管部门不批准，那由谁来办这样的学校呢？兴许，胡跃以村的名义开办留守儿童无偿志愿者学校，是一个很好的探索，其目的就是尽量让留守儿童不"留守"！

村党组织不能脱离"发展"这个功能

8月13日，星期四，晴

　　"基层党组织，除了服务功能外，还要有政治功能和发展功能。三个能力，不能丢。"

　　今天，仁怀市委组织部曹副部长一行到安居村调研，在听完我的汇报后，曹副部长解释说。

　　之前，我提出将安居村党支部打造成"五型"党支部，即服务型党支部、学习型党支部、发展型党支部、创业型党支部、模范型党支部。党支部班子和党员代表曾经讨论过，有同志同意这种提法，也有同志不支持，原因就是党支部大部分委员都是老同志，谈学习、谈发展、谈创业，太难。

　　所以，曹副部长一行来调研，我便向他们汇报安居村基层党组织建设的这种提法，不知合不合理，不知有没有操作性。

　　调研组其他同志说，服务型党组织是遵义的党建创新工作，被写进党的十八大报告，而发展型党组织，其他地方好像有这样的提法。至于安居村的"服务型、学习型、发展型、创业型、模范型"五型党组织的提法，需要商榷。"担心与上级的提法有冲突，也不能为了创新而创新。"

　　听了大家的意见后，曹副部长最后点评，安居村能大胆提出基层党组织建设"五型"标准，应该值得肯定，应该受到鼓励。当然，其中肯定存在争论，其中基层党组织的"三个功能"，是离不开的，是不能丢掉的，那就是服务功能、政治功能、发展功能，特别是发展功能，在当前脱贫攻坚战场，在基层党组织的建设中，尤为重要。过去，我们重点谈基层党组织的服务，把对人民群众的服务作为重中之重的工作来抓，但随着时代的发展，特别是脱贫攻坚战役，带领人民群众脱贫致富，才是当前最重的工作，发展就成了安居村脱贫攻坚的第一要务。

所以，发展这个功能，于安居村党组织来说，绝不能丢。

基层党组织如何打造成发展型党组织，曹副部长提出自己的看法。脱贫攻坚中，基层党支部要把输血功能与造血功能结合起来，驻村第一书记的优势要与派出单位的优势结合，党员创业带富要与党支部创业带富结合起来，村级发展要与区域经济发展结合起来。这是安居村党支部在发展功能中要做的事。

当然，服务功能也不能丢，同时还要突出政治功能，把党支部建设成宣传党的主张、贯彻党的决定、领导基层治理、团结动员群众、推动发展的坚强战斗堡垒。任何时候党支部建设都不能放松，党支部作用都不能弱化。必须强化党支部政治功能，牢固树立党的一切工作到支部的鲜明导向，更好地把党员组织起来，把群众凝聚起来。

听曹副部长跟大家讲解的基层组织"三个功能"，我觉得安居村"五型"党支部的内容，就在"三个功能"之中。

为尽快硬化公路担保贷款

8月14日，星期五，晴

"杨里沟的通组公路，已经停工好长时间，群众意见大，请书记想想办法呀!"

上午，村医吴连金来村委会反映，说施工队负责人陈海前段时间在杨里沟组硬化的公路，机器生锈，工人不知去向，村民急盼尽快复工，尽早完工，尽早投入使用。

前不久，陈海因资金短缺，他承担硬化的木栏山到杨里沟的公路，停工了。他之前来找我，要我帮他忙，他想用项目抵押贷款修路。与银行联系后，行长反馈说，项目不能作为抵押物进行贷款。当时，我把银行的规定也跟陈海说了，由于贷款无果，他还气鼓鼓地走了。这段时间他没来找我，我还以为他想到融资的办法了呢。

听完吴连金介绍，我立即联系陈海，让他来村委会一趟，想听听他的意见，这段公路究竟该如何处理。

大约两小时后，陈海来到村委会，一进门就诉苦，就说一分钱都没有，只好悄悄把工人放了。他曾找另外的施工队进场施工，利润他一分都不要，他的目的就是把合同上的公路硬化完，尽快割掉这根"烂尾巴"。

然而，邀约的几处施工队，一进场查看完路况后就撤退了——运输成本高，施工有难度，利润不算高，所以留不住施工队。资金链断了，陈海就悄悄放了工人。他现在唯一的办法就是，向银行贷款，可是项目又不能做抵押，怎么办？

思来想去，我让他找老家的亲戚出名字贷款，可陈海不同意，因为让农民贷款最多两三万，"两三万干不了事"。

不可能让这条路就这样停建下去啊！

我立即联系起三合农商行张行长，请她一定关心。张行长知道我们安居村的情况，为支持安居村脱贫攻坚，她们找政策帮助安居村农民贷款，让不少农民发展起种植业、养殖业。对安居村杨里沟群众公路硬化缺资金的贷款，我请她一定关心。但是又没有政策，怎么贷款呢？唯一的办法就是让陈海找一家农户，以农户的名义贷款30万元解决问题。

听我诉求后，张行长很为难地答复说："农户户头贷30万的，相当少，除要信誉度高之外，还要有资产作抵押。为安居村，就破这个例，找一户农户贷30万，但必须要由书记你担保，否则贷不出。"

听完张行长的答复后，我立即同意由本人担保贷款30万元的建议。为杨里沟公路，只能这样了——如果今后工程有变或因质量问题导致施工方无钱还贷，这贷款就由我本人负责了。看来，要想为群众干事，风险还是有的。

把一个村举在头上

8月15日，星期六，雨

今天，镇里要求我们每一名村干部撰写述职报告上交，过几天要在镇党委会上述职。

驻村几个月来，我不敢停步，几乎天天都在村里，都在奋力地处理脱贫攻坚每件事，还有基层组织建设，以及村业务工作和矛盾纠纷，大家不分彼此，协商处理。一个村，要干的事实在太多，大到产业发展、乡村规划，小到一件纠纷和一家人的人生转折。经历过的每一件，都是述职报告内容。

如果心里没有村，没有群众，再有多大的能耐，都是干不成事的。兢兢业业、任劳任怨，不错过每一天，不错过每一家人，不错过每一件脱贫致富事，就是我们驻村的根本遵循。

在这里，我得感谢组织的信任，将一个村交给我。一块五千多人十多平方千米的土地，反映的是一个国家与民族的政治与希望，反映的是一群人的奋斗与历史。所以来驻村，万不可走马观花，万不可蜻蜓点水，因为治理、发展一个村的学问太大了，这里的工作任务太重，这里的使命太荣光。我们来，一方面要拼尽心力为脱贫，拼尽心力为群众，另一方面，我们要带着问题研究国家的政策如何落地落实，研究一个村庄反映的时代主题与国家命运。

只有把一个村举在头上、扛在肩上，我们驻村才有意义。当然，也一定不能空喊口号，要脚踏实地，从每一件事做起，从解决每一个问题做起，从每一家人的发展规划做起。要发展好一个村，真的有无数的任务。我就想，一个人一定要有理想梦想，在他仰望星空的同时，还要脚踏实地。我的理想，就在我们的安居村了，不把这个村治理好发展好，我一定不收兵。记得我在一次群众会上，我向大家承诺，我一定在安居村干十年，十年满后，我好好读书。当然，如果政策调整需要我回去，我也得服从命令。

不服从命令回原单位就把工作辞了来干这个村的书记，行吗？如果那样，我的家人怎么办？他们也需要我。就因为驻村，家人经常埋怨我。我必须理解他们。有时候想起母亲、妻子和三岁多的女儿，心里就满满的愧疚。为家，还是为村，我时常跟自己作斗争。

在村里，除每天开展业务工作和脱贫攻坚工作外，我也常在村子的路上散步，或在村小学操场上散步，或跑到山顶上远眺，借这时机畅想这个村的未来，目前遇上的困难又将如何解决。

把每位百姓装进心底，是我们每名驻村干部的应有之举；让每一寸土地都发挥它最高的价值，是我们每名驻村干部的工作路径；把一个村举在头上，是我们驻村干部的必然使命！

啥子书记？你抓我坐牢嘛

8月17日，星期一，多云

团山组村民吴少华因与大土组公路硬化施工队负责人赵温泽产生矛盾纠纷，一气之下，吴少华拉石头将门前公路阻断，不让赵温泽运料车经过，导致公路两头停了不少车辆。

我赶到现场，吴少华及其儿子说，因为赵温泽硬化公路的运料车太重，将他公路下方的牛圈压出了问题，要赵温泽为他修好牛圈后才允许其过车。

吴少华的牛圈在公路下方，其牛圈另一侧墙就是公路的堡坎，大家看了之后，都认为把公路堡坎当墙的地方出现缝隙，是因为他没有养牛，糊在墙上的牛粪干了收缩导致的，根本不是重车压出缝隙的。

我解释后，吴少华及其儿子却不同意我的意见，要求镇里的领导来处理。于是我跟镇公路管理站冯站长联系，希望他来处理一下，因为公路由他们管，他说的话应该有作用。

赶到现场，冯站长查看现场后说："有缝隙的墙不是你家牛圈的墙，是公路堡坎，与你们无关。再说，这个缝隙不是重车压力导致的，是堡坎墙面上的牛粪干了收缩导致的缝隙，怎么说是重车压的呢？"

冯站长进一步解释后，吴少华不再理论，但就是不搬公路上的石头，说要等赵温泽来把事情谈清楚后再搬走，因赵温泽之前差他家的钱。

这是啥子逻辑？赵温泽就算差你家的钱，也不至于让你把公路阻断啊。于是我联系起赵温泽来，希望他尽快到现场解决问题，因为公路两端都堵了几十辆车，驾驶员怨声载道。

"王书记，说我以前差他的钱，这简直是瞎扯。吴少华儿子确实在我手下打过工，他是提前预支了钱离开工队的。后来，我也是跟他结算清楚了的，怎么现在冒出这一茬？"赵温泽在电话里冒火冲天。

了解情况后，我立即告知吴少华一家，"你们提的牛圈问题，通过了解和解释后大家都没了争论，可你们来个大转弯，说赵温泽差你家钱，可人家又说没差，你们这是闹的什么戏？差钱与否、误解与否，应该坐下来处理，而不是无理地将公路阻断。你们知道不，故意堵断公路影响通行，是违法行为……"

我还没把话讲完，吴少华儿媳妇就跳了起来："违法？我违什么法？你不帮群众说话帮老板说话，这就是欺负老百姓。啥子××书记，我违法了，你抓我去坐牢嘛，来呀来呀……×书记××书记……"

真没见过这种阵式，我顿时面红耳赤，张着嘴吐不出一个字儿。站在那里，听着吴少华儿媳不断骂人的脏话，我假装打起电话："喂、喂，部长吗，您找我有事啊？……喔，那我马上回办公室，您稍等一会儿……"

假装打起电话，我从吴少华家的猪圈旁边灰溜溜地回村委会。

回到办公室，我心里难受到了极点，这世间，怎么还有这种不讲理的人呢？我怎么不敢与她对骂呢？

越想越不是滋味，于是我安排包组干部去跟吴少华讲明，如果两小时内不将石头清运干净，村里马上报警，让警察来处理。包组干部陈波不一会儿来了电话，说吴少华答应马上清运石头。

驻村干部被父母"调查"

8月18日，星期二，雨转阴

今天，我又去喜头镇米江村，寻找驻村工作组组长胡跃的故事。

胡跃在米江驻村两年多，为节省两万元开支，他带领村干部维修村办公楼。为尽快硬化通组公路，他动员村干部一起贷款40万元先垫资修建。

维修村办公楼和硬化公路期间，由于繁忙，胡跃已经50多天没有回家了。父母根本不相信胡跃有这么忙，"一个小村干部，比总理还忙？这小子一定是在外打牌，或者有其他事情瞒着家人。"父母悄悄调查起胡跃，后来干脆去村里了解情况。

来到村委会，当一见到儿子，父母傻眼了，又黑又瘦，一脸疲惫的胡跃，是自己的儿子吗？

坐了不到两分钟，胡跃又继续忙工作去了。趁此时机，胡跃父母在村委会转悠起来，村委会每一间办公室都变成了窗明几净的房子，楼上楼下还建起干净的厕所。一楼餐厅，让村干部找到家的感觉。

来到村委会门前，胡跃父母打听起胡跃来，一问得知，胡跃几乎天天加班，晚上还带着干部和群众修路，一天也没停歇。近两个月时间，群众一条通组路通了，葛藤产业建起来了。

看来，是我们错怪儿子了。胡跃父母说，孩子是为群众，干的是正事，我们得支持他。

从工地回到村委会，胡跃向父母道歉，希望二老批评与理解，哪想，还未待胡跃把话讲完，父亲开口了："我们支持你。你说，你还需要什么，我们都帮，一起为村里做点事。"

知子莫若父。在父亲的关爱中，胡跃立即请二老支援。在村小学，胡跃开办起暑期留守儿童学校，他希望父母能来学校为师生做饭，因目前就胡跃爱人一个做，忙不过来，如果请人，又没有工资开支，就只能动员家人了。来学校的老师都是志愿者，为村里的留守儿童，他们一样也分文不取，所以家人也应该像他们一样。

父母几天前知道胡跃开办村留守儿童学校的事，知道他把媳妇动员去为大家做饭，当时二老还反对，但没想到，二老后来还要支持儿子这样做，还要参与儿子的驻村工作。

父母从反对到支持，就是因为看到儿子为一个村所做的努力、为群众拼出一切的精神。父母说，儿子没有骗家人，全身心扑在群众工作上，是好样的，所以应该支持他。老两口还说，如果适当，他们还会动员胡跃的岳母也来留守儿童学校帮胡跃、为孩子。

胡跃，一人驻村，全家帮村，这是一个贫困村的福气，也是贫困群众的福气。

"自信贵州"让我们信心十足

8月19日,星期三,阴

"贵州大生态,贵州大数据,这是我们贵州的长板。贵州生态好,处处青山绿水,处处气候宜人。贵阳,被评为世界十大最宜居的城市。由于气候好,贵州建起大数据云计算中心,仅此一项,解决的就业人数就达200多万……"

这些振奋人心的消息,是今天我们宣传文化系统干部学习全省宣传部长会议精神的内容。授课人冉部长说,贵州过去的标签是"天无三日晴、地无三里平、人无三分银",而今,这些标签正转换成另一种优势。

天无三日晴,说明贵州气候好,无酷暑,无严寒,所以建起大数据工程。为什么把世界级的大数据中心建在贵州?因为这里气候起伏不大,恒温,大数据各类云计算机,就需要这样的气温。仅恒温节省的电费,一年就是几十亿。地无三里平,是贵州喀斯特地貌的特征,地质稳定,历史上从没有大地震,也不会有海啸和台风。所以,这是建大数据基地的最佳地理环境。人无三分银,说明贵州是脱贫攻坚主战场,是每名党员干部展现才能、实现人生价值的最佳地区与时机。

"积极适应经济发展新常态,守住发展和生态两条底线,培植后发优势,奋力后发赶超,走出一条有别于东部、不同于西部其他省份的发展新路。"这是习近平总书记在新的历史条件下,针对贵州发展实际提出的殷切希望,也是今后贵州各项工作的总纲。

守底线、走新路,是贵州新使命。走出一条有别于东部、不同于西部其他省份的发展新路,必须以"四个全面"的发展理念为引领,必须牢记贫困落后主要矛盾和加快发展主要任务,必须把坚守"两条底线"的要求贯穿到各项工作的全部和始终。我们要像保护眼睛一样保护生态环境,像对待生命一样对待生态环境，举全省之力植树造林、绿化贵州，坚决落实污染防治和环境保护各项措施，不走先污染后治理的老路，不走边发展边污染的错路，把贵州的绿色底色呵护好，让绿水青山和金山银山交相辉映，让人民群众有更踏实、更幸福的获得感。

这是今天"宣传部长上讲堂"主讲人冉部长讲解的内容。一堂课，让我们看到了自信贵州的未来，我感受到，生活在贵州这块宝地，是我们贵州人的福分。

结合安居村，哪怕目前森林覆盖率才6%，但按照省委要求，通过植树造林，一定会提升覆盖率的。通过产业发展，安居村的脱贫攻坚一定会如期完成的。我们信心十足——自信贵州，自信安居！

外出务工也是建设祖国

8月20日，星期四，阴

喜头镇米江村胡跃开办的暑期留守儿童学校，今天向社会各界进行节目汇报表演。

今天去的单位很多，有市直机关、企业、医院等，都为孩子们准备了文具、衣物和慰问金，还有企业为留守儿童学校提供的帮扶资金等。

在发言环节，一家民营医院院长张献义的讲话，让我深受感动。他说，山区里的留守儿童太令人感动，他们没有父母陪在身边，从小就承受起对家人的相思之苦，从小就缺乏父爱母爱。在家里，他们还要干农活，还要学习。山区留守儿童，是值得大家关心关怀的。

张献义说，很多人不理解，山区的父母为什么要把孩子留在家里，他们为什么那样狠心丢下孩子外出打工，难道在家门口就不可以务工吗？这种理解是片面的，也是不准确的。在家门口，有业可就吗？能挣到钱吗？

"我们山区，现在都还没脱贫，在哪儿能就业？身在山区的父母，也一定想改变命运，也一定想改变孩子今后的人生道路，所以他们不得不奔赴他乡。在他乡，道路交通、城市建设、服务产业等，都需要他们。从山区出去的农民，成了城市新一代建设者——农民工。他们，也是祖国建设的一分子，我们必须尊重他们，必须关爱他们。我们能关爱的，就是慰问鼓励他们的孩子，让留守孩子减少留守的烙印。这个暑期留守儿童学校，真的为他们办了一件大好事。"

张献义院长的话很震撼，他把在外务工的农民工，说成了祖国的建设者。这句简单的话，包含了对国家、对人民的理解与爱戴，同时唤起社会各界对农民工、留守儿童留守老人的关注与关爱。

　　在安居村，总人口5100多人，绝大部分村民都外出务工，都远走他乡，几年都不回家一次。他们在外务工，也为务工所在地做出了极大贡献，同时也获得收益，而改变着一家人的生活。因为收益，不少家庭将留守儿童送进大学，不少家庭在城里买房，慢慢的，他们也成了城里人。

　　当前留守儿童的父母，正经历着从农村走向城市的路程，他们正用自己的双手，正用青春和热血，与艰难困苦抗争，而换来老人与孩子的幸福生活。留守，应该是短暂的，一直奋斗，一直为国家建设做贡献，才是长远的。

　　通过暑期留守儿童学校的培训，以及留守儿童自编自演的节目让孩子们懂得，父母外出务工，不是抛弃了他们，而是为国家做贡献去了，为未来一家人的幸福生活奋斗去了，从而不再埋怨父母，让他们明白，有国才有家，有奋斗的父母一定会有奋斗的孩子。

穷在深山有远亲

8月21日，星期五，晴

　　今天，在中共仁怀市委组织部的安排下，我们再去鲁班镇八竹村了解留守儿童情况。

　　八竹村有留守儿童19名，成为镇、村关注关心的对象。为他们，村里还专门建立台账，对留守儿童的家庭情况、个人学习生活状况、需要关心的事项等都进行了登记，孩子的一举一动，必须"了如指掌"。

　　这19名孩子，在村和帮扶单位关心下，他们并没感觉孤单。市供电局是八竹村的帮扶单位，他们组织19名干部职工及其家人到八竹村"认亲"，对19名留守儿童进行一对一、点对点的帮扶。

　　仁怀市供电局19名干部职工家庭对19名留守儿童的"认亲"，不是简单的走访慰问，而是带上孩子和家人，到留守儿童家里同吃同住同劳动。干部职工家庭子女，大都在城里成长，对农村特别是农事知识了解得特别少，不少孩子把麦苗当韭菜，把青菜当白菜，不知道吃的大米从何而来，对山村他们是陌生的。与山区留守儿童熟悉后，他们会从留守兄弟姐妹那里获得他们未曾掌握的农事知识，以及山村生活习俗，让他们从小热爱农村。

　　这19名孩子，由于父母长期不在家，他们的学习生活，都是爷爷奶奶或外公外婆管理照顾，获得父母关爱的方式，就是打电话、发微信，以及父母寄来的衣裳与零花钱。通过城里叔叔阿姨和小伙伴的关心陪伴，这19名孩子很快从孤独感中走出来。为让留守儿童了解城市，这19名孩子还在19个城市家庭的帮助下到城里体验生活。对于城市生活，留守儿童也是陌生的，他们连过斑马线、乘公交车、打出租车都不会，都得手把手的教。体验这些城市公共服务功能后，19名孩子还在结对帮扶的"亲戚"家里，感受城市家庭与农村家庭的区别，让他们懂得怎么使用卫生间、怎么放热水洗澡等。

一来一往，留守儿童与城里来的亲戚特别是与城里来的孩子，一时间打得火热。除了寒暑假，在正常上课期间，他们也会经常在一起，从而打消城市孩子与农村孩子的隔阂，使他们真正融为一体。

八竹村19名留守儿童与城里来的19名孩子，通过结亲帮扶真正成为好伙伴、好邻居、好亲戚，相互取长补短，相互勉励进步。八竹村这种做法，有点像"变形记"里的角色互换，其经验值得推广。

过去是穷在闹市无人问、富在深山有远亲，而现在，是穷在闹市有人问、穷在深山有远亲。19个结对子家庭，让孩子没有孤独感，让家很温暖。

诚邀领导当回驻村干部

8月24日，星期一，阴

今天，我被通知到遵义市走访了解1400名县处级干部的"民生体验"。

确实非同凡响。为在"三严三实"专题教育中找差距，遵义市要求1400多名县处级干部到基层当一回老百姓、当一回普通办事员，以此感悟基层群众的烦恼与快乐。

"领导悄悄来，幸福送到家；认了穷亲戚，大家乐哈哈。"这是仁怀市后山乡田兴村沙子田组村民涂道成的感慨。涂道成回忆起前段时间自己的误会就忍不住笑："我怎么也想不到，家里来的这位客人，开始以为他就是跟我们一样的农民，干活心细，没有架子。后来才晓得，人家是遵义市强制戒毒所汪所长，专门来找困难村民予以结对帮扶的，目的就是为脱贫攻坚寻路子。"

汪所长到群众中当农民办实事，是遵义市在"三严三实"专题教育中推动干部作风转变、密切党群干群关系，到基层群众中体验民生的一个缩影。为体察民情，了解更多真实的基层情况，把"不严不实"问题找出来解决，遵义市1400多名县处级领导干部，以不带工作人员、不事先通知的方式，以普通群众、普通办事员和村干部身份，深入群众中间体验民生，以此推动县处级干部思想认识再提高，工作作风再转变。

如何转换角色当普通办事员体验民生？遵义市县处级干部们放下架子、俯下身子，到服务窗口或业务科室当起普通工作人员，体验工作程序是否方便快捷，体察干部作风是否扎实，体会群众对服务是否满意。除深入城市"死角"体验外，遵义市县处级领导干部还以普通群众身份打的士、乘公交，到工地当"农民工"，到留守儿童家中当"家长"，与群众同吃同住同劳动，实情实景体验群众生活和劳动，为群众生产经营和遇到的困难出谋划策。

中共仁怀市委组织部游部长以普通群众身份到党政服务中心体验民生、感受民情时被保安拦在门口要求登记时的情景，令保安周林既兴奋又有几分忐忑；桐梓县委吴书记当起"逛街客"，过臭水沟、行泥泞道、逛老旧菜市场，听过往群众对县城管理的看法；余庆县谭县长到市场监督管理局窗口当起"办证员"，为5家企业办理组织机构代码证、许可证；仁怀市人民法院冯院长到巡回法庭中当旁听员，专挑基层法官在法律服务中的"刺"……县处级领导干部们体验民生后感慨，这是各级组织获取决策信息的准确渠道，还为群众办了实事，让群众有了更多获得感，让干部有了更多的紧迫感。

遵义市1400多名县处级领导干部，还以"我当村居干部"为主题，深入村居社区当起村居干部，为基层化解矛盾，为群众办好事实事，体会基层干部工作艰辛，总结基层工作经验。

通过"民生体验"，截至目前，遵义市县处级领导干部收集整理出民生、作风、工作效能等领域的问题300起，出台解决问题的措施341个，一批"不严不实"的问题得以解决。

了解到这儿，我就想，能不能请他们中的县处级领导干部到安居村体验一回当驻村干部的滋味呢？

当一天村官，感受基层艰辛

8月25日，星期二，雨

县处级领导干部体验基层民生，我们脱贫攻坚一线的基层干部，也应现场检验一下县处级领导干部感受的民生。所以，我今天的体验，又继续。

我了解到，有县处级领导干部到村当一天村官的，他们深入村居社区当起临时党组织书记或村干部，放下架子、俯下身子为基层一线化解矛盾，为基层群众办好事实事，体察基层干部艰辛，丰富基层工作实效。

遵义市委组织部龙副部长，茅台镇党委王书记，分赴汇川区洗马街道新舟社区和茅台镇桂花村当了一天村级党组织书记。转换角色开展工作后，两名县处级干部为村干部待遇少、工作环境差、工作却毫不逊色的奉献精神感叹，表示对村级基层组织的困难将给予最好的帮助。为转变方式加大扶贫力度，遵义市扶贫办万主任、杨副主任等5名县处级干部，分赴不同区域贫困村当了一天村官，切身感受贫困村村干部与村民的所思所想所盼，从而科学制定扶贫帮困工作措施。

县处级领导干部到基层一线体验民生担任临时村官，使他们听到了真话，看到了真情，收到了真意见，促使基层一批不易觉察而又最急、最需、最盼的事得到办理，"四风"整治中的一些问题也得以整改。

接地气，才有底气。通过当村官的"民生体验"，让县处级领导干部们深入最底层感受基层艰辛，收集整理村居社区民生、作风、群众纠纷、群众期盼等问题，并出台解决问题的措施，让村居社区一些"不严不实"的问题被揪出来解决掉。

"知政失者在草野，知屋漏者在宇下""天下大事、莫过于群众事"的村官体验感言，见证着县处级领导干部的作风大转变。

　　体验县处级领导干部当村官的感悟，让我又想到安居村的现场。安居村村干部们，除了自身能力外，他们对待工作、对待群众，都是兢兢业业、满腔热忱的，只是群众期望值太高，达不到群众的满意度，同时村干部掌握的政策以及知识有限，对国家政策的宣传、解释、利用，以及解决问题的能力，时常让他们苦恼，也因此落实工作偶有偏差，导致群众对村干部不理解和误解，所以常有矛盾产生。群众意见大、想不通时，就到村委会找村干部大闹天宫，这令我们基层干部感到困惑与无奈。村干部，成为个别群众释放情绪、发泄私愤的对象。

　　县处级领导干部体验民生当村官，应该感触很深，希望这种感触不是过眼云烟，而要深埋心中、行于足下。

安民之道，在于察其疾苦

8月26日，星期三，阴

　　治政之要，在于安民。安民之道，在于察其疾苦。

　　今天我继续感受遵义市县处级领导干部如何体验民生。他们除了当村官为村民办事外，他们还当起群众，直接体验群众苦不苦、乐不乐，直接倾听群众呼声。

　　我今天了解的县处级领导干部是遵义市卫生计生委姚副主任。为体验遵义市医疗环境，为感受患者心声，他到某医院，以普通患者身份就医，体验看病难、看病挤的问题。

　　到了医院，排成长龙的患者，依然没有改变。姚副主任立即加入排队的体验中。看病的人相当多，加之整个医院的嘈杂声，不仅病人难受，就是健康的人都不好受。单就诊挂号排队下来，姚副主任用了整整20分钟。

　　拿上就诊号，姚副主任又去门诊看门诊医生。在门诊部那里，排的人更多，从挂号的顺序看，他至少要等两三个小时。排队期间，姚副主任不断与患者交谈，从患者那里，他得知患者最关切的就是"小病大医、过度检查"的现象。

　　在候诊室等了两个多小时后，姚副主任终于可以看病了。姚副主任看的病是痛风，痛风导致脚痛，令他走路都艰难。姚副主任把病情介绍完，医生就给他开了一张化验单，让他做一个化验。化验，又需要排队等候。最后，经过化验、复诊、取药等一系列程序，已经是中午12点。

　　一上午的看病体验，姚副主任觉得收获很大："看病难、看病挤的现象确实亟待解决，以病人为中心的服务理念还需强化，还需根植于心，才能不断改善就医环境。"回到办公室，姚副主任开始整理有关意见建议。

　　同姚副主任一样，不管是菜市场，还是公交车上，近来总能看到领导干部的身影。他们不是来指导工作的，而是以普通群众的身份体验买菜、乘公交、医院就诊等百姓生活，切身感受百姓所思、所盼。不少领导干部体验后，都查找到机关部门和领导干部存在的一些问题。本着掌握第一手资料的求真意识，县处级领导干部们紧扣民生从实找、群众关切马上办、突出问题立即改，进一步探寻民生问题背后的根源，从而形成解决症结的路径。

　　随姚副主任体验结束后，我就想，基层群众办事难，难在我们一些公共基础条件，比如医疗发展不平衡，导致好的医院门庭若市，其原因就是基层医疗机构缺乏好的医务人才和设备，而不能分解看病挤的难题。除了医疗机构，在行政审批、民生短板等领域，也存在一些不和谐的因素，群众办事难、程序多依然存在，还有就是群众理解能力上的偏差，导致办事不顺利也时有发生。

　　"衙斋卧听萧萧竹，疑是民间疾苦声。"带着感情去真体验，带着责任去真感受，不把自己当领导，做到身到心到，才能和群众打成一片、以心交心。活动坚持开门抓体验，健全群众评议制度，让更多行政事、群众事让群众知情、让群众参与、由群众评价，兴许效率更高。

　　切身体验、动真整改、高效施策，才能让群众感受到体验带来的实惠，才能看到党员干部作风的变化。否则，再多体检都是假装体检。

希望"民生体验"持之以恒

8月27日,星期四,阴

县处级领导干部"民生体验"带来的感悟,我今天进行了整理。

遵义市国家经济技术开发区管理委员会张主任说,通过这次"民生体验",他感受到各级各部门领导干部必须经常性深入基层,真心实意聆听群众呼声,避免"摆架子、走过场、出矛盾"。只有对群众"用真心、吐真意、行真情、说真话、办真事",才能在群众中了解到最真实的情况和建议,才能切实为群众解决好困难和问题,才能更好带领全区人民致富奔小康。

仁怀市委常委、组织部游部长说:"在政务中心体验民生,看着不少老大爷、老大妈进入大厅后反复走来走去且一脸茫然和诚惶诚恐的样子,心中顿生痛意。其实,群众的要求并不高,仅期待问话有人答、办事有人引、办结有时限,就行了。"

通过"民生体验"发现真情况、听到真声音、感受真心情,定当认真思考并强化制度建设,因此应当将此项群众工作方法作为领导干部察民情、解民忧的长效机制固化下来,"民生体验"才走得远。

余庆县委常委、政法委伍书记感言,在"民生体验"活动中,不少群众主动找他交流思想、反映情况,让他看到了、听到了许多平常在机关里了解不到的真实情况,也深切感受到广袤农村全面走向幸福之路的曲折与艰辛,也使他认为只有亲身体验才能培养出对人民群众的真情实感,使他懂得为民谋福的使命必系于身。

遵义市环保局机关党委王书记说,他是20世纪70年代从农村走出来的,感慨现在农村与以前农村相比,真是发生了翻天覆地的变化,任何人都不再为一日三餐发愁。只是部分农民手中的余钱还是不多,只要有孩子读大学或生病，经济就会紧张，说明农村产业发展没有形成，集体经济薄弱，农民收入来源不多且不稳定。要想农民真正富裕，一定要发展产业，发展集体经济，带动农民增收致富。

这几天，通过我对县处级领导干部开展的"民生体验"活动的了解，我感悟到，领导干部"民生体验"不仅要探访民情，更要挖出隐情，这样的体验才有的放矢，通过整改不断提高政府公信力、决策力、行政力。希望"民生体验"不是一阵风式的走过场，而是持之以恒的搞下去。

脚上粘有多少泥土，心中就沉淀了多少真情。只有亲身体验后才知道工作怎样改进、服务怎样提升、行政怎样高效。

星夜兼程访老师

8月30日，星期日，阴转晴

出差遵义几天后，我心里想到的还是安居村。村里的干部在电话中说，经前期申报，村里已开办起厨师培训班。

已经是傍晚，又是星期天，但我没想这些，约上驻村工作组副组长王安龙，我们一同回村委会。除了要办理一大堆事外，更重要的是去拜访农民厨师培训班的两名老师。

为让青年农民能增加一技之长，通过申请与申报，安居村在家的60多名青年农民，都想参加村里的厨师培训。按照国家优惠政策，农民参与技能培训，不仅能免费学技术，每天还有几十元生活补贴，所以这项培训很受农民朋友欢迎。通过劳动就业局的帮扶，培训班在前几天正式开班。

电话中，我了解到学员们都很认真，都希望学到技能。几天时间，教授他们技艺的刘汉体老师给他们留下了深刻印象，不仅亲自操作，讲理论课还很风趣，时常与学员互动，容易让学员接受。几天时间，学员就明白，家中经常做菜做饭的活儿，原来学问很大，单就厨房、餐具的卫生，都是一门技术活儿。

两位老师授课很认真，也讲得很有成效。来村里，他们就住在村委会的小房间里，气候炎热，有时睡不好，用餐也很简便，没人做饭他们就自己动手，青菜白菜、酸菜盐菜，不讲究。

了解这些情况后，我便邀上王安龙副组长，迫不及待地去看望两位老师。

来到村委会，已是满天星斗，村委会二楼，灯光如昼，几位学员正向两位老师讨教烹调技艺。

见我们星夜赶来，刘老师很激动，他说这几天听不少群众说起王书记，今晚初次见面，幸运得很！"这么晚了，二位村领导专程前来看望我们，深受感动。"刘老师一边与我握手，一边与我讲起培训班的事。

刘老师说，班上60多名学员，很遵守课堂纪律，都想把这门技术学好，有的还说学到技术后就进城开餐馆或帮厨，收入也会不一样。当然，才短短几天时间，他们的接受能力、学习能力、领悟能力，都要通过一定时间才看得出来。刘老师说，这个培训班要开办50多天，时间还长，还有很多内容需要手把手地教。"只要认真，就不担心学不会。"

从另外一名老师，也就是班主任老师那里得知，刘老师曾获得全国性的厨艺大赛冠军，红案白案、热菜凉菜、川菜湘菜，等等，都有独门绝技，算得上烹饪技艺高手，"所以才有资格当厨师培训班的老师嘛。"

▷ 安居村农民厨师培训班现场。

刘老师真不简单，开办这次厨师培训班，他培训的不仅仅是技艺，还有因为饭菜联系起来的家庭情感，还有因为吃而联系起来的友谊。烹饪、厨艺，反映的是家与国的情怀。人生一世为吃穿，这是中国百姓最浅显的生活常识，把饭做好，把菜做好，把家庭卫生做好，也应该是一个人基本的家庭修养吧。

听刘老师对烹饪文化、饮食文化的讲解，让我突然想起"吃"留下的深刻记忆，如妈妈的味道、外婆的味道等，说的就是这个道理，说的就是满桌温情的乡愁。

真的感谢这次厨师培训班，它让我们村的青年农民理解做菜做饭的另一种内涵，不要求他们人人都学到刘老师那样的精湛技艺，但他们一定能理解得到做好饭菜，一定是孝敬父母、抚育孩子、夫妻互敬的基本技能与情理。

损坏几块瓦片导致公路停工

8月31日，星期一，阴

　　"不得了了，王书记，你管的村民，太不讲道理了。损坏几张瓦片，就把我的工地阻下来了。我实在干不下去了，你另请高明。"

　　今天下午一见到我，为我们村硬化公路的负责人蔡聪维就诉起苦来："王书记，你得主持公道，我的车不小心把斑竹园一家人的猪圈几块瓦片撞掉到地上，损坏了，这家人就把我们工地阻起来了。这像什么话？我马上放施工队的工人走，你们村另外找人。当初要不是你找我来硬化，我是不想来的，这段路根本赚不了多少钱。我是为群众干事，为村里干事，怎么现在受这种窝囊气？"

　　蔡聪维诉苦一番后，我立即找包组干部王国坤同志了解情况。

　　原来，蔡聪维在硬化斑竹园公路时，一段分支公路太陡，运料车不敢去，需要村民整治后才敢运料硬化。然而村民不这样理解，认为蔡老板故意刁难，不公平，不实实在在为群众办事，就想乱收钱。

　　群众越闹，蔡聪维越觉得是村民为难他。双方的误解与矛盾就这样造成了。哪想，蔡聪维硬化另一处公路时，运料车不小心将有矛盾的一户村民的猪圈瓦片损坏了，这就导致问题产生，导致工地被群众阻工。

　　掌握情况后，我立即做蔡聪维思想工作："你不要焦心，这事我来处理。"于是我打起阻工地的村民的电话。通过电话了解，群众也不是没有道理，他们认为蔡聪维把瓦整坏了，连声对不起都不晓得说。还有他在说假，除了瓦片的事外，他还把这家人的猪圈路也压坏了，谁负责？群众需要蔡聪维或施工方把压坏的路处理好后，再谈下文。

　　我又问蔡聪维，蔡聪维说这家人猪圈旁的公路，确实是运料车压的，但这是公家的路，我们一硬化就好了，他吼啥子吼喽？纯粹是无理取闹。

双方各执一词。看来，有必要到现场去一趟。

我与包组干部坤哥来到斑竹园公路硬化施工现场，现场已经没有工人施工，群众也不见影子，于是坤哥打起电话来。

等阻工的群众赶到现场时，我立即跟他们讲道理："蔡老板是村里请来帮群众硬化公路的。知道为什么这样说吗？是因为群众当初挖的乡村公路不标准，不仅窄，还陡，弯又急，如果硬化这种公路，其运输成本、施工成本都会高很多，他们又要先垫资硬化公路，利息都是一长截，没有多少搞头。所以我们开初请了几个施工队，都不愿意来干就是这个原因。而蔡老板接这个活儿，是真为了支持安居村支持脱贫支持群众。当初请蔡老板，我至少跟他做了不下十次的思想工作。"

"蔡老板能为我们硬化公路，已经是我们的福气了，可为什么我们不支持呢？这是大家的公路啊！至于大家反映的另一截公路的问题，我的想法是，你们先运一点砂石铺上，如果不打滑，就让蔡老板硬化。钱的事你们几家人想办法，如果想不到办法，我们村里解决。"

"瓦片的事，值几个钱？如果你们都要求赔，我来赔好了。另外，猪圈旁边压沉的公路，我刚刚看了，不会垮的，也不影响猪圈，只要硬化上就没问题了。大家一定要支持建设，如果你们一阻工，施工队一气之下跑了，这路就不知什么时候能硬化了。"

跟群众解释一番后，有群众就接过话茬："王书记都这样说了，我们还能说什么哟？就按王书记定的办。拉一车砂石填陡路，充其量几百块钱的事，这个我们出得起。我们不安逸的就是蔡老板说话大句大句的，所以心头郁闷嘛。"

现场，我也批评起蔡老板，施工的时候，一定要尊重群众。"良言一句三冬暖，恶语伤人六月寒。"瓦片整坏了，跟他们说一声对不起有什么大不了的？群众受到尊重，思想一通，就不至于阻工，就没有干不成的事。见我批评，蔡老板没作声，承认只要大家支持，这路还会继续硬化下去。

好个90%

9月1日，星期二，晴

"到2020年，我们要让90%的患者不出县级医疗机构，就可以治得好病！"

今天，我又去参加遵义市县处级领导干部"民生体验"的体验，给我印象最深的，就是遵义市计生卫生委李副主任的话。

李副主任说，通过在医院几天时间的体验，让他感受到的是，地市级医疗机构压力相当大，医患关系也还有不融洽的地方，医护人员相当辛苦，病痛患者又相当多，走廊上都有附加病床。

"所以，国家提出，利用四五年时间加快推进县级医疗机构的建设，让90%的病患者不出县就能在当地看病，以减轻上一级医疗机构压力和患者经济压力……"

这是一个大快人心的消息，同时也是一件相当有难度的事！县级医疗机构目前条件相对薄弱，医疗设备、高技术医疗人才比较缺乏，稍重一些的病患就往上一级医疗机构转送。另外，有的患者对县级医疗机构信任度不高，轻微病患或普通病患都往上一级医院就诊，导致上级医疗机构病患过多，医院几乎超负荷运转，医护人员超负荷工作，就连吃饭时间都没有，时常是盒饭解决问题。

上级医疗机构超负荷运转，医疗安全、医疗质量与医疗服务肯定会受影响，医疗卫生标准、病人财产安全防范等，也受到不同程度的影响。

因此，加快推进县级公立医院改革，加大县级公立医疗机构的投入，是迫在眉睫的任务。第一，要加大医疗人才和医疗设备的刚性投入；第二，要提高医疗服务能力，建立良好的医患信任体系；第三，要尽快完善分级诊疗机制，区分各级医疗机构医保报销比例杠杆，让三甲医疗机构从过多的普通常见病中脱离出来，专心一致研究重特大病和疑难杂症。

同时，让三级医院与二级医院结对帮扶，形成医疗机构联合体，甚至把医疗服务延伸到乡镇，也就是说，让乡镇级医疗机构作县级医疗机构的分支机构，让县级医疗机构作市级医疗机构的分支机构，使优质资源下沉，从而在终端上为病患者提供最好、最优质的医疗服务。

李副主任在医疗机构的体验，让我想起我们安居村。安居村是省级一类贫困村，因病致贫的贫困户不少，如果医疗机构改善，对他们确实是一个福音。当然，国家医疗技术、医疗机构的不断完善，也是每一个村民的幸福事。

在这儿，我想起一件事。前段时间，村里一位婆婆突然得病，肚子痛得不得了，汗水大滴大滴地往下掉。我们立即将她送往县城某医院，医生也忙前忙后检查，可查不出准确结果，就只好输止痛的药水。经过X片、B超等，最后也没有得到确诊，老人病情也渐渐加重，肚子痛得她喊"救命"。

无奈之下，我们将她直接送往遵义医学院附属医院的急诊科。急诊医生检查后，立即开药，立即让护士输液。真是灵丹妙药——大约半小时，婆婆肚子渐渐好转，几天后就出院了。你说，婆婆得的是什么病呢？急性肠炎！

县级医疗机构技术人才的培养，真的亟待解决。未来，90%的病患不出县级医疗机构，真的是老百姓的福音。我们期待这一天，安居村所有群众，也期待这一天。达到这个标准时，村级医疗机构，相信也会改善与提高。

但是，90%这个数字，是不是一个艰辛的历程呢？

以 "火" 防火

9月2日，星期三，阴

上午，在遵义市安监局王局长的带队下，我陪同去碱厂、输气站检查安全管理工作。

在遵义碱厂，王局长当起消防安全员，体验消防员的艰辛与工作压力。碱厂有氯气，如果氯气泄漏，后果不堪设想。氯气在常温常压下为黄绿色，是具有强烈刺激性气味的有毒气体，遇上强光还有可能爆炸。氯气消防管理，一刻也不能松懈。

随后，王局长又到团泽镇输气站当起安全员。输气站是输气管理工程中各类工艺站场的总称，其功能是接收天然气，给管道天然气增压、分输、配气、储气、发送等。输气站作为输气系统的重要组成部分，承担着保障输气运行和管道安全平稳的任务。所以，输气站安全员工作，是一项风险极高、管理复杂的工作。

"担任"完消防员、安全员后，王局长召集大家开座谈会，讲自己的体验感受。

王局长说，通过两个地方的体验，感受最深的是消防安全员的不容易，可以说，他们是冒着生命危险坚守阵地，守的是心中的信念、人民的幸福。两个地方，最大的安全隐患就是火灾与爆炸，当然也还有毒气和其他。

安全，每一个环节都不能减少，每一个环节都不能粗心大意。安全工作，要以火一样的热情去管理，要以火烧脚背的紧迫感去管理，才能有效管控。每一个生产场地，特别是易燃易爆物品站场，都要以防火的警觉去管理去爱护——消防安全，其实就是以 "火" 防火。

王局长体验消防员、安全员后的 "以 '火' 防火" 观念，让我记得相当深刻。其实，每发生一次火灾或其他安全方面的灾难，都与隐患有关，都与麻痹大意有关。对消防安全、生产安全的管理与隐患的排查，一定要有火落到自己脚背上的紧迫感，及时高效处理，安全事故就可以有效避免。

王局长"以'火'防火"的理念，何尝仅仅是安全生产？用在我们安居村的森林防火、房屋防火，以及脱贫攻坚，太恰当不过了。安居村脱贫攻坚任务重，时间紧，如果每一名驻村干部和村干部，以及包村干部、包组干部、包户干部都如火烧眉毛一样紧迫，都如火落到脚背一样的紧迫，哪有完不成的脱贫攻坚使命？

当然，我们安居村，绝大多数干部都没敢懈怠，对待脱贫攻坚都像火烧眉毛，一刻也没停下来，在岗一分钟，巴不得一秒钟就灭了"火"。

但是，我们的贫困户们呢？个别贫困户潜意识里，反正有干部帮扶他们，脱不了贫，干部走不了路、脱不了爪爪。所以，他们爱干不干，把为自己脱贫致富的事说成是支持干部的工作，愿意配合协调就行了。这是什么思想？自己脱贫，说成是干部的事，是在支持干部。意思是说，贫困户脱贫了，干部还得双手作揖感谢这些贫困户喽？

脱贫攻坚，还在艰难的路上，一刻也停不下来，必须要有火一样的热度，灭火一样的速度。

山区阳光能治"小白脸"病

9月6日，星期日，阴

 庆祝抗日战争胜利放假后的第一天，我随从单位的同事一同去重庆体检。抵达重庆后，我想到的不是去逛街，而是去两江新区找贾总。

    贾总是我在重庆当兵时的战友，他那时是我的上级，后来从师级机关到基层部队，再后来就是团政委，是一个很有才华与能力的人，退役后在重庆两江新区担任某部领导，主要管理企业投资之类的。

    去造访他的目的，不是去汇报一名士兵退役后的过往，而是邀请他到安居村做客，看看安居村能带给他什么。我的目的，就是脱贫，就是想把安居村建设成为我们梦想的童话村庄。

    假如，他分管的企业看中了安居村，把安居村当成一个企业来治理与建设呢？多好！我怀揣美梦去见他。

    十多年不见，他依然春光满面，依然没有变化。而我，给他的第一感觉就是：成熟了好多。怎么黑成这个样子？

    我告诉他，我们山区的太阳光是杀菌的，治"小白脸儿"病的，不黑都不行。

    两战友，为黑脸、为小白脸就唠叨半天、笑半天。两战友尽管脸的肤色各异，但笑纹里深藏的，是岁月的无情，以及当一天战友、做一生兄弟的永久情谊。

    来不及过多的怀念与问候，我直奔主题，希望贾总助我一臂之力，望他帮我引进企业，去安居村开发，重点是旅游开发，然后引重庆游客去度假、旅游。我说，安居村是一个传统村落，有深厚的民俗文化和故事，还有遗存的明朝时期的古城堡。如果将这个偏远村庄打造成中国式的童话村庄，肯定有市场。不仅让投资企业获益，更重要的是让脱贫户和村民，有长远的收益而奔上小康之路。

"你想，重庆大都市，大家过的都是富足的生活，而我们偏远山区，还有群众未脱贫呢。老领导一定关心关心。"我大胆地提出，如果谁愿意出钱，我愿意将安居村整体"打包"给他，让他去开发利用，让他赚钱，让群众也富起来。"当然，这得要有乡村情怀的人，否则去了坐不住。"

一股脑儿，我将安居村的现实与未来，都从口里倒了出来。

"看来，你心里就只有安居村啊！你怎么就不问问你在部队时的其他老首长呢？"贾总这一提醒，我真愧从心来，真的没来得及了解他们，想当年，他们对我成长的关心关怀，无微不至。

当打听完同一个部门的战友和部队首长的情况后，我又开始"卖打药"："安居村，一定要请贾总关心帮助，我一定不会让你失望的。"

"一个村支书，操的是5000多人的心啊！我们都得向你学习……看来，你的脸没有白晒。"贾总又调侃起来。我说："我已经作好了晒得像黑人一样肤色的准备，现在就欠你的到来。"

一番神聊后，贾总说，一定找时间去安居考察考察，然后回重庆推荐推荐，如果有企业愿意投资，那当然是一件大快人心的事了。

"山区阳光能治'小白脸'病，安居村就一定有市场，就一定有人前往。"贾总笑说，我也开心起来——山区阳光，治的何止是"小白脸"病，还有一个人的历练与内心！

联村党委，新！

9月8日，星期二，多云

"大家思考思考，我们如何建联村党委。"

下午，镇党委胡书记邀请我去一同研究把三合镇北面几个村联合起来成立一个党委的事宜。

三合镇北面几个村，包括安居、星山、八一、顺兴、亭子坝5个村，人口和地域面积，是整个三合镇的一半，将这几个村联合起来组建一个党委，将所涉党务政务工作从集镇向更基层的地方延伸，不得不说这是一种创新。同时，还可以让几个村抱团发展。

不过，阵地设在哪儿呢？有没有固定的管理人员开展相关工作，这是一个需要思考的问题。我向胡书记提出自己的想法。

胡书记说，阵地就设在星山村村委会旁边原星山小学的旧房子里，在那里设相关机构，将党务工作和政务工作向那个地方移，以方便党员和群众办事。同时，将几个村联合起来发展，将资源优化配置、统一规划发展，使几个村脱贫攻坚、社会经济发展更有效。至于有没有人开展工作的事宜，镇里正思考如何解决，肯定是需要人管理的，不然有阵地无人，也没有效果。

这5个村，有3个村为贫困村，不是贫困村的两个村，也有贫困户，所以脱贫攻坚任务重。将这几个村联合起来开展脱贫攻坚工作，是一种创新模式，也能发挥好党员的作用。5个村有党员两百来人，不少党员都外出务工，在家的党员相当少，如果按村开展党员服务与党员管理工作，是有一些难度，有时连会都开不起。建成联村党委会，把党员集中起来，从而形成合力，更能充分发挥党员作用。另外，还能充分发挥党在基层的政治功能、服务功能、发展功能等。

胡书记召集的联村党委研究会上，大家形成共识：联村党委，新！尽管我对这种创新工作有自己的想法，但会后我又一想，不去尝试，谁知道有没有效果呢？万一没有效果，至少我们经历过这样的过程。任何改革与创新，难道不是这样走过来的吗？如果缩手缩脚，什么都担心，那还有创新工作吗？

联村党委，干得好，一定有它的作用与意义！万一干不好，也没关系，不外乎得不到认可而已，当然也不会有人将你捆起来。

水事，难事！

9月9日，星期三，阴

今天，我们集中处理水的事情。

爬海溪从洞里流出来的龙洞清泉，日夜不断，四季甘甜。它是从安居村海拔特别低的地方流出来的，也是安居为数不多的山泉水之一。冬天与旱季，尽管不曾断流，但流量相当少，仅够三四十家人使用。雨水丰盛期，水量就相当大。

因此，我们的意见是，由村里以集体经济的形式，在这里建一个纯净水厂。通过与贵阳一家水检测公司对接，他们愿意来看一看，但要我们用车去接他们。当然，也可以把水取样寄到贵阳检测，如果水质达到要求，一定可以建一个纯净水厂。

现场查看后，听爬海溪群众反映，这里取的水泡茶，茶不会起膜，水质相对其他地方的水，要好喝得多，建议我们试一试。再说，当地靠这水饮用的人家大都搬进城，用水的人和牲畜减少，这里流出的水，几乎浪费了。

与村委主任李云凯、驻村工作组长梁云洪等同志商量后，我们决定在这里建一个纯净水厂。

满怀信心，我们向镇里的胡书记汇报。没想，胡书记当头"泼"了一瓢冷水：慎重思考哟，兄弟，现在的纯净水厂到处都是，不好销，三合就有两三家水厂，卖给谁呀？你们安居就有一家纯净水厂，销售压力相当大，你先了解一下。另外，纯净水厂不好办证，如果没有资质就上马，纯净水成为三无产品出问题怎么办？

还真没思考过胡书记提的这些问题，我们想到的，就是向前冲，因为看到爬海溪白花花的水可惜了。

大家都没有说什么，觉得胡书记讲得也有道理。

回到村委会，我们又去上劲组了解水的情况。上劲组有一个水窖，尽管是国家投资修建的，但是是由上劲组的村民无偿投工投劳完成的，解决的是上劲组村民饮水难的问题。可是，这个水窖修成后，政府将合林组从外村引来的自来水管接在这个水窖里，让该水窖当中转站使用。

没想，上劲组的村民不干了，如果政府安装的水管不来水了，合林组的村民不是就白白的引用咱水窖里的水了吗？于是，上劲组不同意合林组的水管安进水窖，不然就破坏。

可是，如果不这样安，要重新建一个水窖，要花一大笔钱哩！这钱没有人出，同时合林是安居最缺水的村民组，不可能让那里的群众渴着等水吧？

召集起两个村民组的代表，我们做起他们的思想工作。村委副主任陈金宗提出意见：暂时把水管安进水窖里，同时留一个闸阀让上劲组的组长管理，如果政府安的自来水管不来水了，就由组长关上去合林水管的闸阀，免得属于上劲的水流去合林。同时，由驻村工作组争取项目，尽快为合林修建水窖蓄水，让合林水从根源上解决问题。

陈金宗的意见大家都没有反对，就这样两个组的水事问题，基本告一段落。可是，如果政府安装的水管没有水呢，合林的水事难问题，是不是依然摆在那里？不像上劲组那样，即便政府安的水管是空的，他们也可以从山脚下抽水到水窖里，以备使用。

合林水，还难在路上。

上劲与合林的水纠纷解决后，我们又去新寨组。新寨组群众的意见相当大，对水务部门派施工队安装的不规范的自来水管怨声载道，有的地方还把路都挡了，行路困难，有村民牵牛耕地时牛因跨不过钢管而摔伤。

不仅是新寨组，就是其他组也有类似的问题，由于安装钢管随意性太大，从而影响村民耕作与行路，一提这事群众就开骂。新寨组现场，我立即与水管站的站长联系，他称，安居村的自来水管是市水务局派施工队安装的，不规范的问题，要由他们解决。当然，他们会及时反映。

　　争取全村全覆盖式的自来水管安装，应该是一项脱贫攻坚惠民工程，但由于施工方为节省劳动成本而任意安装水管造成的群众苦恼与矛盾，由谁负责呢？

　　好事，好像没有完全做好。水事，又遇上了难事！

▷ 爬海溪龙洞山泉水，就出自这个叫爬海溪的深山沟里。

对话村集体经济

9月10日，星期四，多云

　　"感谢书记今天来关心我们村葡萄基地的建设。我们村集体经济的发展，我想请书记您指导。当然，我们还是有自己的想法的，很想跟您汇报。"

　　今天，镇党委胡书记到安居村调研葡萄基地建设情况时，我向他提出村级集体经济的问题，并向他求教。

　　见我把村集体经济发展话题打开，胡书记亮起嗓子：

　　"可以呀！我觉得，葡萄基地建成后，村里提50万元的股份来入股，使村里有自己的固定收入。别小看村级集体经济，它的确是解决村两委无钱为群众办事的尴尬。"

　　"书记说的是。可没理解您讲的50万元股份如何划？"

　　"也就是说，如果葡萄基地投入200万元经费，村里就用投入的四分之一作为村集体经济，其余四分之三为群众所有。但这里有一个前提，就是葡萄基地，需要公司来经营，效果才会更好一些。"

　　"书记，我们找过有关公司，但都没有效果，都不愿意来干，觉得农业项目不好做，一做就亏。"

　　"如果没有公司，那就由村里成立公司来干如何？或者村里将土地流转过来，村里组织人来干。"

　　"这个不难，可是，村里目前没有经费，几乎是空壳村。一流转农民的土地，就马上要支付现金。还有，葡萄至少三年才见效，这三年时间里的管护成本，村里没有资金啊！"

　　"道理是这个道理。要不，请大户带头干，你们跟大户签订合同，产出后与大户共同销售葡萄，从销售的葡萄里提取分成。"

"可目前没有一家人愿意来干。我们早问过了，之前沙子坡村民张应强很想来干，但他目前没有精力，在城里有自己的产业，想了想也放弃了。"

"那怎么办？前怕狼后怕虎，怎么干？要不，你们先建，建起来我们再研究。"

"这也行。先把材料发给群众，由群众栽桩拉网、栽苗管苗，三年后葡萄挂果了，再行决定。那时，葡萄肯定很多，两三百亩，葡萄起码几十万斤，肯定要村里帮助销售。村里的集体经济，就从销售的经费里提取。你看如何？"

"这个思路是好，可你敢保证今后农民会让你从销售的葡萄里面提取股份吗？"

"万一群众不干，那他自己销售葡萄也行啊，他们自己找市场，多卖钱也是可以的。在他们滞销的情况下，我们村里帮助销售，销售一斤提多少，这要讲好。万一大家销售有困难，我们就直接跟群众收葡萄自己销售挣差价，或者酿造葡萄酒增加附加值，村里的集体经济不就活了？"

"可是启动资金呢？"

"都是几年后的事了，那时应该会有吧？"

书记与我，一问一答间，对话起安居村的集体经济。安居村一定有好的未来，安居村"空壳村"的无奈与困惑，也应该能消除。

见坤哥哭，我的眼眶潮湿了

9月10日，星期四，多云

"王书记，你必须处理王国坤，不然就不行，不然我跟他没完。"

早晨一上班，大土组村民敖世用就堵在村委会门口向我诉求。

是怎么回事呢？我立即召王国坤到村委会了解情况。

原来，敖世用与邻居敖永德因田间开一个水口的事产生纠纷，就要求村干部上前处理。当时，村里指派包组干部王国坤现场调解。查看现场后，王国坤提出处理意见：敖永德的田因修公路挡着了水口，现在重新开的水口尽管是在敖世用的田上方，尽管是新开的，但符合农村"上流下接"的民俗习惯。就打算不开这个水口，上方的水还不是要浸到下方的田里？再说，天这么干旱，哪来的暴雨？

敖世用觉得王国坤处理偏了，就在电话里要求王国坤重新处理。王国坤说，你对处理意见不服，你可以请上级部门来处理都行，我们村干部就只有这个能力了。

"什么？就只有这个能力？你没能力当什么村干部？"

"我当不当村干部，与你何干？你有本事，你来干嘛！"

就这样，敖世用与王国坤在电话里吵了起来，最后到骂脏话的地步。

敖世用不服气了，觉得村干部不仅不公平，还要骂人，不是干部样子。

就这样，敖世用来找王国坤，来找村领导，要求处理王国坤，要求王国坤赔礼道歉，不然就不行。

不一会儿，敖世用的妈妈也来了，一见王国坤就吵了起来，说王国坤先骂了她，她必须骂还，还要求王国坤赔礼道歉。随后，敖世用的亲戚也来了，说只要没动手就行了，吵几句口水话，有什么大不了的。

但是，敖世用和他妈妈不服，觉得王国坤不公平，欺负人，必须说个一二三。王国坤说，你们在电话里也骂了我的，我就不能骂你们几句吗？我就不是父母养的？这是啥子逻辑？这叫只许州官放火，不许百姓点灯。

当然了，你是干部，你就不许骂人，再说，是你先开黄腔的。我们是群众，心里有气，就得骂几句……

说着说着，敖世用妈妈往地上一倒，就说王国坤打她了。

我们劝也劝不住，无可奈何之下，有人报了警。不一会儿，警察来了。

警察来后，敖世用的妈妈才从地上站起来。见她心情平静了，我才召集他们一起座谈。把来龙去脉弄清楚后，敖世用他们就只一个要求，要王国坤当面赔礼道歉。可王国坤死活不干，我又没错，赔什么礼？处理纠纷他们不服，我当时就跟他说了，可以向上级申请重新处理，我怎么就欺负人了？关于骂人的事，是大家都在吵的情况下才相互骂脏话的。你们意思是我王国坤错了，你敖世用就没错？

一来二往，双方僵持起来，同时也充满火药味儿，于是我开始向敖世用一家"赔不是"。我说这都怪我这个当书记的，没把你们的问题及时处理、消化，也怪我这当书记的没把干部管好教育好，导致干部说脏话，请你们谅解，对不起了，对不起！

见我赔不是，敖世用一家又认为，这不作数，又不是你王书记的错，你赔什么礼道什么歉？

那你说怎么办？我问敖世用。

见我为难，王国坤开口了。好嘛，王书记都这样说了，我还说什么喽——对不起你们一家，是我说了脏话，请你们谅解。今后开展群众工作，群众就是骂死我，我王国坤都尽量不开口……说完，王国坤出了门。

行了，王国坤、当事人都跟你们赔不是了，你们也就宽心了嘛。派出所民警和村委主任李云凯异口同音地劝敖世用一家。

王国坤赔礼道歉以及大家劝解，敖世用一家才从村委会回家。

大家散开后，监委会主任张应科挑起我的弱点："兄弟，不是我说你，你就不应该赔这个礼、道这个歉，关你这个书记什么事？你以为你这样干就高尚了，群众就认可了？王国坤心里很难受，帮群众干事，竟然干成这种样子，寒不寒心？"

我没说什么，也说不起硬气话。我出了调解室的门，却见坤哥在另一个办公室哭。见到我，他立即擦去泪水。

"兄弟，要不是你，我今天必须跟他们干到底。我都是有孙子的人了，今天还跟他们赔礼道歉，这是怎么回事啊？我确实没有错。"说着说着，坤哥又掉起泪水。

见坤哥委屈的样子，我的眼眶立即潮湿起来。我怕他看见，迅速奔回自己的办公室。

大安居的小家底

9月11日，星期五，阴

    今天，国家统计部门遵义调查队有关工作人员，到安居村开展脱贫攻坚有关经济数据的调查统计。

    调查人员来开展的工作，重点是调查了解安居村的生态、自然资源、民生工程、基础设施，以及房屋、人口、劳动力等信息，一句话，就是这个村的经济发展现状，为上级有关部门提供脱贫攻坚政策参考依据。

    安居村有1100多家人，也就是说，有1100多家房屋，而且绝大多数是砖混结构。但是，绝大多数房门紧闭，都外出务工，或在城里买了房子进城居住了。这是一个村的房屋基本情况。还有基础设施的道路，目前，组组通、寨寨通小康公路正在抓紧硬化，全村的公路加起来，要超过70千米。70千米算成经济账，要超三千万。产业，目前还没有一个成型的，我们谋划的葡萄基地，目前正在建。建好能有多少经济价值，目前是一个未知数。

    最糟糕的是安居村的自然资源。安居村除了三千多亩生态林外，就没有其他林地，生态算是最差的，根据林业部门统计的数据，安居村森林覆盖率仅6%，应该是全市森林覆盖率最低的地方。水资源最缺乏，村民产生的纠纷，大部分都是为了水。安居村就两处能见水源地，一处是从新寨洞里流出的山泉水，一处是从爬海溪山洞里流出来的山泉水，流量都不大，要发展水产养殖，需要大型水池蓄水。安居村山塘水库不少，有20多口，但绝大多数没有发挥作用，除了一至两口蓄水外，其他都不正常，要为这些山塘补漏，至少上千万资金。

    电的问题，目前还有木电杆和水泥方杆，不符合规范。电压低，个别村民组用电高峰期煮不好饭，群众意见大。通讯，目前还没有宽带，手机信号弱，没有4G信号。

安居村的耕地少，田占三分之一，土大都是坡地，水土流失严重。

这就是安居村的家底，是经不起统计的穷家底，扳起手指头都可以数出来。安居村地域面积广，人口多，是过去三个自然村合并的大村。大村，没有"大"的样子，倒有"大"的难处——贫穷与落后，各类资源的贫乏，以及信息的闭塞，是安居"大"不起来的因素。

安居家底，安居村强民富，需要党员干部和人民群众用汗水和智慧去换。

村班子好比唐僧师徒

9月14日，星期一，阴

晚上，戴镇长在星山村联村党委的建设阵地为我们上党课。

戴镇长讲的团队精神，特别唐僧师徒精神，对我们最有启迪作用。

唐僧师徒，唐僧能力相对弱一些，但他信念坚定、目标明确，誓死都要西天取经，再大困难再大艰险再大诱惑，信念从不改变。这个一把手当得太好了，只要一把手不出信念之轨，就没有达不到的目的和完不成的目标。可是，唐僧也有缺点，那就是容易受骗，一把手也并非完人。

我们村班子，一把手的村支书就相当于唐僧，一班人在他带领下，只要目标明确，只要信念坚定，只要心往一处想劲往一处使，就没有干不成的事，就没有达不到的目标。所以支书的干劲至关重要，支书的信念就是一个团队的精神动力。

孙悟空本领最强，能力十足，整个团队离开他，唐僧师徒应该是到不了西天的。降妖除魔，拜仙求助，没有他干不成的事。本领再强大，也要受到管束，也要在一定的法纪范围内施展，若超越权限，肯定要受紧箍咒惩戒。

一个村班子里，本领强的人肯定有，比如村主任、监委主任等，都有三头六臂，都能胜任很多工作，但不能不守规矩，不能心高气傲，不能旁若无人，不能瞧不起信念坚定的一把手。不然，没有精神领袖，目标与梦想是很难实现的。

猪八戒憨厚老实，憨言傻语，能让人一见就想笑。尽管本领不如孙悟空，但比较有人情味儿，幽默感强、有情趣又讨人喜欢。同时，他善于处理师父与大师兄之间的关系，使团队有生机、有活力、能团结。

我们村班子也必须要有这样的人。村班子成员不可能人人都是本领高强的，不可能都像孙悟空那样神通广大，但一定有他的用武之地，一定能人尽其才、人尽其用。班子里有这样的乐天派以及调和氛围的人，班子一定是团结向上的，精气神十足的。

沙和尚，与其他三位就不一样了，他的个性特点就是稳重、不善言辞，却承担了团队里所有基础性的工作，兢兢业业、任劳任怨、不计得失、不图夸赞，默默无闻陪在师父左右。没有他，唐僧师徒要取上真经，也可能更困难。没有他看守家园，再怎么奋斗，都看不到成果。

一个村班子里，更需要这样不声不响、埋头苦干的老实人，需要这种实实在在干基础性工作的人。都说老实人不吃亏，但沙和尚其实吃亏是最大的，你看，大师兄、二师兄出去降妖除魔，哪儿不会灯儿晃旅游一下，但人家沙和尚，规规矩矩守在家里守在师父身边，却从来没有得到过师父的称赞。所以老实人吃点亏时，想想沙和尚，心就宽了。

唐僧师徒的团队精神，真的值得一个村班子学习，学习他们的信念、本领、团结、活力与吃苦耐劳的精神。有唐僧师徒一样的村班子，一个村脱贫发展的"真经"果实，有何攻不下、取不了的？

假设的洪水成纠纷

9月15日，星期二，阴转雨

　　大土组敖世用与村干部王国坤前几天的纠纷处理好了，但敖世用与邻居敖永德因开一个水口的纠纷，一直没有处理好。之前王国坤给他处理的意见，他不服，我只有请镇政法委陈书记和综治办的干部来处理。

　　来处理纠纷的除了镇领导外，还有村分管综治的干部以及大土组组长、村民代表。调解会上，大家各抒己见。

　　敖世用首先发言："我们一家人都在浙江打工，你们修公路，我家支持，但你们这种做法肯定不行，你们不能因修公路而将水口、水沟开在我的田里。假若下大雨涨洪水，我的田就会被淹。若被淹了，谁负责？还有，你敖永德开水口水沟，跟我们说一声没？这种干法，分明是欺负人嘛！"

　　接过敖世用的话，敖永德说明来由："开水口的问题，也不是我故意要开在你的田上，这是修公路造成的。公路修好硬化后，就产生了边沟。也就是说，公路路面要高于公路里侧的田，硬化公路时就有一条排水沟朝外，不开水口，水一样会排进你的田里。当时大家都同意我这样开水口，我才同意把田让出来为大家硬化公路的。如今，你们不让我开水口，你们就得把田给我恢复回来。"

　　见两家争执，组长敖永利发话了："其实，这是一件小事。你看还惊动了镇里的领导。干脱贫攻坚，镇里、村里的干部都忙得心头慌，你们倒好，为屁这样大点儿事，都要在这里对簿公堂，都要让领导在这儿来处理。"

　　"说句不该说的话，这都是盲目修公路造成的。你们几家不修公路，就不会有这样的事。既然都是修公路造成的纠纷，大家就大气一点，尤其是你敖世用，你是一个懂事的孩子，可今天为什么这样呢？不外乎就是开水口的时候没跟你说一声嘛。我觉得这都不重要，重要的是把心放宽一点，高姿态一点。其实，任何人都没有想过要欺负你们。"

"敖组长谈到这里，我也谈谈我的想法。你们的土、田，都是撂荒了的呀！有水，也不用担心的，漏都漏走了。再说，这些年也没有你想象中的有多大洪水。水都没有，我们却在这里处理一起假设有洪水的纠纷，何苦！

"我们今天来处理你们这个事，太不应该了。本以为好大一件事，原来就为一个水口一条水沟。大家知道我们有多忙吗？把脱贫攻坚这么重的任务甩在一边，集中十多个干部和群众，在这儿处理一起水口和假设有洪水的纠纷，简直就是浪费时间！"听了大家意见，镇政法委陈书记批评起来。

陈书记最后明确，就按照之前村里处理的意见来解决，因为现在也找不到其他地方可以开水口。敖永德开这个水口，也是因为大家修公路的群众利益而开的，不是他私自故意开在你敖世用的田上方。敖永德的问题就是当初应该跟敖世用通过话，应该尊重人家。按照农村"上流下接"的约定俗成原则，水口就只能这样开了。如果敖世用不服，可以通过司法程序，也就是说，你可以到三合法庭起诉敖永德，以主张自己的正当权益与诉求。

陈书记说出自己的意见后，敖永德也向敖世用一家道了歉，敖世用一家也接受了。对陈书记的处理意见，敖世用一家没有提出其他意见。

就这样，两家人因假设有洪水的矛盾纠纷，处理结束。

"新鲜"的陈谷子烂芝麻

9月15日，星期二，阴转雨

　　下午，我又邀请镇政法委陈书记一行冒雨去彭水组，一同处理彭茂高、彭良高两兄弟的纠纷。

　　两兄弟原本关系非常好，就因为大年初二彭良高的鸡吃了彭茂高的菜，而导致的矛盾纠纷，最后升级成双方都不让对方从房前房后经过。

　　来到彭茂高家，彭茂高和他爱人，带着我们看现场。他们一家人，原本从屋右侧经过的路，被彭良高一家给封了，不让走。这条路所经过的土地，就是彭良高的。现在，彭良高一家已经将路挖成地种起了庄稼。彭良高不让彭茂高一家通行，原因就是彭茂高一家对不起彭良高一家，彭茂高在彭良高房后开了一条路来走。

　　看来，这起纠纷，已经不是一天两天了。

　　处理纠纷，肯定离不开双方。于是，我与陈书记一行邀上彭茂高，一同到彭良高家座谈了解情况，并听大家的意见。

　　来到彭良高家，他与爱人都说，我们都老了，说话算不了数，等年轻的回来处理吧。

　　彭良高与爱人，年纪都大了，思维跟不上，身体也不利索，所以处理这起纠纷，担心吃亏，想等儿子儿媳回来再说。

　　我们尊重老人家的意见，但陈书记他们都来了，应该先了解一下情况，往后处理时也有基础。于是，我们向两位老人家了解起情况来。

　　彭良高说，彭茂高前些年修房子，为取水，他们用粪桶去我家挑水喝的水井提水。我那是人喝的啊，怎么能用粪桶？这我都算了。后来我修房子，因为一点儿小矛盾，他们阻路不让我走，整得我运石头的车进不来，让我多花成本用人工背石头。他们干得令人寒心，所以我就把他们在我的土开的一条路，给封了，不让他们走。

他挖土修土墙房子，挖了我的枣树，我没说。他挖的土，也是我的，是我情欢理合送给他的。他说拿土地来跟我对换，但我都没要，因为修房造屋，不容易。一个情，一个义嘛。

没想，几年后，在正月初头上，我家的鸡吃了他家的菜，他家爱人就破口大骂。新年都图个吉利，怎么一只鸡吃几口菜就要骂成那样？分明是在欺负我家嘛。两家在当天就大闹了一场，矛盾就这样产生了。

其实，在之前他彭茂高的羊子也吃过我的庄稼的，但我们闹没有？我的鸡吃了你的菜，其实几句就谈清楚了的，想不到后来闹出这样大的矛盾。如果当时不骂人，肯定不会这样。你彭茂高是一个有文化的人，怎么你家爱人乱骂人你不管呢？

待彭良高说完，彭茂高接起话来。彭良高提的枣树的问题，我当时是赔了的。用他的土挖来垒房子，这个情谊我是记得的，他后来修房子，我也是拿了一块地给他挖来修，可他没要。我用土交换他的土开一条路来走，这是当时就处理好了的。为什么鸡吃菜闹矛盾纠纷，就把路封了？现在产生的矛盾不面对、不处理，而是把17年前的事翻出来扯，怎么扯得好？

我们两家闹起矛盾后，我们都说我们两家老的思绪观念落后，就让两家人的年轻人处理就行了。正当两家年轻人处理时，你彭良高又插一竿子，要求我家儿子跟你赔礼道歉，我孩子不服，才这样没处理好的。这都是你彭良高两个老的干的。

刚才你说你家鸡吃我家的菜我老婆骂你的事，你应该把当初的情况实事求是地讲出来。当时，我爱人是没有骂人的，只是扔了几颗沙撵鸡走开，没想这个时候你爱人看到了，就说我爱人打你的鸡，就这样骂开了。当时他们两妯娌骂完后，我还教训了我爱人的……

彭茂高还没讲完，彭良高的爱人就站了起来，你简直就是胡说八道，你怎么不说正月初四阻我家的路呢？你们一家没一个好良心……

　　我们招呼老婆婆坐下来好好谈，不要冲动，同时让她不要扯得太远了，不要陈谷子烂芝麻的扯过去太远的事。没想，老婆婆不依不饶，认为我们不公平，在为彭茂高一家说话。

　　越听，越不是滋味儿，我们还没有提出处理意见呢，只是听他们叙述经过，怎么就认为我们不公平呢？就是仅仅让老人家讲简洁一些，可老人家们越讲，时间跨度越长，把20多年前的矛盾都扯出来了。

　　"新鲜"的陈谷子烂芝麻，何时是个尽头？

　　在彭良高老人家里足足了解了两个多小时后，我们没有提出处理意见，我们尊重两家老人的意见，等两家年轻人回来时再协调处理。

惠民水管何时"惠民"

9月16日，星期三，多云

"什么情况？今天我们研究的是脱贫攻坚的事啊，怎么老是谈水管之类的话题？"

"水管也是脱贫攻坚的内容啊！陈副镇长，一定请您关心。"

今天上午，镇里的陈副镇长和财政分局杨局长一行到安居村调研，一落座，大家就往目前安居村群众自来水管安装的问题使劲儿提，希望他们帮助解决。

安居村群众的自来水管安装，已启动很长时间了，根据镇里的意见，每户群众收250元入户费，主要用于从主管上引到每家人室内水缸处的下线管，以及水表、水龙头等设备。有的农户交了钱，也有没交的，没交的原因是对自来水持怀疑态度。

村干部反映水管问题，主要是交了钱的群众，目前没有看到一滴水，群众意见大。另外，管道安装不规范，水管全在地面上，不少管子还挡在路口，这给群众行路带来不便，特别是老年人，容易被绊倒。几乎，每个村民组都这样，钢管不入地，在地面上也不规范。

对此，群众和村干部反映过多次，但都没有效果。水管所仇所长解释说，安居自来水管是由市水务局发包给企业实施的，镇里没有权限管理。另外，安居村的自来水工程，没有安装计划，这都是打政策的"擦边球"，由水务部门与镇政府反映协商后，特意为安居村安装的。因为安居村为省级贫困村，情况特殊，所以就在没有任何准备的情况下进行安装的。

仇站长讲的目的，就是安居村自来水管工程，不是计划之内的项目，而是享受某种优惠的待遇。换句话说，此项目是专门照顾安居村的，安居村的群众要理解。

另外，安居村的这个项目，也涉及到验收，所以这段时间村里要尽快把还未交的费用，尽快收齐一并交给施工企业，让施工企业在短时间内完成安装。

针对这项惠民工程，有群众反映，交多少钱都没有问题，但最让他们担心的，还是水的问题，这水从哪儿来？水源地在邻村的八一水库，那点儿水够几个村的群众吃吗？如果没有水，这管子不是白安了？另外，如果八一水库不让外村人引用了呢，怎么办？更让他们烦恼的是，安装的水管不规范、不标准，要有渗漏谁负责？

大家都明白全覆盖式的自来水管安装工程很不容易，是上级特意为贫困村解决的，但是也不能因为是特殊照顾，就要让施工企业随便施工吧，自来水管安装，至少也有一个标准吧。如果以安居村是捡了"漏"的思维想问题，反而是好事干成了坏事，惠民工程不惠民，只安水管不出水，群众意见大，这又何苦呢？

▷ 安装得不规范的自来水管。

不赔钱，就住院

9月17日，星期四，阴

　　"你管的施工队老板，太不像话了。把我打了，人也跑了，我找哪个？"

　　晌午时分，团山组敖永清哭诉着跑来找我，要我一定处理好他与硬化公路负责人赵老板的矛盾。

　　"王书记，他赵温泽成什么体统？他硬化公路，占我的田，我去找他理论，没想被他的工人打了。他必须送我去医院，必须赔我钱，不然我就去医院住院。"

　　我立即联系在大土组为村里硬化组组通公路的负责人赵温泽。

　　赵温泽在外地，对敖永清被工人打的事，他是清楚的。他说，当时工人硬化公路时，不小心把砂浆弄到他的田里去了，敖永清就去闹。同时，敖永清说硬化的公路一部分是占他的田的，现在不许硬化。可是，不硬化这公路就达不到标准，再说，这公路是之前群众就已经修成形了，要处理也得当时处理啊，都十多年了怎么现在才提出来？再说，你要找也只能找当年修公路的群众或者村里啊，怎么找到硬化公路的人呢？他们就仅仅是硬化公路的，是按通组公路的标准施工。

　　赵温泽说，当时现场施工的工人向敖永清解释了很多，要他去村里反映，但他拒绝了，必须先阻工。施工现场，搅拌机已经搅拌了混凝土，如果一停工，材料就会浪费。于是，工人就上前劝阻敖永清，于是双方就发生了肢体接触，造成敖永清几处软组织受伤。

　　敖永清也说，是现场工人打的，工人已经跑了，现在的问题是，赵温泽必须负责。

　　我跟赵温泽说，"你跟我们硬化公路，我们村老百姓感谢你，但一码归一马，你的工人把我的群众打了，不管严不严重，都应送去医院检查。另外，你把工人招回来，把这事处理好。"

电话中，赵温泽说一定按王书记交代的办。他让敖永清先去医院检查，多少费用，他回来一并处理，包括医疗费、误工费等，一定解决好。打人的工人，立即让他回来，如果构成违法，一定追究责任。

我向敖永清转达了赵温泽的意见，敖永清却不服："一去医院检查就要花钱，这钱哪儿来？我身上没有，怎么办？"我向他解释："老哥一万个放心，人家都谈了，一定跟你解决好。没有钱，你想想办法先找人垫上，到时赵温泽全部承担。"

"如果去医院检查了没有多大问题，或者很快就出院了，那赵温泽要不要赔偿？"

"没检查出毛病，那还不好吗？你是想身体出问题啊？万一没有问题，他赵温泽也要赔偿你的误工费、交通费，放心吧。"

"要我说，他赵温泽赔偿了，给我道歉了，我也不会去医院的。他人不在，还想要赖，我就只有去住院了。过两天回来，我一定不会放过他们……"

埋怨声中，敖永清走出村委会往镇医院赶。

雨，怎么下到眼里

9月18日，星期五，雨

　　窗外，一阵雨声紧过一阵。室内，母亲躺在病床上，眼睛像是被雨淋过，眼里满是对我的关爱。

　　这是在城区医院的病房里。母亲因双脚骨质增生，双膝严重变形，走路相当吃力。通过检查，医生说，如果再不做手术，老母亲很可能再也不能走动了。想想母亲吃了一辈子的苦，想想她今后倘若不能走动半步，我心就难受。这回，必须送她进医院做手术了。

　　在我与弟弟的强硬要求下，母亲很不情愿地听从。

　　送她去医院，都是亲戚送的，而我，这几天一直守在村子里。今天我不得不来，医生说要在今天做手术。医生说，手术时间可能有点长，老人家可能有些害怕，所以作为她的儿子，必须来陪一陪。再说，做手术需要亲属签字，不然医生不给做。于是，今天一大早，我便冒雨从村子直往医院赶。

　　赶到医院，医生就要求我们做好准备，做好送母亲去手术室的准备。一听马上手术，母亲有些紧张——会不会痛呢？打麻药是什么滋味儿？没有尝试过呢！

　　"不会痛的，妈。很快就会好的，放心吧。"我一边劝，母亲却嘲笑起我来："我又没说害怕，你还反而担心了。你看你，晒得那样黑，不晓得你一天忙些啥子，连家都不回。"

　　窗外的雨，仍下个不停，像落在我与母亲心里的雨滴。母亲生了三个儿子，儿子们为了工作、事业，而今没一人守在她身旁。反而，是她守住儿子，儿子在哪个城市，她就被接送到哪里。

　　在医生吩咐下，我用担架车推起母亲，穿过一道道走廊，穿过被关爱的层层目光，最后将她送到手术室门口。

很快就要手术了。我担心她害怕，就跟她说，"妈，这里面的医生都是我的哥们，你在里面有什么要求，你尽管跟他们讲，不要客气。我们不能进去，只有你出来，我们才能见到你。"我哄母亲，其实，除了一名医生我认识外，其他医生我真不认识。

约莫十多分钟，手术室里的医生和护士来接母亲了。母亲被推进门时，我向她挥了挥手，但她躺着的，哪能看得见。

在母亲做手术时的焦急等待中，我突然接到村里的电话，说习水隆兴镇葡萄基地的支书带上企业老板来村里考察，想看看安居村能做多大的规模，如果恰当，他们会投资的。但是，村里熟悉这块工作的李主任外出学习了，村里要求我立即回去。同时，隆兴的支书点名要求我去向那家企业的老板作好介绍。

怎么办呢？母亲还在手术啊，我怎么向她解释？她要是出手术室见不到我，我今后怎么交代？可是，村里的葡萄基地打造，是我们村甚至是镇里都特别重视的项目，那家企业要真的看得上安居村，真来安居村投资带动这个产业，多好的事啊！这是一项难得的脱贫产业，今天若不回，机会肯定错失。

放下电话，我凝视起紧闭的手术室大门。我猜想，母亲这个时候，正在接受手术吧。她兴许是清醒的，兴许已经全麻了。也肯定在想，她出手术室后接她的，一定是她儿子，就像儿时我入院时，是母亲第一个接我一样。

可是，今天，儿子要辜负母亲的期望了。向其他人交代完母亲出手术室的相关事宜后，我转身就往雨中赶。

转身一刹那，我再也抑制不住，眼泪一股劲儿地往下掉。这回，我感受到的雨，不是滴在心上，而是落到了我的眼里，也可能落到了母亲的眼里！

位卑未敢忘忧国

9月19日，星期六，阴

贷了9万多元资金维修过的村委会办公楼，再也不会因下雨而担惊受怕了。

经过商议，我们还在维修后的村委会办公楼走廊上，装饰一些名言警句，以警示每一名村干部、每名党员，还有来开会、办事的村民。

名言警句不少，经过筛选，我们选了20多句，并把这些警句以图文并茂的形式，制作成精美的宣传品钉在墙壁上。在我的办公室门口，我特意钉上"位卑未敢忘忧国"的内容。

位卑未敢忘忧国，出自陆游《病起书怀》中的诗句，是说职位、地位虽然卑微，但也不敢忘记忧念国事。位卑未敢忘忧国，也是习近平总书记在《中央党校建校80周年庆祝大会暨2013年春季学期开学典礼上的讲话》中所引用的，同顾炎武的"天下兴亡、匹夫有责"意思相近，虽然自己地位低微，但是从没忘掉忧国忧民的责任，主旨就是热爱祖国和人民。总结了中华民族热爱祖国的伟大精神，揭示了人民与国家的血肉关系。

我把这句警句钉在自己的办公室门口，是在时时刻刻提醒自己，尽管是一个小小的村支部书记，但一点儿也不影响一个人爱党爱民爱国的情怀。古人都做得到，我们也应该做得到。现在的条件，应该比那个时代优越多了，更能使人爱国爱民的啊。在村里，我们的任务，就是脱贫攻坚，就是把一个村举在头上，老老实实地为群众办事，为5000多人办好应该办的实事，而不让他们失望，不让组织失望。

不求轰轰烈烈，只要立足安居村的岗位辛勤工作，多谋事办实事，不给组织添乱，就是爱国，就是忧民。热爱祖国有不同的表现，创造物质财富、精神财富，捍卫民族尊严，为国争得荣誉，维护祖国统一，发扬民族美德，等等，都值得赞美。

中国梦，是每个中国人的梦。我们从上学到就业、创业，尊严有保证、事业有成功、价值有实现，这是每个人努力奋斗的目标，它描绘出一个时代最为壮阔的梦想图景，更汇聚起一个国家最为持久的追梦力量。位卑未敢忘国，正是要求每个公民都为国家富强、民族复兴尽一份力。面对利益

▷ 门口的名言警句时刻提醒自己。

▷ 装饰一新的服务大厅。

关系调整带来的矛盾，面对思想观念多元的状态，特别需要全体中华儿女以共同之理想，凝聚共同之力量，以共同之奋斗，追求共同之目标。

安居村5000多人口，每个人都应该有自己的梦想，每个人都应该有自己的目标。安居村目前最为迫切的目标，就是让所有贫困户全部脱贫，让安居村减贫摘帽，让安居村走向小康之路。

可是要怎么才能实现这一目标与梦想呢?

这是我们每一名村干部要思考的，是我们每一名群众要思考的，也是党员干部与群众必须努力的。因此，我把"位卑未敢忘国"这句话，不仅仅是挂在墙上，而是刻在心上，为国为民，永不忘记。

可否花香，可否书香

9月20日，星期日，多云

安居村需要做规划，可如何做呢？

今天，我向有关市领导作汇报时，在自己的笔记本上记下心头的规划：看得见山，望得见水，记得住乡愁。在我心底，一定要把安居村打造成花香安居、书香安居。

花香，解决的是一个环境问题。安居村生态环境太糟糕了，森林几乎没有。没有较大的水源地，水土流失严重，只要连续干旱20天，村民连喝水都成困难。没有水，谈发展都是空中楼阁。所以，生态，对于安居村来说特别重要。花，反映的就是一个生态体系问题。

如果把安居村建得如花似玉般的漂亮，如花香一般的生态，你说这旅游村还发展不起来吗？肯定能发展得好。我思考，山上有林，山中有花，山下有湖，谁说，这种图景不美？

有花，生态一定美，生态美，景色美，就光发展旅游业，安居村富祉指日可待。所以，在我心里，不只一万次的问，花香安居，可否实现？

每一位领导来检查工作，我都首当其冲的汇报花香安居事宜。除了花香安居，我还一万次地推销安居村古村落的传统文化与建筑物。安居村历经风雨，唯有青龙山上修建于明代的城墙，依然屹立不倒；历经风雨，安居村深藏民间的最美故事，以及民俗文化，都如花一样的香呢。当然，还有自然景观资源也不少，单就地下洞穴奇特的地质地貌，都是旅游目的地啊。可是，有谁能发现它们呢？应该要让它们像花一样散发各自的清香与光芒。

除了花香安居，还应有书香安居！

不管村庄怎么落后，只要有人读书，这个村就有希望。每当去群众家，每当看到不少家庭墙壁上贴满的奖状，我都情不自禁地过问，也鼓舞他们奖状就是一家人的太阳，有光，有方向。

经统计，安居村现有在校大学生百余人，每年考上的大学新生，至少三四十人。不过，安居村的研究生太少，而博士，到目前为止就只有一人。想起博士，就让我想起余庆县松烟镇的博士寨。

这个寨子50多家人，却出了20多个博士。这个博士寨，所有孩子都是大学毕业的，家家户户都有研究生。这个寨子的人，打工挣钱不是买车买房，而是把所有钱全部花在子女身上，一定要让孩子读书。安居村要是能出20多个博士，这是多牛的一件事啊！

我还想到德国的一个小镇，叫哥廷根小镇，这个镇的人口没有三合镇的人口多，但这个小镇却出了数学家高斯、文学家格林兄弟，还有20多个诺贝尔奖获得者。这个镇为什么这样出名，书香为什么这样浓郁，其原因就是读书，读书，再读书。

读书，是门槛最低的高贵之举！如果读书，如果博学，如果研究，谁说我们安居村不是书香安居呢？解决书香问题，其实就是解决了希望，就是解决了智力扶贫、智力创造财富的问题。

可是，这要怎样才能实现呢？书香安居，不仅仅是脱贫致富那样简单，它还要有腹有诗书气自华那般美好。

写了这么多，过几天的汇报会，能不能把这些都向市领导汇报呢？——花香安居，书香安居！

不礼貌也是分家理由?

9月21日, 星期一, 阴

　　"你是明理人, 王书记, 你帮我一个忙, 我与儿子儿媳实在过不下去了, 这家, 必须分!"

　　团山组组长敖永清(一个组有两个敖永清)找到我, 要我去他家作中人, 帮他把家分了, 原因就是儿子儿媳不听话。

　　敖永清就一个儿子, 平时也没见闹架吵架之事, 怎么敖组长突然冒出要分家的念头呢?

　　带着疑问, 我与安居小学的赵一校长, 还有敖永清的兄弟敖永凯、邻居尤正刚, 一同去他家理家常, 看看这家究竟能不能分。

　　到了敖组长家, 儿子儿媳, 还有敖永清爱人霞嫂, 都一个劲儿地数落敖永清, 说他"神经", 如果他要分, 就分吧。

　　敖永清却指责儿子, 一年四季都在外边找钱, 可没看到一分钱拿回家, 娘家有酒席, 都向他要钱去吃喜酒。还有, 儿媳妇也很懒, 不劳动, 整得两个老的天天在山坡上晒。所以必须分家, 让他们自立门户。

　　"还有最后一个问题是, 儿媳妇从来不喊他。是爹还是妈, 总得有一个名称吧?"

　　敖永清数落儿子与儿媳一番后, 他的爱人就来了气: "儿子在外边找多少钱, 你是知道的。他在跟一个师父学泥水工, 哪儿有多少钱嘛, 学徒工工资低, 这是大家都晓得的。他要坐车不? 他要结交朋友不? 他要吃饭住宿不? 那点儿钱, 够自己开销就已经不错了, 怎么能有钱跟你拿回来? 你这老的, 出几分钱, 心情就不好了。你自己想想, 你给儿子那点钱, 也有我的功劳。"

　　"还有, 你说儿媳妇懒, 一天看不到在山坡上干活儿。这个不假, 但她哪有工夫下地?三个孩子,她能照顾得过来,就已经很不错了。你这老的,怎么这么多要求?还有,你说她不跟你打招呼,这是她的性格,慢慢的来嘛。"

听完老两口的描述后,小两口也向我们倾诉与父母的矛盾。

儿子说,父亲管得太宽了,跟他要点儿钱,心头就不安逸。再说,当时这钱是他心甘情愿拿出来的,怎么现在拿出来扯呢?一扯,就要吵架。还有,他身体不好,一生病,我们一家都心慌,都担心他身体,都担心他难受破口大骂我们。

儿媳没说什么,反正就是要分家,这个家必须分,实在过不下去了。儿子也想分家,准备在三合街上租房子,把三个孩子送到镇上读书,想怎么过就怎么过,免得总是与父母闹矛盾。

不一阵,霞嫂也做出决定,年轻的要去,就让他们去吧,这个家装不下你们,他们该分什么,该拿什么,他们自己动手。

见一家人道出的矛盾,我与其他人都做起思想工作,"你们这个家有什么可分的?你敖永清找钱是为哪个?你就一个儿子三个孙子,找钱不给他们用,你找来干什么?"

敖永清是组长,是村小学的安保人员,还有爱人在村小学当厨师,两口子每月收入超过5000元,加之两口子养猪种高粱,一年算下来,至少十万元收入,家庭是比较富裕的。所以大家都说:"你这么多钱,存在银行干什么?不为儿女,为谁?"

还有,为这点儿矛盾就要分家,至于吗?大家说着说着,敖组长突然称,让他最为肝火的是,儿媳妇不给他"取名字",也就是从没喊过他"爸爸",不礼貌!

讲到这里,儿媳妇不服气了,我怎么不礼貌?我是喊过你的,可你装听不到,还有,心头一有事,就在家里闹,我就感到别扭,就不想跟你打招呼。

原来,敖组长要与儿子儿媳分家,根本原因是儿媳妇不礼貌。

大家笑起来,你这敖大哥,演的是哪一处?这也是你们分家的理由?当然,大家也批评起敖组长的儿媳妇,要她一定尊重老的。

　　然而，年轻的，铁定要分家了，不想在家里跟父母增加麻烦与负担。一听说儿子儿媳要在街上租房住，并将三个孙子接去镇上读书，敖永清又舍不得了，他悄悄跟我说，希望年轻的把孙子留下来在村小学读书，不然他看不到孙子，心里空落落的……

　　这家人，这父母，刀子嘴，豆腐心。

三个字：不容易

9月22日，星期二，雨

今天，期待已久的中共仁怀市委组织部游部长，终于到我们安居村调研了。此前，我去她的办公室汇报工作，我曾邀请她来安居村检查指导我们的工作。她当时答应，一定来安居村。

游部长说到做到。今天，她与我们安居村的包村县级领导、市经济技术开发区何主任一行，在我们安居村深入了解脱贫攻坚工作，以及党建工作。冒着细雨，游部长与何主任一行，先后查看新寨组的断头公路建设，并到贫困户家中了解情况。

现场检查完脱贫工作后，游部长一行在村委会会议室听取镇村两级工作汇报。

听完汇报，游部长说，今天了解安居村的驻村工作和脱贫攻坚工作后，我最大的感受是三个字：不容易！

第一书记从一个新闻宣传工作人员，转身为一名贫困村的驻村第一书记，从新闻记者到一名村干部，跨行特别大，但这种勇气值得学习，同时还干得相当不错，获得不少群众的称赞。当得好好的记者不干了，非要剑走偏锋，到一个贫困村任职，这是在自找苦吃，这是在难为自己。能走出这一步，不容易，能干好村工作，不容易。这种精神，难能可贵。

人社局本身工作就相当繁重，但他们顶起工作压力，依然派出两名干部到村任职，并为村力所能及、全力以赴地办实事办好事，这也相当不容易。驻村干部精神，值得我们每个人学习。

村两委的同志也相当不容易，为支持驻村干部，为抓好脱贫攻坚，他们包容对村工作不熟悉的驻村干部，想方设法为驻村干部解决生活上的困难。村干部以大局为重的胸怀，更不容易。脱贫攻坚战场，大家的工作都相当重，对不熟悉农村工作的驻村干部还如此接纳并同吃同住同劳动，真的不容易。

游部长还就镇里的工作作了点评。她说，书记与镇长对镇里、村里的工作如数家珍，表明工作相当扎实，是在用心用情开展脱贫攻坚工作与党建引领扶贫工作。

针对安居村发展规划，她觉得，设想很好，敢想敢干，成功一半。一旦目标确定，就要死拼到底。同时，要有对比，对比全市全省或全国哪个村来做榜样？紧盯目标，紧盯一流，就是一个特别好的开端。群众除了要求我们村干部要干平常的业务工作与实事外，还要把一个村带起来朝着目标奔跑，这样，一个村才发展得起来，群众才看得到希望。

安居村的定位，一定要精准，一定要符合安居村实际，当然，安居村是有条件的，特别是传统村落与古城堡遗址，是有历史资源可挖的。定位弄准确后，就要一鼓作气干下去。

游部长最后说，一句话，大家都不容易，所以我们脱贫攻坚和乡村一线的奋力拼搏，才显得珍贵。

何主任对安居村的工作也给予肯定。他说，安居村一定要先人一步，一定要敢想敢干。定了目标，就干到底，干不成功誓不罢休。

会上，两位领导还就安居村其他发展事项，如人力资源问题、村干部管理问题、旅游公路建设问题、脱贫户建档立卡管理问题等，都提出了好的意见和建议。

散会后，细细品味游部长"不容易"的话，我也思索起走过的路，这路，真不容易。贫困村工作，苦辣酸甜样样都得通吃，未来，还有更苦更咸的日子，一定会等在那里。

安居村专题会，很"专"

9月23日，星期三，晴

　　昨天，市两位领导到安居村调研后，为贯彻落实两位领导的讲话精神，镇党委于今天上午召集村班子成员、驻村干部和镇班子领导，专门研究安居村的发展规划。

　　专门为一个村开专题研究会，这是我驻村以来的第一次。看来，安居村的发展建设，已引起镇里的高度重视。

　　专题会上，镇党委胡书记说，遵照昨天两位市领导的讲话精神，安居村的定位究竟是什么，大家要大胆地提出来，不要担心不能实现。当然，这里也不是让大家天马行空的讲一通，而是要切合实际。安居村的定位很多，包括脱贫攻坚、基础设施、产业发展、文化旅游、党的建设等等，大家都讲一下，都提一下，未来如何发展。

　　安居村有较好的天时地利与人和，大家都给予很高的期待，不能停留在口头上、规划上，而要以实际行动干起来。

　　安居村的定位，还应该遵从堰塘联村党委的实际做规划，也就是抓农旅一体化的发展，这样比较适合。同时，还要大抓村级集体经济发展，从根源上解决村一级没钱办事的问题。

　　安居村的规划如何做呢？我也认同镇里提的意见，搞农旅一体化发展，但如何发展呢，从哪些地方入手？没有规划，都停留在口头上。我觉得，我们今天就谈大的框架，细节的问题，就交由规划部门来做。规划部门规划出来后，我们再分期分批的落实。通过五到十年时间，一定让安居村发生根本性改变。我们提的童话村庄，可以一试。

　　我说，游部长让我们对标来干，那好，我们就对标华西村。我之前曾提过，东有财富华西、西有童话安居！不仅找到了对标的村，还找到了自己的定位，同时把此话作为安居村的对外宣传语，是多么好的事情。可是，当我一提出来，就有人反对，说我好高骛远，总在吹牛，一个贫困山村，怎么敢与华西相提并论，人家那是天下第一村。一听到别人这些话，我就泄气了——是他们不懂，还是我真的空话大话了？

所以，会上，我保留我的观点，我就说了几个字：对标，就是华西；定位，就是中国式的童话村庄。

我们村里来的干部，也谈了自己的想法。李云凯主任说，干旅游村是一件很好的事，但就是生态太差了，所以应该先发展经果林。经果林可以考虑鲜果类的，或坚果类的，当然也可以考虑油茶，一来可以观赏，二来有经济收益。水产，也应该要干，还有经济收益。

驻村工作组副组长王安龙说，安居村首先要解决集体经济发展问题。现在安居村为"空壳村"，账上没有一分钱，可上级要求我们今年不低于10万元的集体经济积累。只有几个月时间了，这10万元从何而来？当然，年底有一些高粱种植补助款，但那算集体经济收益吗？

驻村工作组长梁云洪也谈了自己的想法，就是规划问题。他说安居村应该有自己的定位，也应该有自己的规划。没有规划没有定位，我们所有干部，干起来就没有目标。所以尽早定位，尽早规划。我倒觉得，王书记提的定位是可以操作的，就按照古村落、中国式童话村来打造，这是很新的一个理念。无论什么发展，都围绕这一定位这一主题来干，肯定能成功。

镇党委张副书记会上说，安居古村落有没有优势，干得起来不？如果有古的元素，这个思路应该是可行的。脱贫攻坚、产业发展等，都围绕这个主题干，肯定可行。但是，这需要大量的时间与空间。要是你王书记干几年就走了，这个愿景能实现吗？如果你能沉下来十年八年，我看这个童话村庄，是可以干的。

戴镇长在会上也发了言。他说，安居村有一定局限，古村落古元素也不多，不能就看到山上那几个石头堆堆，就认为可以玩旅游了。安居村偏远，就算有好的旅游元素，交通也是一个瓶颈。还有，干农业，大家提到的稻田养鱼、生态种植等等，是可以干的，但一定要作好失败的心理准备。我在基层干了这么多年，我了解的农业项目，大多数是以失败告终。至于安居村的定位问题，我觉得现在提不切实际，先把脱贫攻坚的事干好了再说。

看来，今天这会，不是安居村定位的会，是安居村脱贫攻坚会。会上，村干部王国坤副主任小声嘀咕。

最后，胡书记发话了。安居村的发展，一定要围绕三合镇党委政府提的思路来统筹，发展一定要服从三合镇的发展，当然，也要抓出自己的特色，比如大家提的写生创作基地，就是一个好的思路。关于定位规划问题，要做到近期规划与远期规划相结合，边走边规划，这样更切合实际一些。当然，也不可能不要规划和定位。昨天市领导都讲得很清楚了，要对标，要定位，要规划，这样大家干起来才有方向，才有信心与决心。

专题会最后，胡书记安排了几点工作，包括安居村的水产养殖、葡萄种植、一事一议公路建设等，都作了部署，要求安居村抓早抓细抓好。

安居村定位与规划专题会历时三个多小时后结束了。这个会，真的很"专"，都让大家谈了自己的想法和工作思路，都让大家作了发言，都"专"在当前的工作上，对定位对规划，还是满足于说说而已，至于如何定位、如何规划、何时启动，没有下文。

集体经济"诸葛会"

9月25日,星期五,阴

    为安居村的集体经济发展,镇政府戴镇长一行,今天专程到安居专题调研。

    安居村为"空壳村",除每年有一定有机高粱扶持款外,其他没有任何收益。所以,戴镇长、张副书记一行到村里,与我们一同研究集体经济积累的问题。

    从目前情况看,安居村就只有葡萄种植与水产养殖这两项产业在做以外,其他没有任何有收益的门路。所以,这引起上级部门的重视。

    调研会上,大家各抒己见。

    村主任李云凯说,如果将葡萄纳入集体经济管理,这是一个好项目,今后除了为农民带来收益以外,还能为村里带来收益。可问题是,前三年葡萄不挂果,收益从何而来?不仅没有收益,还要投入。最直接的是,搞水产养殖。爬海溪和村委会门前的稻田,可以修成鱼塘,可以从四川买鱼苗放在塘里养,然后放钓收费。可问题是,没有买鱼的钱。

    接过李主任的话,我说,就因为没有钱,我们才寸步难行。目前,退耕还林中的核桃养护每年有一定资金,这笔资金可否划给村里,由村干部代管收取费用而积累村级收益呢?可是,群众愿不愿意干呢?另外,我们可以联系村里的养牛大户,由村里买20头牛进去入股,年底分红。可20头牛,少也要10万元,这10万元,又从哪儿来?门路有,筹款的门路却很难行。

    驻村工作组王安龙副组长也谈了自己的观点。葡萄种植可以操作,但是没有资金,有人就主张贷款,我认为,贷款干不得,农业产业周期长,见效慢。如果要干,就干水产放钓,这个见效相当快。从外地购小鱼放进鱼塘里,养殖一月半载就可收益。

驻村工作组长梁云洪对水产养殖以及放钓，始终不抱过多的希望。他说，就算从外地购鱼放钓，可有谁来钓呢？有谁知道安居这个地方有鱼可钓？另外，修塘的钱呢，从何出？可能，稻田养鱼，应该是一条出路。这个成本低，见效快。

我也接过梁组长的话，稻田养鱼项目是可以，可问题是目前绝大部分的田都是干的，要打田需硬化田坎，这笔费用从何而来？还有大多数村民都进城务工，谁来干？缺乏劳动力，也是制约发展的一个因素。如果硬化田坎与打田都承包出去，养殖种植都请人干，这个成本更高，搞不好老本都要亏完。

这也怕那也怕，那怎么办？李主任在我说完话之后补了一句。

这时，戴镇长发话了。一句话，干农业经济也就是安居村的集体经济，不能一味地乐观，这里面的苦楚肯定是有的，压力也是很大的。可不干又不行，这是一个村级班子能力提升的要求。听大家这样说，针对安居的村级集体经济，真的很难找到一个恰当的项目。目前安居村最稳定最成熟的，就是有机高粱种植。村里能不能流转土地种植有机高粱呢？大家思考一下。

这个当然可以，可问题是，流转费用以及劳动成本，谁出？不可能村干部去耕地种地吧，平常业务工作都干不完啊。监委主任张应科说，这个一定要考虑清楚，当然，高粱确实可以带来效益，这个技术要求也不高。

陈副镇长也为安居村集体经济献计献策。他说，能不能将目前开建的葡萄基地，由村里成立公司或者合作社承包过来干？农民就带土地入股，管理与销售，都统一由村公司完善。或者，招商引资来干，或者让有经济能力的大户或外地公司进来干，村集体与农民一道分红，这样既确保农民与村集体的收益，还保证了投资方的收益。

可问题是没有人来投资，我们都把话放出去很久了，也主动邀请了安居村在外的老板进来投资，可没有用，没人愿意进来。

听了大家的发言，镇党委张副书记也忧心忡忡，安居村当前的村级集体经济确实是一个难题，别说安居村，就是有区位优势的苍龙、五马等地的现代农业园，见成效的都非常少。他们发展的村级集体经济，主要还是靠第三产业。安居村能否考虑第三产业的发展呢？兴许这是一条出路。

见张副书记一说第三产业，我想到的就是能不能在安居搞一些农家乐？可是，这农家乐，谁来消费？归根结底，还是要发展旅游业吸引游客。可是，一讲到旅游发展，这又是一个漫长的话题。

......

说了无数的话，讲了无数的想法，但最终都没有结果。最后戴镇长宣布散会，待今后再行研究，让大家再做思考，争取短时间内有好的点子出现。

养儿何用，养儿何用

9月26日，星期六，阴

　　母亲在医院做膝盖骨质增生手术已经七八天了，可我在当天送她进手术室回村里后，就一直都没再去看过她，今天，无论如何也必须去医院了。来到中医院骨科病房，我立即向母亲打招呼，立即向她赔不是。

　　一听是我声音，母亲立即将脸转向里侧，不理我。见我留在床边，见我好一阵都没出声，母亲才将脸转过来问："你那么忙，来干什么呀？你的工作重要，村里的群众重要，你回去吧……"

　　我不敢有任何言语。母亲停了停，又继续指责："都说'养儿防老、积谷防饥'，我养的儿防我什么了？养你们兄弟几个，个个都不在身边，我依靠谁？把我送进手术室，你丢下我就开跑。幸好不是兵荒马乱，幸好不是打仗，不然我就是给你们挡子弹的……养儿何用，养儿何用哟！"

　　母亲长叹一声后，又将脸侧向一边，又不理我。我始终没敢吱声，知道母亲不会责怪很久的，待她心情平静后，我再向她解释。

　　那天，因为村里有特殊事情脱不开身，我将她送进手术室后就回村里了。我得知，母亲当天的手术做了四个多小时，回到病房不见我，加之麻药失效后的剧烈疼痛，让她火上浇油地埋怨，养儿何用，养儿何用啊！那天，她痛得在床上不停地翻滚，痛出的汗水都把全身衣服浸透了。病床上，她呼天喊地，说是我有意害她，害她痛不欲生啦……

　　怎么会不痛呢？60多岁的老人，被医生活生生将一条腿的膝盖骨全部割掉，并接上人造的骨头，然后缝合。四个多小时的手术，谁都猜得出有多么痛苦。

　　回想这里，我不由自主为母亲的脚底按摩起来。

　　母亲没有反抗，也不再指责，似乎原谅了我。我知道，我是她心头的痛，有什么痛能超越痛儿子的呢？再大的年纪，都是母亲心中长不大的孩子。

　　抚摩母亲苍老的肌肤和变形的脚趾，感受她脚底散发的温度，就想起小时候母亲为我冻僵的小脚抚摩取暖时情景——那时，我感觉到，母亲的手好粗糙，可又那么温暖有力。而今，抚摸母亲的双脚，感受粗糙的人，依然是我。

　　再也抑制不住，一转身，我含泪冲进厕所，瞬间泪流满面。这眼泪告诉我，父母在，人生尚有来处；父母去，人生只剩归途。

当得好村支书，未必当得好父亲

9月28日，星期一，阴

　　女儿已经上幼儿园一个多月了，目前为止，我没有接送过她，都是她妈妈、外公外婆接送，我心里肯定有愧疚感。这种愧疚感今后肯定还会有的。长期在乡下，长期在脱贫攻坚一线，哪里有时间接送，就是简单的陪一陪她都难。

　　昨天，她的老师通知我，要我必须去开家长会。老师称，这次家长会相当重要，对如何教育孩子很有帮助，授课的都是幼儿教育专家呢，很难请来的。作为家长，必须对孩子负责任，你不负责，你就不应当把她带到这个世界。

　　老师说得有理。我请了假，第一次去参加女儿的家长会。

　　会上，所有家长都认真记录起幼儿教育专家讲述的内容，包括孩子的习惯养成、文明礼貌、身心健康等，讲得非常实在，也很有用。孩子的成长，一定与家长有关，家长，才是孩子的第一任老师，也是孩子最好的老师。

　　我认真记录起老师讲的内容。作为家长，要给孩子创造一个和谐、温馨的家庭环境，如果夫妻俩长期不和，吵吵闹闹作为家常便饭，那么会让孩子生活在一个没有爱的世界里，在他（她）眼里只有你们无休止的"战争"，会因你们的争吵惶恐不安，从而导致孩子胆小、懦弱、自我封闭的性格。

　　做个正直的人。不管在什么时候，父母都应该把堂堂正正的形象留在孩子的心目中，这也是做人的起码要求。家长在处理表现一个人人格高低的大小事情时，始终别忘了旁边有一双明亮的眼睛在注视着你的一举一动，如果你的贪婪、自私、斤斤计较、占小便宜、欺软怕恶、吹牛皮说大话、乱穿马路、随手扔垃圾甚至违法乱纪的行为都会对孩子产生极大的影响，一但当他（她）懂事，知道是非的时候，会让孩子产生自卑、自暴自弃的性格，他（她）会为自己有这样的家长而感到无地自容，自觉低人一等。

做个有使命感的人。责任心是一个人有教养的体现，这是世界上人与人之间的关系除情感以外的另一条纽带，家长的责任感和使命感都会对孩子起到潜移默化的作用。在家对父母是否孝敬，在工作中是否尽职尽责，在社会上是否予人玫瑰、与人为善，家长是不是勇于承担责任，等等，都会影响孩子今后会不会成为顶天立地的人。

做个诚实守信的人。言行一致是家长取信于孩子的前提，不要以为孩子小就可以说话不算数，不要轻易向孩子许愿表态，凡是对孩子的承诺一定要兑现，一时做不到的，必须要给孩子解释清楚。作为家长，要求孩子做到的必须自己先要做到，做出表率。诚实守信，是参加社会竞争的必要意识。

做个守时履约的人。孩子的生活、学习应该要有一定规律，安排好今天做的事，没有特殊情况一定不能拖到明天去完成。作为家长，特别是有孩子和你一起的情况下出去做客或者赴宴参加聚会等，一定要守时履约，不要迟到，让孩子从小养成很好的时间观念，懂得尊重他人。如果家长在生活工作中呈现给孩子的是拖拉、失约、迟到、懒散的形象，那么孩子的将来就是你今天的缩影。

做个敢于认错的人。是人都不可能不做错事，同样，作为家长也不可能是完人，那么当家长做错了事后就要勇于承认自己的过失并纠正。不要以为在孩子面前认错就是降低威信，于是强词夺理甚至打骂来镇住孩子。要知道，昭然若揭面前混淆黑白才是可悲愚蠢的，才是最失威信的。错了就改，改了就是好样的，哪怕是对儿女，让孩子从中感受到，是真理的永远是真理，而不是诡辩就能改变的。

老师讲得多好啊！可是，我做到了哪一条呢？其实，哪一条都可以做得到，但长期在村里，长期不能陪她，哪一条也做不到。

我敢说，长期在村里，长期坚守脱贫攻坚一线，为群众奋不顾身、义无反顾地干，完全可以干得好一个村支书村干部，包括其他工作岗位，一心为党为民，也是完全可以做得到的。但我们自己的小家、自己的孩子，能照顾得好吗？特别是孩子的培养、孩子的成长教育，不是一天两天，可你不陪她，她又一天天在长大。我们很多为党为民的国家公职人员，一定有为了工作，而忽略家庭的。

一直回味，当得好一个村支书，未必你就一定能当得好一名好父亲。任何家庭任何人，都有得有失，古有忠孝难两全，今有民事与家事难两顾。想起女儿，心中泛起一阵酸楚！

古城堡脚下的新图景

9月29日，星期二，多云

  安居村青龙古城堡遗址，在山顶上已经屹立四五百年历史，也见证了山脚下的历史变化。山脚下，除了房屋、除了公路，似乎山还是山，土还是土，农民依旧日出而作、日落而息。据80多岁的老年人讲，山脚下以及山顶上，几十年前还看得到森林，后来砍伐过度，导致现在找不到一片树林，山坡上的绿，绝大多数都是草丛与灌木丛。

  而今的古城堡山脚下，通过财政一事一议项目工程，我们正在进行葡萄产业的发展建设，正在进行村民房屋的环境整治，正规划建设乡村博物馆、农民休闲文化广场等。山脚下的梯田，也将被改变其用途，由单一的水稻种植，到多产出的稻鱼共生或产值较高的水产养殖田。

  古城堡山脚下，似乎正在展开一幅美丽的图景。尽管目前不能带来村集体经济收益，尽管目前不能给群众和贫困户带来短期的增收，但几年后，这里一定会带来收益，一定会让他们的环境得到改善，特别是房屋改造，都会使这里发生变化。

  山脚下的贫困户张应超说，这辈子就没想到这个地方会有这样的改变。他心想，农民的工作就是种地就是养猪养牛，哪里会想到这里还会建葡萄园，哪里会想到连圈舍都要被改建得漂漂亮亮的，哪里会想到几十年前用过的织布机会成为村博物馆的文物。这些变化，是超哥不曾想过的。

  古城堡山脚下，一幅新的图景正徐徐展开。我们也想，除了这个地方，其它地方可否也有这样的图景呢？除了我期待，其他人以及所有群众，都期待这样的图景。

  安居村要能处处都有新图景，处处都是干净美丽的环境，处处都是童话般的诗意，该是什么样的画面呢？应该聚集了很多人，很多游客，还有笑得合不拢嘴的村民。他们幸福感十足，都感觉生活在安居村，原来是多么幸福的一件事啊。你看，山顶上有林、山中有花、山脚下有果有水，房屋全是别致的艺术房屋，你说这图景，多有画面感，多有幸福感，多有存在感，多有仪式感！有这样的旅游产业，你说安居村村民、安居村集体经济，能没收益吗？

未来的安居村，一定会像古城堡山脚下的图景一样，一定会处处散发出美丽幸福的光亮。只是，这需要时间的沉淀，需要持之以恒的精神。

▷ 在建葡萄基地成为安居村新图景，也成为脱贫攻坚其他帮扶单位的帮扶地。

别担心，不结葡萄我负责

9月30日，星期三，多云

    由于要尽快建好古城堡山脚下的几百亩葡萄园，我们邀请习水县隆兴镇的万亩葡萄基地技术人员、葡萄园党支部副书记袁光理来我们葡萄基地作技术指导，希望再作进一步检查，再次确认安居村的土壤与他们村的土壤、海拔高度、气温气候、土壤含水量等是不是一致的，如果区别太大，我们就不用种他们村的水晶葡萄了，就要考虑适合安居村的其他葡萄品种。

    来到村里，袁副支书连抽一支烟的工夫都没有，就立即想去正在建设的葡萄园看看。他说，如果确实不符合习水水晶葡萄的生长习性，他会及时建议我们改种其他品种，免得耽误季节。

    在葡萄基地里，袁副支书抓了把土壤看了看，也用鼻子闻了闻，同时也了解起这里的海拔高度与气温气候情况。不一阵，现场栽葡萄桩和整治土地的群众也纷纷围拢过来，听袁副支书介绍葡萄种植情况。

    见大伙儿渴盼的眼神，胸有成竹的袁副支书斩钉截铁地说："你们这个地方，非常适合种植水晶葡萄，气候、海拔、土壤，都比我们那个地方合适。你们放心，如果种水晶葡萄不挂果，没有收益，或者收益不高，我负责，我承担一切责任！当然，你们也要按我的技术要求栽种与管护。"

    见大家还是疑虑，袁副支书说："我栽种葡萄已经十多年了，我懂得水晶葡萄的习性，你们听我的，如果出了问题，我承担。当然，我不是为了推销我们村的葡萄苗，而是真真切切想让安居村把水晶葡萄发展起来。再说，你那点儿葡萄苗也没多少，一亩地就80株，苗钱也不过两三百元。你们如果怀疑我是为了推销水晶葡萄苗，你们也可以到另外的地方去选苗的。这个没关系，我想的是，希望你们尽快发展起葡萄来，让大家都有好的收益。"

袁副支书一席话，使在场的村民信心十足，都觉得袁副支书确实是帮助咱们。教学现场，我也为群众提气：大家尽管放心，有袁副支书的技术保证，有袁副支书的承诺，我们还担心什么？目前最要紧的事，是大家一定要按袁副支书的要求打窝、松土、施肥、浇水等，如果哪个环节偷懒，葡萄也一定跟你偷懒。

鼓足群众信心后，大家又提出难题："王书记，葡萄三年后如果挂的果太多，几百亩葡萄，上百万斤，卖给谁？"

不结果，大家担心，结了果，大家更担心。我理解大家的想法，于是跟大家打气："今后卖水果，我们村里负责。袁副支书也说，如果果子滞销，你们可以走两条路，一是我让我们基地水果贩子来帮你们销，这个一定帮助，咱们都是贫困村，两个村联合发展很有意义。二是万一你们都担心我说谎，葡萄万一都卖不出去了，你们还可以把多的葡萄酿制成葡萄酒或葡萄汁，这个技术，我负责教你们，很简单的。酿制葡萄酒，价值更高。"

大家还怀疑吗？所有群众思前想后的难题与困惑，我们在现场都为他们解答了，大家的思考也渐渐清晰起来，干劲儿也越来越足。

农民发展产业的积极性，其实有时要靠我们干部给予肯定，以及干部的担当。干部有信心，群众才信心十足。

四个 "老师" 一堂课

10月8日，星期四，阴

　　我们村里开办的农民厨师培训班，很快就要结束了，可我向学员讲些什么呢？60多个青年农民，近两个月的集中学习与培训，除了学习烹调技术，他们还有思想交流，还有建立起来的乡村情谊。

　　我怕我去跟他们讲不好，我怕我一个人的祝贺达不到目的，于是去镇里向张副书记、唐副书记请求救援，请他们一同为农民培训班的学员给予勉励，也让培训老师感受到镇领导对这个培训的重视。

　　两位镇领导很关心安居村的工作，对安居村60多名农民的厨师培训班也曾多次过问，除了要求我们要管好每一名学员外，还要为他们搞好服务，不能让任何一名学员学而无术、徒有虚名。

　　来到厨师培训班，张副书记、唐副书记一走进教室，学员们就响起热烈的掌声。走到主席台，我逐一向学员介绍两位领导，并请他们为学员讲讲课。

　　张副书记开口就来。她说，希望学员谨记老师教诲，毕业后把技术用活用好。就算不开餐馆，就算不当厨师，那至少要自己做饭做菜吧。要做，就要认真，就要仔细。这门技术，是国家惠民政策带来的，过去在厨师学校学技术，是要缴学费的，而且不少，一交就是几千元。大家今天能获得这个技术培训，是因贫困村享有的惠民政策，大家来学习烹调技术，不仅不交学费，还可以免费考试拿证，还可以享受每人每天几十元的生活补贴。这么好的事情，都让大家遇上了。当然，我们还要感谢人社部门领导的积极争取，才使这项培训得以落实。也要感谢培训老师和村班子几十天来的付出，才使这个班的培训能顺利、圆满。

　　张副书记讲完后，我又邀请唐副书记跟大家勉励勉励。唐副书记是市里引进的高技术人才，在镇里的挂职副书记，也是安居村带村领导，分管镇里的食品安全与项目建设。对安居村的厨师培训，他关心也不少，也曾来培训班检查指导过。所以，他对大家讲的依然是，今后你们无论到哪里，只要与吃的打上交道，就一定要讲卫生，这不是开玩笑。有句俗话叫病从口入，说的就是卫生问题，说的就是食品安全问题。不卫生的食品，一定要清洗干净；不熟的食品，一定要煮熟；变质变味的食品，一定要扔掉。

听两位领导的"课"，学员连连点头，他们觉得，唐副书记讲的，怎么跟培训老师讲的差不多呢？我说，人家唐副书记是学食品工程的，当然精通喽。

▷ 在厨师培训班上为学员上课。

两位领导讲完话后，我又请驻村工作组王安龙副组长也来两句。见王副组长推辞，大家鼓起掌来，弄得王副组长不得不讲了。他说，希望大家毕业后，开餐馆、当厨师，把生意做好做红火。你们开餐馆当厨师，我一定来消费来捧场。

他们都讲了，我当然也免不了讲两句。我说，未来的安居村肯定是旅游村，一有游客，就必然要吃饭，这就离不开大家的手艺了。就算安居村搞不成旅游村，至少你们可以去餐馆当厨师吧，工资相当高，五六千元一个月。大家除了做好老师教的常规菜品外，你们也可以试着研究新菜品，研究独特的菜品。一旦研究成功，一旦有人爱上，你们就成功了，就是你们的招牌品牌。其实，我们吃的菜，都是古人研究并反复做的，今天我们是否也可以研究研究没有人吃过的菜品呢？西瓜皮有没有人拿来炒腊肉，狗儿豆能不能拿来炖狗肉，牛皮菜能不能拿来炒牛肉，等等，大家都应该大胆地去尝试，如果成功，就是你的特色菜。

见我讲起创新菜品，学员们都兴奋地笑起来，原来我们吃的菜，是通过反复尝试得来的，菜品也是可以研究的。

就这样，厨师培训班的农民课，在四名"老师"的授讲下结束了。讲了这么多，可有多少学员能记得呢？今后能发挥多大的作用？师父领进门，修行靠个人！

蔡回强回来了！

10月9日，星期五，晴

　　"蔡回强回来了！王书记，你去看看，彭卯秀昨天晚上被吓跑了，至今没有归家。"

　　一大早，团山组组长敖永清就到我住的地方给我说，一定要让我去看看，免得彭卯秀家出事。

　　"蔡回强回来了，这一定是一个不清静的事。"敖永清反复强调。

　　蔡回强40来岁，是一个刑满释放人员。敖永清说，他已经"进去"几次了，每次从监狱出来，都要回家弄得一家人不清静，就要与家人闹上几天几夜，也让周围群众防着他，怕他拿了东西或使坏。

　　蔡回强从小不学好，经常小偷小摸，也因此被家长教育打骂，派出所对他进行多次教育。再后来，蔡回强外出务工。其实务工他根本干不下来，到哪儿都改不掉"摸东捞西"的习惯，甚至抢劫。因此，他经常"进去"，不"进去"不习惯。

　　据敖永清说，昨天晚上，蔡回强突然出现在彭卯秀家门口，这让彭卯秀吓了一跳。尽管口头打着招呼，但心里非常担心。坐了不一会儿，蔡回强就让彭卯秀滚，不然就要杀她。说着说着，蔡回强就找刀去了。趁机，彭卯秀吓得逃跑了。

　　彭卯秀是蔡回强的弟媳，她与公公蔡聪奇、一个儿子和两个女儿相依为命，生活过得很艰辛，是村里的贫困户。她的丈夫蔡回均，前几年因犯故意杀人罪被依法追究刑事责任，目前还在监狱。

　　蔡回强与蔡回均是同胞兄弟，因违法犯罪，兄弟俩被追究刑事责任，这在安居村是罕见的。两兄弟的所作所为，都令群众心寒，觉得这两兄弟对家庭不负责任，对老的、小的不管，而让彭卯秀一个女流之辈操持整个家庭。彭卯秀的苦楚，左邻右舍都看在眼里，痛在心头，适当的时候，大家都给予关心帮助。

彭卯秀是个勤快人，不仅操持家务，还挣钱改造房子和居住环境，尽最大的努力让家人过上安稳日子。

然而，蔡回强一回来，一家人处境就变了。蔡回强之前回来，也是找各种理由逼彭卯秀滚蛋。知道蔡回强是无理取闹，也担心他行凶伤及年幼的孩子，彭卯秀就忍让，就选择逃跑。一段时间后，蔡回强走了，或因犯法被公安机关抓捕后，一家人又才清静下来。

昨天晚上，蔡回强刑满释放回到家也是如此，以彭卯秀修房子占了他的宅基地为由，要彭卯秀必须滚出门。一家人，又陷入困境。父亲蔡聪奇是个老好人，对儿子蔡回强的所作所为也无力劝阻，更搭不上话，任由儿子胡来。彭卯秀的三个孩子都小，哪敢与他争执。

了解情况后，我立即召集村干部和驻村工作队员，立即去彭卯秀家。

到了彭卯秀家，家中除了蔡回强与父亲蔡聪奇外，其他人都不知去向。一见村委会来人，蔡回强就吼起大话，说兄弟媳妇占了他的宅基地，村里不管，村里必须赔钱，或者由村里给他找住的地方，不然就天天去村里闹。还有，他想搞养殖业，村里必须将他列为帮扶户，给他买羊修圈，他想发展。

这是什么话？弄得大家都笑了，也感到很意外。

通过了解，蔡回强前些年就与兄弟蔡回均分了家，三间土坯房，一人一半，通过抓阄方式分的。彭卯秀现在住的房子，是她与蔡回均将属于他们的半头土坯房拆除后重新修建的砖混房子，这是大家都知道的事，蔡回强回来说房子是他的，纯粹属于胡闹。

对于这样的人，我没有客气，而是态度鲜明地跟他讲："你如果还要在这屋里胡搅蛮缠或者恐吓一家人，你应该知道后果的严重性。另外，你提的你兄弟媳妇占你的宅基地一事，这是大家都知道的，根本没有的事，你的土坯房子，现在还在的，你可以到你的房子里去住。当然，你也可以暂时住在你兄弟媳妇这里，但必须要取得你兄弟媳妇的同意。"

"关于你要求村里跟你解决住房的问题，目前村里没有这个能力与权限，这要向镇里汇报，由镇里来答复你。把你列为贫困户发展养殖业的事，这个也要通过评审，不是我们说评就评的。如果评上，当然可享受国家扶贫政策。这些都不要紧，要紧的是，你能在家里待上多久？如果你胆敢胡来，你应该知道违法乱纪带来的恶果。"

我与村委李云凯主任等正与他说话时，他一闪就出了门，并夸海口，说自己什么都不怕，不管村里镇里，还是派出所，他都不怕，还说他在监狱里练过功夫，不坐牢浑身难受。说着说着，他举起右拳使劲儿打在围墙上，以显示自己的拳头有多硬。不一会儿，我看到他的右手已经红肿，疼痛使他紧锁的眉头夹得死蚊子。

回村委会，我们立即安排一名村干部与村民组长，秘密观察蔡回强行踪，如果有可疑事，就要立即报告，决不让他胡作非为。同时，我们还联系彭卯秀一家暂不忙回家，先在亲戚家住上几天，等蔡回强的情绪稳定后再回来。

王书记，蔡回强要砍人啦

10月10日，星期六，阴

　　"王书记，王书记，快，快，快点啊，蔡回强在学校门口，要砍人啦！"

　　时过九点，我正准备出门去学堂坡了解通组公路修建情况，楼下突然听到村小学工人陈洪梅紧张的呼唤声："蔡回强回来了，他手里拿一把菜刀，在学校门口与蔡聪六打起架了。群众让我来喊你，让你快去现场，不然怕他砍人，怕他砍学生……"

　　这还得了！

　　急呼一声，我立即让陈洪梅回学校，马上与家长组织现场的小学生转移，免得蔡回强伤到他们。同时，我一边打110报警，一边飞奔去学校门口。

　　来到学校门口，蔡回强与偏岩子组的蔡聪六撕打在一起。蔡回强手里拿着刀，身上衣服被蔡聪六撕破，而蔡聪六的脖子，也被蔡回强的手死死地卡住。见蔡回强手里有刀，也担心从监狱里刚出来的蔡回强失去理智无故伤人，所以群众都不敢向前，只是远远的口头相劝。

　　见我赶到现场，蔡回强才将手松开，但口头仍旧不依不饶，要求蔡聪六必须赔他衣服的钱，不然就要砍人。

　　我正准备问明白是怎么回事时，蔡聪六已经从身上掏出200元钱递给蔡回强，并安慰自己："算了，算了，老子不跟你计较，老子是有家有室的人，不跟你这种丧心病狂的人一般见识。"

　　收了200块钱后，蔡回强还觉得不够，还需要蔡聪六补齐，他说被蔡聪六撕破的衣服管500元，必须再赔300。

　　我担心两人再打起来，也担心蔡回强在校门口伤到孩子和影响学校正常秩序，于是叫他们到村委会处理。

来到村委会，我才弄明白是怎么回事。蔡聪六是蔡回强族中的老辈子，早上突然遇上蔡回强时，蔡聪六就跟蔡回强打起招呼："也，娃儿，你什么时候回来的？都好多年没见你了，你狗日的还是那个样子啊！"

"啥子？你骂哪个是狗日的，你喊哪个是娃儿？我认不到你，你必须赔礼道歉。"

"你个烂崽儿，你怎么连你六爷都不认识了？你故意扯嘛……"

就这样，两叔侄因为口水仗就开始推扯起来，后来就干起架，劝也劝不着，蔡聪六的脖子最后被蔡回强卡红，蔡回强穿的衬衣被蔡聪六撕破。见自己的衣服被撕破，蔡回强立即到路边人家户里找了一把刀，逼蔡聪六必须赔钱，不然就砍人。

蔡聪六不想把事惹大，就在蔡回强的要求下赔了200元钱。大家都为蔡聪六打抱不平，可蔡聪六为了不生事，所以拿钱消事。

到了村委会，蔡回强依然要求蔡聪六赔钱，不然不放过他。其实，按我当时的想法，这200元都不应该赔，因蔡聪六确确实实是蔡回强的长辈，说那话也应该没有问题的。再说，他们之前是认识的，怎么蔡回强要这样呢？

可蔡聪六却不这样认为：算了，多一事不如少一事，我都这个年纪了，跟这种人计较不划算。万一他还想要钱，那就随他了，要砍要杀，任由他，反正一分钱都没有了。

在村委会，围观的群众不少，对蔡回强这种人，哪个都恨之入骨，可又都无可奈何。我厉声问他："蔡回强，你觉得你违法没得？一是你举刀行凶，二是你涉嫌敲诈。人家蔡聪六是你长辈，喊你娃儿，跟你开个玩笑，那是因为关心你，是因为多年没看到你才跟你打招呼。你怎么不识好人心？200块是蔡聪六才给，要换作我，门儿都没有。"

不一阵，蔡回强也停止了向蔡聪六要钱的诉求，而是扯起把子，满嘴跑火车。这时，派出所的警车过来了，警员对蔡回强、蔡聪六进行了简单的情况笔录后，见事态已经平息，便回去了。

当时，我是想让派出所的警察来详细了解情况，希望他们把蔡回强带回派出所了解情况，至少他举刀行凶，强迫他人出钱，逼迫兄弟媳妇一家人离家，这应该要受到教育处罚的，但派出所来的警员简单了解情况后，也未提处理意见，走了。

今天这事，我心里一直不平静，为什么蔡回强得不到警示，昨天晚上逼走兄弟媳妇一家人，直到现在都没有归家。照此下去，何时是个头？

我也非常感动，群众遇上危险，第一时间想到的是我，以及我们基层干部。我敢说，群众这种信任，原于"哪里有困难、哪里有矛盾，基层干部就出现在哪里"的认同；我敢说，能得到群众的信任，基层干部永远都会站在他们急难险重的前头。

加班还有加班工资？

10月12日，星期一，多云

厨师培训班尽管渐近尾声，可课程依然没减，今天还要继续。

市人社局劳动监察大队万主任，针对厨师培训班学员就要面临就业的问题，他向大家教授劳动关系的相关法律法规。

万主任跟大家授课时说，国家法律规定，试用期都是有严格规定的。工作六个月的，试用期不超过一个月；工作年限一年以上三年以内的，试用期不能超过两个月；三年以上或有固定稳定工作岗位的，试用期不能超过六个月。

还有最低工资标准的要求，也就是说，如果你们在仁怀市工作，除了为你们缴纳养老保险等资金外，领到手的工资，每月至少1600元。如果没这个数，用工单位就是违规的。

对最低工资标准，学员们都说，不会不会，我们现在干一天小工，收入至少是100块，一个月干25天，收入也是2500元，远远超过了最低工资标准了。

万主任还说，今后大家无论走到哪里，只要有劳动关系产生，就一定要签订劳动合同，不然对你们不利。那些非法用工非法作业的单位或个人，是不允许强逼你们劳动或强逼与你们签订劳动合同的，特别是对生命构成危险的工作，一定要拒绝，还可以举报。

另外，每天工作8小时，每周工作最多6天，但通常是5天，节假日是必须要放假的。如果超过这些时间范围工作，那就属于加班。属于加班意味着什么？就要跟你们增加加班工资。法律规定，双休日加班的，按日工资的200%发放；法定节假日加班的，发放日工资的300%；延长时间加班的，发放日工资的150%。

听万主任的劳动法规课，不少学员感到惊讶，过去在外务工，加班加点是常事，可为什么没有加班工资这个说法呢？每天工作10个小时或12个小时，那是常态，双休日与节假日上班，也是常态，可为什么没听老板说过加班工资呢？有学员说，今后务工大家一定要留个心眼儿。

除此而外，万主任还跟大家讲，女职工在生产期间，用人单位是必须放产假的，一般情况下是90天，含产前15天，产后75天。

另外，劳动合同的终止，也是大家需要掌握的。职工要辞职，应该提前向用人单位书面申请，不能说辞职就马上走人，那样是违规的。还有，用人单位未跟职工缴纳养老保险，或有其他违法行为的，劳动者可以单方面解除劳动合同。劳动者如果违法违规，用人单位也可以单方面解除劳动合同，试用期内被证明不符合劳动条件的，或者违反劳动纪律、被依法追究刑事责任的，用人单位都可解除与劳动者的劳动合同。劳动者丧失劳动能力，用人单位可以解除劳动合同，当然，女职工在怀孕期间或生产期间，是不容许解除劳动合同的。

劳动关系、劳动报酬等被万主任讲得浅显易懂，学员受益匪浅。培训课后，不少学员反复回味，真没想到，加班还有加班工资。今后，我看哪个还敢喊我加班，否则就加工资。

今天法制课让我感觉到，普法教育在偏远山区还是一项长期而艰巨的任务，管用的法律法规对群众来说是一种渴求啊！

望扶贫蔬菜 "落户" 城市小区

10月13日, 星期二, 多云

今天上午, 我邀请城区融亿小区业委会卢主任一行到安居村考察, 希望在她的帮助下, 能把安居村的蔬菜卖给小区业主。

安居村蔬菜相当多, 一年四季特别是一到秋季、冬季, 地里的红苕、萝卜, 或大多数青菜白菜, 都当成饲料喂猪了。这些被农民当成猪饲料的蔬菜如果能销得出去变成现金, 这对安居村来说是一件大喜事。

所以, 邀请融亿小区业委会卢主任来考察, 目的就是希望他们关心贫困村, 在小区设一个场所, 让农民的蔬菜运进去能使小区业主选购。

融亿小区仅第一期业主就有500多家, 每天消耗的蔬菜肯定不少, 按每家每天50元算, 这个小区一天消费的蔬菜就是2.5万元, 这个量相当了得, 如果光安居村供应这个小区, 还不够呢。

所以, 我邀请小区业委会领导一行来考察, 目的就是让安居村的扶贫蔬菜能 "落户" 融亿小区。偏远山区蔬菜有自己的优势, 一是没有大棚, 是露天顺应自然长成的, 这叫纯天然; 二是不用化肥农药, 就不会有农药残留, 可以放心食用。

如果在融亿小区设置一个场所, 安居村的蔬菜、肉类、蛋禽等绿色生态农产品进城就可以马上启动。

考察完后, 卢主任说, 对安居村脱贫攻坚, 小区业委会一定支持, 一定帮助设置一个平台, 每天的蔬菜和肉类运进去就可以卖。同时还可以建一个业主微信群, 只要小区业主需要什么蔬菜, 通过微信发布, 村里就可把蔬菜送上门。

"这实在是一件大好事啊! 剩下的事就是如何干的问题了。"卢主任说,到时还要召集大家开个会，跟大家宣传宣传，让大家知道安居村在卖扶贫蔬菜，让大家都买都帮扶。当然，蔬菜价格不要高于超市，不然业主不接受。

卢主任确实是一个热心人，她的建议我们一定采纳。按卢主任的算法，经营好融亿小区业主的蔬菜，一年毛收入就可达900多万元，除去成本，光卖蔬菜也有百万元利润。

这真是一个令人心动的事。之前，我们绞尽脑汁思考村级集体经济发展，但最终都没想明白，都担心干不好。现在有这个平台，多好啊，村民只管种蔬菜，村里成立一个团队专门接受网上订单、专门运菜进城销售就可以干起来。这是一个立竿见影的门道，再说蔬菜长势快，种下地一两个月就可上市。

但是，问题又来了，人我们不担心，不担心谁经营的问题，担心的是平台建起了，到时没有蔬菜怎么办？蔬菜供不应求怎么办？还有，运输车、驾驶员如何解决？这都要资金啊！

送走卢主任一行后，我与大家商量起来，都认为这是一个好项目，确实是一个立竿见影的短效扶贫项目，不仅让农民增收，还可以改变目前没有村级集体经济积累的尴尬局面。但是，车怎么办？买一辆小卡车至少20万元，这钱从何而来？

好项目，又被拦路虎拦住了。

宽带又 "宽" 了一步

10月14日，星期三，晴

　　期待很久的宽带建设，今天算有了一定结果。

　　联通公司大坝片区曾经理一行，今天又来到村里，对网线走向与布置再次进行规划与设计，并向我们承诺：拉光纤宽带，一周完成！

　　"是真的吗，曾经理？"村干部特别是年轻干部认真地问，都希望早一天接通宽带。"没有宽带网络，真的制约着村里的工作。"

　　不过，大家的耳朵也似乎麻木了，这么长时间，联通公司也调研了好几次，也都说下步一定拉通。但是，计划总是没有变化快，也总会遇上这样那样的难题。

　　尽管大家心中没底，尽管大家对曾经理他们说的话持怀疑态度，但大家还

▷ 联通公司曾经理（右一）一行再次调研安居村的光纤宽带建设。

是愿意相信这一次是真的，曾经理说的话一定千真万确。

曾经理说："这次，一定再不会让大家失望，大家放心，一周内，我们一定把光纤帮你们拉通。不仅拉通，还要将安居村作为'宽带扶贫'的示范村。"

如果按曾经理这个说法，我们安居村真的就有希望了。从当初找曾经理到现在已经几个月，可都停留在调研、设计、申报等环节之上，项目却难落地。当然，曾经理他们也做了不少努力，都在向上级反复申报，兴许是申报程序与审批程序比较繁杂吧，所以一拖再拖。

大数据时代缺乏大数据工具，效率、效益肯定是很低的。查找资料、上传信息等，都离不开宽带网络，可恰恰安居村没有。之前我们曾想过建移动宽带，可由于4G信号太弱，信号不稳定，一传数据特别是图片信息，网络就会断。断网、掉信息，任何人一提起来就生气。

但愿，安居村宽带建设，在曾经理的肯定声中变为现实。安居村的宽带，算又"宽"了一步。

党员干部就是群众的"代言人"

10月15日，星期四，晴

群众获得的"礼包"越来越多了！

今天的镇村干部大会上，镇里的领导介绍起当前农民特别是贫困村贫困户获得的各项惠民"礼包"。

政法委陈书记说，现在我们农民朋友，得到实惠越来越多。育龄夫妇只要到医院或妇幼保健站进行孕前优生优孕检查，不仅全免费，就连交通费都予以解决。多好的事，可部分育龄夫妇还是老观念，不愿意去检查，其实这是相当好的事，能最大程度避免孩子出生缺陷。

还有合作医疗。农民生病住院，报销比例越来越高，而自己缴纳的合作医疗费用，一年不到100元，而生一次病的报销比例，达80%，贫困户的报销比例还更高。十年前是没有这样的好政策的。所以，我们村干部收取合理的医疗费时，一定不要漏收，不然群众的利益就要遭受损失。

刘副镇长说，只要农民在银行办了一卡通，所有养老金、种粮直补、退耕还林补贴等，都由相关部门划拨到卡里，农民只要拿去银行一取，什么费用都看得清清楚楚。惠民政策越来越多，今后一定还会更多，所以各村要抓紧到指定的银行办理一卡通，各项惠民款才进得了农民腰包。

除此之外，还有生态移民搬迁"大礼包"。根据生态移民搬迁和土地增减挂钩政策，每个村约有30户群众搬迁进集镇小区，他们几乎不花钱就可以得到一整套房子。这是历史上没有过的好事啊！

张副书记也感慨，过去只有城镇职工参保，后来拓宽到城市非农业户口，而现在已经扩展到农村农业人口了。只要按要求缴纳数额不大的养老保险费，60岁后就可以领养老金。村里的干部要负起责任来，做到应收尽收，免得让他们留下遗憾。

她还强调，党建工作一定要抓在手上放在心上，坚决不能让党员找不到组织、不参与活动。发展党员，必须高质量高标准，发展对象确定后，就要为他们负责，党员表格以及其他资料不能有涂改，发展党员的各个环节，一个都不能少。

大家对惠民政策的理解，越来越深，也使今天的农民欣慰。

胡书记最后表明态度，农民得到的惠民政策越来越多，除了惠及特定人员外，还有惠及所有群众的，包括基础设施建设、脱贫攻坚工程等，都是国家送给群众的"礼包"。所以，基层一线干部一定要了解每一项惠民政策，让每一项惠民政策都惠及群众，让每一名群众都享受惠民政策。在为他们争取惠民政策、落实惠民政策时，万不可优亲厚友，万不可公私不分，万不可惠民政策不惠民……

散会后，我联想起安居村当前落实的每一项惠民政策和项目，比如公路，如果没有惠民政策和脱贫攻坚刚性要求，安居村的通组通寨公路，也一定还是泥巴路；比如饮用水，过去靠的是小水窖，而现在每家每户都安装上自来水管……一系列惠民政策，都让群众看得见摸得着。

可是，仍有个别村民不满足于此，时常埋怨没有得到政府的帮扶，认为帮扶就应该是直接给钱给物，让其改天换地。

想想这些我就感受到，基层党员干部，其实就是群众的"代言人"，不仅代理群众办实事，代理群众争取每项惠民政策摆脱贫困直达村强民富外，还应代理群众主张公平正义。同时，基层党员干部还应是党的"代言人"，不仅要向群众宣传党的主张，还要代行党的惠民政策落实到千家万户。

基层党员干部，要为群众代言的事项非常多，只有真正为民解难、为党分忧的党员干部，才算是真正的"代言人"。

葡萄园里的"死命令"

10月16日,星期五,晴

　　葡萄园的建设已经启动好长时间,可目前进度依然缓慢,原因是劳动力的问题。

　　按照镇里的意见,安居村葡萄园建设因为是脱贫项目,建设材料也就是葡萄桩、金属网和葡萄苗,由政府买单,栽葡萄桩、挖葡萄窝,由群众自行负责。

　　这项小工程实施差不多一个月了,可目前进度仍然缓慢。通过几次群众会,也向大家打气鼓劲儿,但效果不是很好。

　　"这是因为群众还有庄稼在地里,他们要收割完之后,才开始加大葡萄园建设进度。"村监委主任张应科说,他召开过几次群众会议,群众的意见就是不要再催了,他们知道怎么干。

　　"知道怎么干,那就安逸喽!"村主任李云凯接过张主任话茬说,现在有什么收割的?有点儿水稻都几乎收割完了,再说,现在都不怎么种水稻了,哪有什么收割的?一定是群众找的借口。另外,他们说的收割,可能就是挖红苕,但是挖红苕可以缓一缓嘛。如果等他们把红苕挖完再干,过了季节再栽葡萄苗,肯定栽不活,就要白白地浪费一年时间。

　　在现场,除了群众讲的所谓收割外,更大的问题是,大部分村民都外出务工,或搬迁进城,他们的土地有送给别人代耕的,也有放荒的,这部分土地怎么整?让组长通知,得到的回答是大家都忙,过段时间再回来干,万一村头急,就请村里帮他们干。

　　今天整个葡萄园,就十来个人在施工,据项目管理人员介绍,一个人一天最多挖15个坑和窝,十个人一天最多完成一亩地,照这样下去,300亩葡萄园岂不是要干300天?

见大家忧心忡忡,我立即向在场的人下死命令:"今天和明天立即通知在外的村民回来施工,如果来不了的,自己请人施工。不然,后果自负。通知了不回来也不请人施工的,葡萄一定不会拿给他们种,今后有项目也不会给。另外,如果承包地撂荒时间超过两年的,村里按土地承包法取消承包权,然后转包给其他愿意种地的人。"

"你们就跟在外不愿意回来栽种葡萄的人讲,就说是王书记说的,说到做到。"我向村民组长、在场的村民,以及包组干部下最后的吩咐,要他们马上通知涉及葡萄种植地的村民,限期三天回来施工,不回来的,组长和包组干部统计上报,然后由镇土管部门联合村以及镇相关部门依法处理。

"有王书记这个态度,他们一定跑得快。"王国辉组长夸我一番后,立即拿出电话联系起他管辖的村民。

用 "泥土" 作诗的人

10月17日，星期六

受市作协邀请，我陪同几位作家去遵义绥阳县考察学习。

参观诗乡绥阳后令我感动的，是李发模老师其人其诗，一个地地道道从泥土里冒出的并沾满泥土气息的诗人与诗作。

1949年，李发模出生在绥阳县蒲场镇一个村寨，父母都是农民，都靠种地为生。尽管是农民，可父亲在当时是个有点儿"墨水"的人，靠自学和坚持，父亲识得不少字，最后甚至能看古典小说，《水浒传》当然成了父亲的最爱，于是李发模就在父亲讲的水浒英雄人物的故事中成长。除此之外，乡村的民俗传统文化，也影响着他。

受父亲及其故土的影响，李发模读小学时就写诗，还获得县里面的奖。小学生能得县里的奖项，这在当时李发模的家乡，算是一件了不起的事。

莫大的鼓舞，让李发模继续写诗而一发不可收拾，进入初中，就有作品相继在《绥阳报》《文汇报》《光明日报》等媒体发表。

初中毕业后，李发模没有再上学，而是回到家中，后来进入县文化馆专门创作剧本，创作的剧本《应该怎么办》和《皂角树下》，曾在县里演出，后来还获得省级奖项。

下乡采访采风，是李发模创作的依据，只有双脚沾满泥土，写出的作品才会芬芳。1978年采风期间，他突然了解到一对插队知青因相爱却不能相守而跳崖殉情的故事后，立即进行采访与创作。由于故事触动心灵，由于泥土浸润心田，他的400余行长篇叙事诗《呼声》呼之而出。

《呼声》发表后，很多人因读此诗泪流满面，李发模也因此声名大振，也因这首诗荣获中国首届诗歌奖。再后来，李发模先后考进鲁迅文学院和北京大学作家班，这为他后来的诗歌创作奠定了坚实的理论基础。

从学校毕业后到现在60多岁，李发模的创作与思考从未停止，是脚下这块土地养育了他，是这块土地的文脉滋养了他，所以他爱脚下的这块土地，爱自己的国家，所以他和他的诗歌，才充满爱，才充满力量。

了解李发模老师创作历程后我心生感佩，一个偏远山区，一方貌不惊人的土地，竟然能有这样的大诗人出现。他把自己永远放在泥土里或群众的屋檐下，细细品味泥土的芬芳与雨露的光芒，从而创造出自己的诗行。他，是用泥土写诗的人。

其实，脱贫攻坚一线，我们基层党员干部，都在默默书写自己的"诗作"。看那泥土里冒出来的脱贫果实，看那贫困山区冒出来的小洋房，看那脱贫致富的人家脸上灿若花朵的笑靥，怎么不思念那些在泥土里用泥土"作诗"的"诗人"！

安居村请组织"检阅"

10月18日，星期日，阴

遵义市小康驻村现场会将在仁怀市召开。

今天，我被通知到中共仁怀市委组织部开会。会议要求，安居村的小康驻村工作将作为遵义市现场会检查的一个点，或者一项内容。

听到这个消息，心为之一紧，我们安居村驻村工作有什么好检查的呢？尽管天天驻在村里，可当要把工作与成绩拿出来对比时，又好像什么都拿不出来。

我向领导报告说，安居村实在是太远，离仁怀城区60多千米，来回两个多小时呢。

见我为难式的谦虚，游部长批评："你怕什么？分明是找借口。能到安居村开现场会，或让安居村出'节目'，那是安居村的荣幸，也是你的荣幸。再说，安居村也出了不少成绩，怎么一要迎接检查就害怕了？为什么我们个别干部，不怕干任务，不怕吃苦，可一旦迎接上级检查，就担心呢？"

游部长像是点穴，真的点出了我们驻村干部和基层干部的痛处。基层工作不重那是假话，除非不认真干事，不认真为民。干的事多，差错在所难免，上级检查基层工作与成效，确能督促基层工作的有效开展，但针对差错，就担心被批评被问责，就担心上级不满意而责怪基层干部。

每次迎接检查考核，基层干部都胆战心惊，直到检查考核人员走了，心才静得下来。尽管工作出色，但谁敢保证上级检查考核就找不出差错呢？带着这些惯性思维，我肯定推辞，肯定担心，尽管我们安居村的驻村工作，自我感觉是不错的。

丑媳妇一定要见公婆的！上级确定安居驻村工作为现场会一个点或一项内

容，表明安居工作是不差的，可以见得"公婆"的。

心中再没顾虑，于是向负责现场会的沈主任了解有关事项。

遵义市这次小康驻村现场会，主会场确定在五马镇协龙村，观摩会的内容重点是小康驻村有关工作台账、民情日志，以及脱贫产业成果展示，还有驻村工作图片展等。我们安居村参检的内容，就是驻村干部的工作台账与民情日志。

一听是这两项工作，我底气百倍，这都是我们常态性的工作！每名驻村干部，几乎每天都把开展的工作记录在民情日记本里，都把群众有关诉求和期待解决的问题，全登记在台账上逐一解决。还有，我们还让驻村干部每个月向群众公示"每月十件实事"的承诺，以此督促驻村干部主动开展脱贫攻坚工作。

不细数确实不知道，一数，我们确实干了不少事，也得到群众认可。安居村，经得起组织"检阅"，经得起组织考验。安居村，如果哪一天主动请组织"检阅"，那才真是我们工作的"经典"。

▷ 参加现场会迎接检查的民情日记本。

速度成就梦想

10月19日，星期一，晴

    今天的镇村干部大会上，胡书记突然宣布，根据市里的统一部署，2016年初，从火石岗乡荣华高速路收费站到三合，将修建一条二级路，此路并延伸到习水县的二郎乡。

    这是一个大快人心的工程。二级公路通常是指设计速度每小时60千米至80千米，双向行驶且无中央分隔带的双车道公路。而现在的路，为省级干道，路窄、弯急、坡陡，从安居村到高速路收费站要花近40分钟，二级路修通后，行驶这段路程的时间最多20分钟。速度，让安居村这个偏远贫困村越来越渐近城市。

    就目前来说，安居村已经是跨越式的速度了。过去，安居村村民到城区，至少坐三个小时的车。由于全是泥巴公路，村民进城或城里人进村，除了浪费时间外，还浪费水——由于灰大，坐一趟车，头上、脸上、衣服上，全是灰尘，回家后从上到下都得洗净。

    后来，通过改造，泥巴公路被硬化为沥青公路。当时，吃了这条路不知多少灰尘的村民，兴奋了很久，都觉得幸福来得很快，车辆，也渐渐多起来。

    再后来，由于高速路修通，安居村村民进城，就只花一个多小时了，这与过去三个多小时相比，时间整整减少一半。

    而今，从高速路收费站到三合到习水二郎要修建二级路，安居村村民进城的时间，又将缩短一半。

    安居村，因通畅的道路使速度加快，从而缩短与城市的距离，缩短各路旅客对安居的向往。速度，真的可以成就梦想。

    我们曾经思考过，要将安居村打造成写生基地和童话旅游村庄，当时大家

的思想障碍就是路的问题。就目前来说，到安居村没有大通道，进村路全是乡村公路，旅游大巴车根本进不去。而二级路的修建，当然应该可以破除思想上的壁垒。

但愿，这条二级公路能按市里的部署，能顺利得以修建，能让安居村以及沿途村庄，离城市越来越"近"，离现代文明、现代财富越来越近。

改变不了距离，就改变速度。速度，让节省的时间成就一个村庄的梦想！

令人感动的均大爷

10月20日，星期二，晴

  均大爷，是安居村大土组村民，是村里的帮扶对象。

  均大爷叫程绪均，从10多岁到现在60多岁，他就从事一件事：帮村民理发，到集镇上理发。全村老幼，没有不认识他的，大家都叫他均大爷、剃头爷。

  由于敬业，由于精巧的技艺，均大爷的生意还不错。帮村民理发，他从不计较，有钱拿钱，没钱赊账也行，或者为一家人理一年的发后，到秋天再来收点谷物抵账。到集镇上，他理发价格最便宜，赶一次场收入从几块到几十块，收入是少了点儿，不过能得到大家认可。

  由于理发，均大爷在当地算是有口碑的人、幸福的人。然而，天有不测风云，均大爷唯一的儿子，因外出游泳被淹死。当时一家人悲痛欲绝，似乎再也看不到希望。左邻右舍都替均大爷难过，可又无计可施，差钱差物，大家都可支持，可你这没有儿子的事，谁支持得了？

  大家做起均大爷的思想工作，"你还有两个女儿呢，她们也是你的心头肉嘛！把两个姑娘养育成人，也是你均大爷的本领。你这儿子，就是一个过客，他是来跟你打个招呼就走的家伙，你何必还要苦苦念记他？"

  有大家相劝，均大爷与爱人，渐渐从阴影中走出来，把心思花在养育两个女儿的身上。后来，两个女儿长大成人，结了婚。如今，均大爷还添了外孙。

  均大爷始终是个勤快人，年过六旬仍然闲不下来，每逢赶场天仍旧上街理发，但生意越来越差，有时等一天就几个人，收入就二三十块钱，除去车费还剩二十来块。爱人劝他好好休息，别干这行当了，可他觉得干了几十年的手艺丢不下，一些老顾客丢不下。回到村里，一有空闲时间，均大爷就上门帮村民理发，给不给钱无所谓，只要大家看得起他的手艺，对他来说就是一件十分开心的事。

了解均大爷这些事后，今天我陪市经济开发区的陆副主任一同去拜访他。

均大爷住的是老祖宗留下来的老宅子，尽管旧，但屋内干净整洁。均大爷与爱人一见来客，立即泡茶递烟，有说有笑，幸福洋溢在脸上。

看到均大爷一家的精神面貌，陆副主任欣慰地说："如果有困难需要村里或镇里帮助的，你尽管开口，或者到村里找我们经开区来帮扶的干部也行。"

均大爷接话感谢领导关心："我目前没有困难，我们两口子有吃有用有穿，日子过得无忧无虑。另外，两个女儿经常来照顾，再有困难都会得到解决。你们为群众帮扶的心情，我心领了。你们如果还想帮扶，那就帮扶其他有困难的群众吧！"

均大爷一席话，以及他不计得失、知足常乐的思想境界，令在座的人感动不已。

▷ 闲暇之余，均大爷总会帮左邻右舍犁地，工资对他来说从不计较。

到农牧局"算账"

10月21日，星期三，晴

上午，我到市农牧局递交安居村养殖小区的项目申报材料。

在陈副局长办公室，我与他攀谈起来，请他一定关心安居村的脱贫攻坚工作。

陈副局长是个热心人，对我及安居村都十分关心。同时，他还向我介绍起一些产业项目来。

关于我送交的养殖小区项目申报书，他没有说不行，也没有说行，要等局长办公会研究决定。目前，项目库里最适合干的脱贫项目，就是山羊养殖，还有经果林种植。

我向他请教："如果安居村要干产业的话，您觉得哪些项目可以干？如果得行，我立马递交报告上来。但是，一定要成功，一定要有收益，不然我们就白忙活了，这是我最担心的。"

"担心什么？不用担心，项目库里的养殖种植项目，都是经过论证了的，都是效益较好的产业。"陈副局长说，安居村目前最适合干的就是养殖山羊。

陈副局长说，按匹配政策，每家贫困户可以干一组。而一组，国家支持的经费是2万元，但需要贫困户事先修建不低于100平方米的圈舍，事先养殖20只母羊和一只公羊，政府验收后再划资金。安居村，可以干50组，也就是说，安居村可以让50户贫困户脱贫。

这应该是最好的政策了。可是，贫困户都穷，哪有钱先垫付呢？100平方米的圈舍以及21只山羊，至少需要3万块钱，这钱，贫困户们有能力出吗？

"看你又担心了！让他们贷款干嘛。如果都困难，你们村里帮他们落实，然后按股份分红也行。这样，不仅带富了贫困户，还可以壮大村集体经济。"

陈副局长又继续鼓励，"你们也可以集中搞一个山羊养殖小区，集中养殖，集中管理。当然，要选能人，以免干成半拉子工程。"

陈副局长也跟我们算起账，如果干好这个项目，每户贫困户一年可获得收益至少两万元，50户一年可获得100万元收益，村集体经济一年最少也有10万吧。这样的好事，还不干，等待何时？

陈副局长为我们安居村"算"完这笔账后，他又跟我们"算"其他的账。安居村他调研过多次，对其土壤、气候都熟悉，所以安居村种植水晶葡萄是适合的，今后还可以扩大种植面积。另外，水产也是一个好项目，一定要坚持干下来。干得好，一亩水产养殖场一年收入超过1万没有问题。葡萄以及其他精品水果，收入一定会超过传统农作物，还可节省劳动力。

一句话，水田水产一亩年收入超过1万元、旱地种植一亩年收入超过5000元的好产业好项目，群众一定喜欢，如果会经营会管理，还可以增加村级集体经济收入。还有，养殖鲟鱼，也是我们支持的项目。通过考查了解，鲟鱼投入100万元，占地20多亩，一年就可赚70万元。这是多么高的产值啊。陈副局长最后嘱咐："脱贫攻坚，只要用好政策，只要敢干敢试，一定没有大家想象的那样艰难！"

听君一席话，顾虑全放下。感受市农牧局陈副局长别样的"算账"方式，我走出市农牧局然后问自己，如果回村还缩手缩脚，那真不是军人风格。

是谁在上党课

10月21日，星期三，晴

今天下午，我组织全村的党员上党课。

全村68名党员，平均年龄60岁。全村大部分党员都住到城里去了，长期在村的不足一半。今天来的党员还算不少，有30多名。除3名为年轻人外，其余都是60岁以上的老人。

上完党课，我开始向各位党员征求支部建设、村社会经济建设的意见建议。党员纷纷发言献计献策，并对村班子工作提出了一些批评意见。对此，我一一记在本上，一一作出承诺和解答。

轮到80岁老党员陈圣刚讲话了。他将耳朵竖起来，然后大声问："你们说什么，我听不见啊！"

坐在旁边的党员贴近他耳朵大声说："书记让你提意见，听见没有？"

"喔，听见了。我没意见，干得很好！"

陈老耳朵有些失聪，我上的党课他能听见吗？如果听不见，有必要跑这一趟吗？而且腿脚相当不灵便！

我没好意思说出来，但坐在前排的党员看出我的疑惑，便说开了。

"陈老从过去到现在，只要村里通知开党员会或过党组织生活，他没有一次是落下的，除非在医院，除非外出不在家。尽管耳朵听不到，但只要通知，他一定到。耳朵听不到，还有心听得到。这是他的权利。如果他知道了不通知他参加党组织生活或党员会，他会生气的。"

耳朵听不到，还有心能听。这颗心，是对党忠诚的心，对党崇敬的心！一生一心跟党走，哪怕身体严重影响了他党员义务的履行，但党员本色依然不变。

多么震撼人心的举动啊！突然间，我觉得我上的党课，黯然失色。

联想起上个月我们召开的党员民主生活会。当时听说要开党员会，已经89岁、1953年入党的老党员吴绪华，立即从街上返回村里。他去镇上赶集，一听说要开党员会，连上街走亲戚、买东西的事都不办了，立即找年轻人给他联系面包车，他怕开会迟到。

"老人家，又不是通知你领钱，别慌啊，这么高的年纪，摔了怎么办？"年轻人关心起吴老，吴老却不高兴了："你太年轻，你不懂！"

为一次党课，为一次民主生活会，吴老把其他事都搁置一边。多么纯粹的人、纯粹的心。

想想两位老党员，再看看眼前大都60多岁的老党员，我心底顿起涟漪：今天还是重阳节呢，其他老人早就跟子女在家过节或享受天伦之乐了，而我们的老党员，时至傍晚还静静坐在会议室听我上党课。

我深感汗颜，忽然问自己：今天的党课，是谁在上呢？

其实，站在"讲台上"的，是这群60岁以上的普通党员，以及陈老和吴老。"讲台下"听党课的，其实是我，一个上党课的第一书记！

拜师养殖大户吴开朝

10月22日，星期四，晴

　　昨天市农牧局陈副局长为我们安居村"算"的账，让我今天迫不及待地上门造访养殖大户吴开朝，并向他拜师取经。

　　吴开朝是田湾子组组长，前些年在城里发展，而今回家乡发展养殖业。他养的山羊目前200多只，经济价值超过20万元。他养的鸡，存栏200多羽，每天产蛋百余枚，仅鸡蛋收入每天就达200多元。

　　这看起来收入可观，看起来光彩照人，但吴开朝内心却有数不完的苦恼。去年，由于预防不到位，圈里的山羊突然感染病症倒地10多只。他当时吓得直哭，便立即找兽医和预防员检查。但还是没有幸免于难，除倒地的10多只外，几天时间内相继又倒下20多只。再这样倒，圈里的山羊，可能就倒完了，就只有倾家荡产。

　　好在，兽医与预防员技术过硬，花几千元医药费后，他剩余的山羊活了下来。

　　鸡，也不是省油的灯。前年遭鸡瘟，一下子死个精光，损失好几万。技术！技术！养殖技术，太重要了。

　　"当然，养殖也好像要有那么点儿运气。我一个朋友，养殖条件差得不得了，可人家的鸡就是不得病。"吴开朝说，"这几年自己的运气，确实不咋的。"

　　由于积累不少技术经验，吴开朝今年养殖业走上正轨。我今天来找他，就是跟他拜师学艺，求取真经，想了解一下目前山羊的市场前景，以及养殖方面的难度。

　　我向他求教说，"上级部门已经答应为我们安居村的贫困户建山羊养殖场，一户贫困户一组，每组21只羊，建的圈舍不低于100平方米。建完圈舍并养起山羊后，政府验收再给予2万元的补助。这是一个好项目，就是不知道当前的市场以及养殖难度大不大，收益究竟好在哪里。"

见我登门拜师，吴开朝谦虚起来，"王书记是洗涮我呀，我哪敢当老师？"

一阵谦虚式的说笑后，吴开朝一本正经地说："这当然是一个好项目，也应该会赚钱的。养殖技术如果不嫌弃我，我一定帮忙。当然，养殖也有防不胜防的疑难，有的人天天预防，结果还是得了病；有的人完全不注重，反而没有问题。"

风险，肯定是有的，但不能因噎废食。

"这个项目可以干，但应该分散干，让贫困户自己干。可是有一个问题得解决，就是养殖技术。他们中大部分都不懂技术，风险可能更大。还有，他们有钱先垫资吗？如果分散干不成，也可以考虑以养殖小区的方式集中发展。但是集中也有烦恼，在哪儿找能放养上千只山羊的地方呢？山羊养殖，一定要赶到山上放一阵子，不然天天关在圈里，跟人一样容易犯病。问题是，一赶到山上，对退耕还林又是一种破坏……"

一听到山羊对退耕还林有影响，我又犯起难，这个项目，究竟怎样落地呢？之前确实没有考虑过这个问题，那么多山羊，一出门肯定会糟蹋苗木惹祸。

向吴开朝组长拜师请教完这些后，我就鼓励他，希望他来建这50组圈舍，选两个地方分散进行。没想他拒绝了，说自己有那么多山羊，忙不过来，如果其他人干起了，他一定免费提供技术支持。

看来，这个项目要上马，还有一段路程要走。还好，在吴组长这里，我学到了养羊的起步学问。

项目"卡壳", 挎包里的报告不"卡壳"

10月23日, 星期五, 多云

　　安居村, 我们脱贫产业发展的干劲儿越来越大。经几次调研, 我们选定三个养殖小区, 一个在田湾子的核桃湾, 一个在崇音寺, 一个在木栏山。

　　三个地方, 都适合养殖小区发展。一来离居民区远, 群众不会受到污染; 二来水源方便; 三来养牛产生的粪便, 有大量的耕地消化。

　　经过几次修改, 并在镇农技服务中心蔡主任帮助下, 我们将正式项目报告书呈给市农牧局。市农牧局陈副局长看完报告后, 他同意我们的思路, 并让我将报告转交给有关科室, 待局长办公会上确定。

　　可今天, 局里来电话表明, 我们搞的养殖小区不能建了, 因为养牛项目在仁怀已经饱和, 另外, 安居村距离赤水河比较近, 担心养殖小区成为赤水河的污染源, 所以项目环评一定过不了。因此, 我们上报的养殖小区得不到批准。

　　我们干了好长时间的项目书, 以及准备开建的养殖小区, 就这样"卡壳"了。可是, 我们如何向群众交代呢? 之前, 按照镇里和农牧局有关精神, 我们召开过多次群众会, 并以"支部+贫困户+普通户"的模式发展养牛业, 群众很乐意跟着我们一起干。可现在, 我们如果如实地向群众解释, 他们会信吗?

　　想想, 群众有时不怎么信任我们基层干部, 就是这些因素导致的, 都觉得村干部就喜欢吹牛放炮。村干部遇上的各种苦衷, 群众怎么也理解不了。

　　项目"卡壳", 或项目书被否定, 对我来讲习以为常。

　　在我挎包里, 随时都准备有简易的项目书或请求报告, 当一进城向有关部门汇报争取项目或资金时, 难免领导会说, 那等你过段时间打个报告来我们研究后再定吧。"这个, 不用领导等, 我马上就提供。"于是, 我就从挎包里取出早就准备好了的报告书。

"这小子，藏得深啊！"往往，领导一句玩笑后，收了报告，我就回村里等下文。

今天知道我报的养殖项目"卡壳"，确因牛产业饱和与环保的问题，我能理解。尽管项目"卡壳"，可我挎包里的报告书还有不少，见到有关单位或领导，就递，这样的报告书，似乎不会"卡壳"。

是谁发明的痕迹管理

10月26日，星期一，晴

"痕迹管理，痕迹管理，一定要注意痕迹管理！辛辛苦苦干了工作，最后没有资料佐证，谁说得清楚？"

今天上午的村班子会上，带村领导、镇财政分局杨局长反复强调，各类台账、各类报表、各类图片资料等等，都要认真收集整理归档，不然上级一检查，你就说不清个道道，就表明没有开展工作，或者开展工作不认真。

在村这么长时间，村里的干部，包括驻村干部，真的没敢懈怠，工作天天在干，可要检查他们的资料时，他们就头痛。

分管生产安全的彭远刚，按要求必须去检查每天的过往车辆，所以必须将检查的图片资料收集回来佐证。可是，就他一个人去查车，怎么取得了证呢？为了拍他检查车辆安全的图片，村里还要派一名干部去专门拍他工作的图片。可是，派去的干部是名老同志，干了一天的查车工作，拍回来的图片没有一个人影。

当时，气得彭远刚就想往地上倒——为了痕迹管理，为了图片，他明天还要继续查车。

安全生产的会议，也必须召开，也必须拍成图片。还要有村级方案，如果没有，被上级检查时，是过不了关的。一个贫困村，连家厂矿企业和生产厂房都没有，哪有多少安全生产的隐患呢？

三会一课、党员发展对象会议、项目公开、低保评审会、创文创卫工作会、精神文明建设会、农民夜校课、脱贫攻坚工作会、小康驻村工作会、计划生育工作会、养老保险工作会、高粱收购工作会、安全用电工作会、综治维稳工作会等等，上级有什么会，在村里也一定有相应的会及其佐证的图像，也一定要有相应的方案与领导小组。开完会，还要贯彻落实，这也需要图片与资料佐证。

开会，落实工作，村干部都不怕，怕的是整资料，怕的是痕迹管理。

当然，痕迹管理，是促进工作开展的一种方式，但像安居这样的贫困村，村委会除两人会使用电脑外，其他老同志连电脑都不会开，这让他们如何制方案如何拍图片如何下载图片？可是，他们手中又分管有具体的工作，都在努力地开展，可有时就是因为没有佐证资料，他们的工作就被否定了。被否定的结果，轻则批评教育，重则问责或处分。

所以，会一开始，杨局长就反复叮嘱，一定要注意收集图片与资料，一定要懂得痕迹管理，不然就相当于没干工作。

是谁发明的痕迹管理？偏远山区贫困村，能不能用一年时间做一个试验，取消痕迹管理制度，上级检查只看工作与结果，可好？如果运转不走，再行决定也不迟。

不让"天花板水"成话题

10月27日, 星期二, 阴

约上梁云洪组长与王安龙副组长, 我们一行去崇音寺组检查了解群众的人畜饮水情况。

一进崇音寺, 群众就围拢过来, 向我们诉苦说, 他们长时间喝的都是"天花板水", 苦啊!

经了解, 崇音寺在前几年就安了自来水管, 但水源地受季节影响, 自来水根本没有保障, 一到枯水季节, 管子就成了摆设。群众没有水用, 除了在自家小水窖里取用外, 还有的在水泥房房顶上收集雨水, 他们称之为"天花板水"。

简单了解情况后, 村民带起我们查看之前的水源地。

水源地在一个深沟里, 目前没有水溢出, 村民指着泉眼说, 这个地方, 只有等雨季来临才有水。丰水时期, 这里的水通过自来水管流到各家各户水窖, 然后取用。可是, 各家水窖小, 甚至有的人家没有水窖, 所以造成水荒。

水源地现场, 群众向我们提出意见, 在终端建一个大型水窖, 丰水期时, 将这里的水全部引到大型水窖里储备, 使枯水季节不会缺水, 让村民不再用"天花板水"。

可是, 这个大型水窖建在什么地方呢?

随去的村民和组长刘朝虎立即向我们介绍, 在崇音寺组中心, 有一个废弃的小水池, 可以改建为封闭的水窖。

村民带领下, 我们又来到他们所指的废弃水池旁。这个水池容量300多立方, 是当年村民建来灌溉稻田或人畜饮水用的, 由于年久失修以及没有封闭的缘故, 池里的垃圾堆了小半池。

村民说，如果将这个小池塘修缮好，并封闭起来装水，整个组60多户群众，能保证在枯水季节都有水用。

修是可以，也是一个好主意，可要多少经费呢？

见我们问，组长刘朝虎立即找来懂工程的师傅预算。通过简易测算，整个水窖包括封闭顶板、池底池壁、少量管道等设施，至少需要5万块钱。

见群众高涨的信心，以及渴盼的眼神，梁云洪组长立即与市民宗局的项局长联系，希望得到他的关心关怀。梁组长半开玩笑地说："如果您不关心，这里的群众会被'渴死'的。"

电话里，我听到项局长的回音，一定找时间来看看，兴许就这几天时间内。

梁组长挂断电话后朝大家开起玩笑，如果这个水窖建成功了，我看你们谁还说"喝的是天花板水"的话来。

"不会，不会，领导放心，你们跟我们干了好事，我们感谢都来不及呢，怎么说些没水平的话来？"在场村民口头允诺，心头也乐滋滋的，他们觉得，这个项目一定有希望，长期"渴"的问题，一定能解决。

▷ 较为偏僻且缺水的崇音寺组村民组。

听出来的幸福感

10月28日，星期三，多云

今天，我专程邀请刘副镇长为安居村村民代表、在家党员和村干部上扶贫政策课。

课堂上，刘副镇长别开生面，从生态移民房的政策讲起，让大家感受党的好政策好在哪里。

"我们三合是一个老区，有悠久的历史文化。三合土地越来越美，集镇面积越来越大，镇上有生态移民小区房，住进去跟住进城没什么两样。在小区里，镇上还有工厂可以就业，收入比种地强多了。"

讲到这里，有人站起来问："那我们安居村的群众，住得上集镇小区房吗？房子贵不贵？"

"住得上，住得上。你们问房价贵不贵，我说当然贵了，一套房子面积至少118个平方，成本价是14万多一点。这个价在乡镇来说，肯定贵，但与城区相比，就是一个车位的价格。"

"尽管贵，但你们不用担心，只要申请就有机会获得，就有机会不花什么钱就能领到钥匙。"

"啊？不花钱？"有群众不相信刘副镇长讲的话，就站起来说："刘副镇长，你是不是吹牛哟？又贵，又不花钱，哪来这等好事？要真这样，我肯定要申请喽！"

刘副镇长也站起来互动："我就知道你们会怀疑，也一定会问。大家听我解释就明白了。第一个是国家好政策。国家对生态移民房，首先补助5万元。那么，还差9万元怎么解决呢？别急，第二个好政策又来了。根据危房补助政策，你们可以申请1万元补助款。这样一来，还剩下8万元。好，第三个好政策紧接着又到了。根据土地'增减挂钩'政策，你们把危旧房拆除并将宅基地平整为耕地后，国家又给你补助款近7万元。也就是说，你们最多花1万多块钱，就可以得到一套集镇小区房。"

"这是多美的事啊！这种好事，这种天上掉馅饼的事，到哪儿找去？只有今天我们党的惠民政策，才能找得到……"

刘副镇长讲到这里，在场的村民就立即喧闹起来，一定要申请一套。

刘副镇长继续解释："你们立即写申请，要快，30号以前必须上交，不然肯定会错失良机。对30号前写来的申请，镇里还将初步审查，对符合条件的村民进行公示，对公示没有问题的，镇里再组织大家以抓阄的方式抽选房子。没抽选到的，就等下一批次。"

"好，好，我一定回去写申请。""要是我都整到一套，那就安逸了！"刘副镇长上完别样的生态移民惠民政策课后，听课的村民自言自语起来，看得出，他们已听出幸福感、获得感。

懂渴局长速"解渴"

10月29日，星期四，多云

　　因前天驻村工作组梁云洪组长的一个电话，今天民宗局的项局长就答应马上来安居村了解喝"天花板水"的情况，也一定要看看14户苗族同胞。

　　真的想不到，项局长在两天时间内就莅临安居村调研，可见其雷厉风行的作风，也体现他内心懂得群众"解渴"的期待，还有对少数民族同胞的感情。

　　懂渴的项局长，一定能为村民和苗族同胞解决实际问题。

　　到了崇音寺，项局长立即与村民攀谈起来。在苗族同胞家中，项局长用苗语与同胞们打起招呼，从而拉近他们之间的距离。牵起一位老奶奶的手，项局长问长问短，老妈妈也激动地回答，最后她说："我怎么称呼你呢？你是小辈子，还是老辈子？"项局长哈哈一笑："我是小辈子，你叫我小项就是了！"

　　走访慰问完苗族同胞后，项局长来到前天我们选的废弃水池旁，倾听起整个村民组的饮水难题。

　　了解情况后，项局长立即拍板："改建小水池为水窖，并将远处的水引过来储备至枯水季节使用，这个思路我赞成。关于大家提到的需要5万元经费的问题，我个人的意见是，我们民宗局支持。不过，我得回去召开局长办公会后再确定下来。如果大家都没意见，你们喝'天花板水'的历史，不会再出现了。"

　　听项局长发话后，在场村民立即响起掌声：感谢局长关心，我们永远记得您，您心中装着大家！

　　从崇音寺回到村委会，我们立即起草报告书，立即呈给项局长。接过报告后，项局长表示，支持这个项目应该没问题，他回去马上研究落实。他还希望我们先物色施工人员，如果项目确定就立马施工，让村民和苗族同胞早日摆脱

"渴"的困境。

　　送走项局长几个小时了，可我心底总是浮现他的举动——这是我驻村以来遇到的对贫困村帮扶速度最快的一位部门领导。前天我们还在现场走访、向他汇报呢，哪想时隔一天，他就亲自来了解情况，并迅速为群众解决问题。要是所有事所有项目都有如此高效率，我们一线战斗员打攻坚战就不会有折腾、有拖拉。

把讲台站成高山后谢幕

10月29日，星期四，多云

下午，安居小学任金强老师退休典礼举行，在小学校长赵一的邀请下，我兴致勃勃地参加。

会上，辅导站的领导，以及老师们、同学们，都要我讲几句祝福的话。真没参与过这样的场合，但都来了，不得不硬起头皮祝福几句。

于是，我开口了。

"今天，有幸参与任老师的退休典礼，我感到无比欣慰。任老师执教三十年，把一生都献给讲台，把一生都献给学生，最后光荣谢幕。"

"讲台上，任老师与其他老师一样，一站，就把讲台站成了高山，站成了河流，站成了海洋，也站出了许许多多山区的希望。任老师，真可谓呕心沥血、桃李满天下。至此，我讲三层意思。"

"感谢任老师的付出。任老师虽然没教过我，但我感受得到他对山区的爱，感受得到他在山区的付出。我从小就梦想当一名人民教师，但最终未能实现，这是人生的遗憾。所以我对老师都由衷的敬畏，对任老师当然也不例外。至此，我向您鞠躬，在感谢您的同时，也感谢过去在山区退休的老师们，当然也还有即将退休的山区老师。"

"希望任老师退而不休。任老师有丰富的教学经验，望您继续为教育事业做贡献，关心安居小学的发展。"

"向全体安居小学老师致以祝福，希望您们再接再厉，为山区教育事业添砖加瓦。少而好学，如日出之阳；壮而好学，如日中之光；老而好学，如秉烛之明。安居小学是一间办学时间近百年的山区学校，也是一间充满希望的山区小学，从这里走出去的博士、硕士不少，大都成了各行各业的骨干。因此，希

望您们加油，把安居小学的未来站成永恒的讲台。敬教劝学，建国之大本；兴贤育才，为政之先务……尽管，任老师等山区教师付出辛勤汗水，但城乡教育资源失衡，以及山区小学学生流进城的现状，难以改变。"

讲到这里，我觉得自己讲得太多了，应该把时间留给其他同志。于是，我将教育家陶行知的名言，作为今天我对山区教育事业以及山区小学学生越来越少的忧虑作为结束语——农村教育最大的失误，就是教会农村人如何往城里奔跑……

一个村民组装着的"天下"

10月29日，星期四，多云

    晚上，我去杨里沟组召开群众会，收集他们的困难以及对本组发展的一些想法。

    会议一开始，村民都争先恐后地发言。

    陈光红介绍，大坪子干起了养殖场，那儿准备发展野猪养殖。由于投入成本高，就不得不招商引资。可投资商来了，一向群众征求意见座谈，可个别群众认为他的土地宝贵得很，漫天要价，就把人家吓跑了。

    这种鼠目寸光的人，一定干不了大事。

    "组里，还有特别低的高压线，要是有人碰上，后果不敢想象。"村民吴连金说，"杨里沟有农户80多户，人口300多人，算是一个大组了。这样的组，却没有安全的人畜饮水，村民向政府和村里反映过多次，可一直没得到解决。还有路，包括公路和连户小路，也没有完成硬化，而现在，施工队也停了下来，硬化也不知何时启动。"

    吴连金继续说，杨里沟组离村委会最远，是一个偏远的村民组，似乎好项目、好资金来得迟。

    村民陈国涛不提困难，就提干劲儿。他说党员干部都是为人民群众挑大梁的，对杨里沟的发展，特别是大家提到的养牛项目，他一定支持，并带头干好，村里修公路或其他事项需要他出力出资的，他一定支持到底。

    轮到陈光照了。他说："王书记是一个好人，因为他敢来干脱贫攻坚。要是你不下乡，他现在早就入睡了，而下乡扶贫，熬夜特别是晚上开群众会是常事。杨里沟组首先要启动的，就是解决吃水难、行路难的问题。"

    说到水，大家就跟我介绍，在山背后有一股地下山泉，可以安管道引水，

可愁于没有资金。于是我跟他们说："你们先摸清距离、水量等详细情况，然后写一个申请，我们向上级报告，希望有运气能争取资金解决……"

杨里沟的群众会，一开就是四个多小时，不少群众瞌睡都来了，可还有群众没有发言。由于时间太晚，大家都不让讲了，宣布结束村民组会议。

这个村民组几乎人人都有话题，但由于时间他们不再言语，可我理解得到，他们每个家庭每个村民，都装有这块土地上的诉求、困惑、疾苦、希望与幸福。杨里沟，不是小小的杨里沟，而是一个"天下"。

"荣誉村民"，村级最土的荣誉

10月30日，星期五，阴

今天，我们村为两位外村人授予"荣誉村民"称号，这应该是安居村最土的荣誉了。

两位获得"荣誉村民"奖项的人，是前不久为安居村厨师培训班60多名学徒上课的两位老师，一位叫刘汉体，一位叫李兵，都为遵义人。

两位老师为搞好培训，在两个月的时间里，他们寸步不离，天天守在村里为大家讲课做示范。课余时间，两位老师还对学员进行家访，了解学员在家中做饭做菜时是如何运用所学的知识的。

听大部分学员讲，两位老师很敬业，农民语言他们听得懂，农民要求他们能解答。所教技艺，他们都手把手地教，尽管要浪费很多食材，但两位老师始终不心痛，反复让学员实操，直到学懂弄通为止。

当然，两位老师也很严格，对不认真的学员，迟到早退的学员，一定提出严厉批评，并且惩罚。

就这样，为让大家多学知识与技术，两位老师在大山里一待就是50多天。50多天，他们住的是简易房，吃的是自己做的饭菜，有时忙不过来，干脆一包泡面就解决问题。

两位老师的敬业精神以及付出的心血，学员铭记于心。毕业典礼那天，有学员提议，希望村里或群众组织起来，为两位老师送锦旗，以表感恩之心。

学员的建议我们采纳了。于是我召集村干部、党员代表和村民代表讨论，要不要为两位老师授予荣誉，今后要不要设立这样的奖项。

通过讨论，大家一致同意设立"荣誉村民"奖项，专门颁给户籍不在本村、祖籍不在本村，而又为安居做出极大贡献的人。奖金根据情况而定，可以有可以无，荣誉证件就是奖杯与荣誉证书。若安居今后发展为旅游村，荣誉村民的优待就是旅游门票全免，在安居旅游时的吃住行费用，由村办集体企业买单。授予两位老师为"荣誉村民"，大家也没有任何意见，觉得他们值得嘉奖，值得宣扬。

就这样，通过前期筹措，我们今天正式颁授"荣誉村民"奖。

颁奖典礼尽管在村委会简易的会议室里，但仪式很隆重，除了全体村干部外，还有党员和村民代表和学员代表。仪式开始了，先用手机奏响国歌，然后宣布村支部和村委会的命令，最后颁奖。两位老师从未接受过这种奖项，也从未像今天这样上台领过奖，所以上台领奖时还显得紧张。

颁奖结束后，两位老师感慨，这是天底下最美最具泥土气味儿的奖励，不仅沉，还有一个村庄人民群众的大爱与包容。今后无论走到哪里，都不会忘记安居村所有干部以及村民对他们的爱。

"一定不忘安居，一定不辱安居，一定再回安居。"刘汉体老师紧握奖杯动容地说。

我们村的"鸿门宴"？

10月31日, 星期六, 阴

"老兄, 你那里摆的是'鸿门宴'啊！现在, 饶总他们不答应都不行……"

时近傍晚, 仁怀联通公司蒋总再次来电话, 说我们安居村的农民太热情、太好客了, 遵义公司饶总他们已经答应为我们安居村拉通光纤宽带, 就下个星期动工。

听到蒋总的回复, 我心底暗自兴奋, 这个项目, 终于可以落地了！

而就在上午, 他们还没有答应呢, 还说安居村的光纤宽带建设有可能"黄", 几个月的安居宽带信息建设, 依旧止步不前。

电话中, 我不相信地问蒋总: "怎么不同意？昨天饶总亲口说的, 无论如何, 遇上再大的困难, 都要为我们拉通光纤宽带, 怎么今天又变卦了？你们有苦衷我们能理解, 关键是全村群众都知道你们要为村民拉宽带这事, 现在又出尔反尔, 我怎么向群众解释？"

"如果不同意, 那我就让群众上来找你们汇报, 让你们跟群众解释, 免得群众埋怨我们村干部不作为, 天天空话大话。"我实在找不到别的方法, 就只好"搬出"群众来。

见我态度"蛮横", 蒋总说: "那好, 我立即再跟遵义汇报, 让他们拿一个解决问题的办法。王书记, 你那里的饭以后吃不得啊！"

"蒋总何出此言？"

我明白过来。昨天, 在仁怀联通公司蒋总邀请下, 遵义公司饶总一行到安居村调研, 并走进农户家中了解群众对信息宽带建设的期待程度, 随后, 还在我们村召开座谈会, 听取大家意见。

来参会的，除了我们村干部外，还有村民代表，还有村卫生所医生，以及安居小学的教师代表。

座谈会一开始，大家就向饶总一行诉苦。

为报信息，村干部时常骑摩托送U盘到镇政府，有一次报信息的彭远刚同志还出了车祸，幸亏伤势不重。

"为报信息，村校老师用手机传一张照片到教育局，整整花四个小时。"校长赵一说，"这种速度，比乘车都慢。"

讲起宽带信息的重要性，村民陈永文说，去年他养殖场的几头牛突然不吃饲料，于是他就请教城里的兽医，医生跟他说了一些药名，要他记下来到兽医店买药，喂两天后就可见效，或者在网上查一查这是什么病因后再对症下药。可是，安居村哪有网？没办法，陈永文只好开车进城向兽医求救。

"要是有网，我上半年至少可以多赚两万块钱！"养殖户敖正刚说，由于对市场价格不了解，上半年他低价出栏30多头肉牛。卖牛后第二天，在城里了解价格信息的儿子埋怨父亲少卖了两万多元。"这两万多块，要当我打半年的工。后悔呀！"

听到大家对宽带信息的渴求，饶总一行非常理解，也非常支持，但接通一条光纤，从机站到村委会到学校到卫生所，费用近百万元。如果就目前安居村的用量，要几十年才收得回成本。"这不是一件小事。但我们会积极争取的，回公司后马上向一把手汇报，争取实施！"饶总很客观地表示。

座谈会一开就是三四个小时，而且群众也越来越多，都想跟饶总一行反映接通宽带的愿望。由于调研走访与座谈会时间过长，下午五点多钟饶总与我们还未吃中午饭，于是我们在村委会临时餐厅安排大家简单地吃一点。

上桌刚吃上两口，村民陈永文、邓近等突然闯进餐厅来，一定要陪饶总一行吃饭，一定要让饶总、蒋总一行喝点儿安居村民自酿的土酒。

"如果您们不喝，就是瞧不起我们农民！"说话间，陈永文已斟起酒。

"我们就表示表示吧，不然会辜负村民实诚的心。"我"见缝插针"说，"没关系的饶总，大家都喝点儿，心意达到就行了。"随后我又假装板起脸命令陈永文和邓近，"安居村的光纤开通与否，就看你们的了！"

我的"命令"容易懂，村民情谊难以挡。就这样，村民与我们饮起土酒。

感受村民的热忱，饶总开玩笑说："你们这是将我的军啊！看来，不为你们接通光纤，我们是走不了路喽！"

所以，就出现了蒋总开头说的，我们安居村的饭吃不得，我们安居村那天摆的是一桌"鸿门宴"。

那天那饭，真是"鸿门宴"？不管什么，我都接受，哪怕被埋怨、被批评，我都无悔，因为安居村的宽带信息建设，又迈开了一步。

不接受采访是心虚?

11月3日,星期二,阴

　　"洒哥,在村里没?仁怀市电视台记者要来采访你,你做好准备哈!"

　　上午,我突然接到镇党委张副书记的电话,她说马上有记者来安居村采访我们村驻村工作,要我不要走远了。

　　才到村里几个月时间,他们采访什么呢?我数不出成绩来嘛!

　　于是,我在电话里跟张副书记说:"您让他们采访其他村吧,我确实没有什么地方好采访的,没干出成绩,惭愧得很。"

　　"这是组织安排的,说专门采访安居村的脱贫攻坚小康驻村工作。这是好事,你担心啥子?是不是工作没干好心虚?是不是你们工作经不起检验?"张副书记在电话中说,平时工作嗷嗷叫,怎么一让上电视,就害怕了?

　　"脱贫攻坚是大家干的,不是我王某人或工作组几名同志干的,怎么上电视这种好事让我们占呢……"与张副书记的对话还未说完,她便打断我:"别废话,好好在村里等,他们马上就到。"

　　放下电话,我思虑良久,这会不会影响大家的情绪呢?论工作经验,不如老同志丰富,他们在村里干了十多年。论成绩,目前有什么?短短几个月,哪有立竿见影的脱贫攻坚成效?天天干的,就是下乡,就是到群众家中访贫问苦,就是解决群众遇上的困难与矛盾,就是水电路房讯等基础设施建设,就是建档立卡的资料,着实没有轰轰烈烈的成绩。

　　可是,顾虑得多,有人又会不会认为我是假装谦虚呢?就如张副书记所言,是不是心虚了,是不是工作经不起检验?

　　哎!看来,不好好接受采访是不行的,就当是接受媒体、接受群众的监督吧!

　　记者到村委会后，我滔滔不绝向他们介绍起我们村以及驻村脱贫攻坚工作来，天天记录的民情日记就有好几本，这是货真价实的驻村。在项目施工现场，我向他们介绍起正在施工的葡萄基地，正在施工的水产养殖场，正在硬化的每一条通组通寨公路……

　　大半天工夫，记者采访结束，大家都松了口气。尽管心想是接受监督，可我们还是期待电视什么时候播放，都想一睹我们在电视上的"光辉形象"。

　　可是，仁怀市电视台节目通过闭路电视播放，只有在城区和集镇才能收看，安居村电视接收的是无线信号，搜不到仁怀市电视台，要看电视中的自己，可能只有进城了。

自己"发布"自己

11月4日，星期三，阴

"我是第一书记，但不用来排序；我有我的故乡，但不用来思念；我有我的梦想，但不用来展望；我有我的泪水，但不用来哭泣……为我驻守的贫困村庄，我不怕当'推销员'——"

这是今天我在人民网上刊发的驻村感受文章中的言语，算是自己"发布"自己。而在昨天，我却不愿意接受采访，为何呢？

稿子叫《我是第一书记》，刊登在今天人民网贵州频道头条，晚上贵州卫视新闻联播还对此稿作了报道。谁说驻村是付出？我觉得，这是收获。

我把这篇稿子打印后夹在日记本里，作为留念，算作自己慰劳自己。全文如下：

我是第一书记

锻不成参天大树，炼不成艳美之花，何不做一棵草？只要有适宜的阳光、空气和水分，还有赖以栖身的一点点土壤，草儿就会快乐成长，从初春第一点新绿到深秋最后一抹枯黄，都能给大地点缀容妆。

是的，我愿作一棵小草，守着草儿应有的本分，不美花的香，不慕树的高，把心紧贴大地，把泥土当成家园，去吐纳一个山野的生机。

2015年春天，草儿疯长的季节，我向组织提交申请，我要去一个村庄，想在那里成长。

梦想如愿以偿。组织批准我的请求，让我去一个叫安居的村庄，也就是我的、每一个安居人的故土家园——任职，第一书记！

我是第一书记？其实他们才是第一

一头扎进村里，我没敢忘记第一书记的职责，没敢忘记宣布任职命令那天的表态发言。

半年多以来，小草书记没有荒废时日，天天在第一书记岗位上尽职尽责、殚精竭虑、勤勉工作。

我的勤奋，似乎无愧于第一书记，然而我错了，仅仅是心灵高度，就难以与我一同生活、一同工作的村干部们相提并论。他们一月工资，顶多1800元，却仍乐此不疲，天天坚守在自己的工作岗位上。对物质、对精神的需求，是那么简单、真实，够生存发展和精神快乐就满意了。

监委会张应科主任，我称他三哥。张三哥快60岁了，儿子儿媳在镇上教书。在农村，这样的家庭够得上生活的殷实，孩子和爱人都劝他莫干了，一个村干部的身，操起总理的心。工资低还必须全脱产上班，这都不算啥，关键是容易得罪人，拿钱不多管事多！

张三哥没答应家人，说等干到退休再说。

张三哥在村里工作已经5年，以前曾在乡办企业当过干部，是一个文化人，写得一手漂亮的毛笔字，村里大小标语都由他操刀。除了抓主业开展监督工作，他还兼管养老保险。给他配的电脑，他像小学生一样认真学，从开机关机开始学习，虚心向年轻人请教。

同张三哥一样年纪的老彭，我们村的副主任，在村工作岗位上干了十年。老彭叫彭模高，儿子孙子都生活在城里，镇上还有房子和两间门面，一家人过得和睦幸福，到村里工作，完全是尽一份力。

老彭分管村民矛盾纠纷调解。别小看群众纠纷，有时一句话会云开见日，但也有让老彭满面愁云的。从现场回到村室，老彭直呼：纠纷纠纷，让人碎心！说归说，但他会请大家出点子，直到群众纠纷解决好为止。

老彭干活儿跟年轻人一样，不"倚老卖老"，拿起拖把或扫把，就打扫起卫生。厕所不通了，水管不来水了，只要告诉他，他没有任何怨言地为大伙服务。

快60岁的老人，大都"退居二线"，我所在的城市，机关里很难看到仍坚守在工作岗位上的。村里，却大不相同，60岁老人，没有高收入，没有高职位，坐在岗位上，站在泥土上，行在大地上，让人轻而易举就能看到他身影的高度。

坤哥也是有孙子之人，离60岁也不远了。坤哥叫王国坤，是村里的副主任，手里的事相当多。爱人身体一直不好，还有80多岁的老父亲，他家庭负担显得特别重。他一天两头跑，忙了村里，回家后还要照顾家庭，还得种地，有时累得直呻吟。

工作再累不叫事，得不到群众理解才叫事。为处理一起群众纠纷，最后导致他要向群众赔礼道歉。受委屈后，他哭了，眼圈很长时间都是红的。"这村工作，干不下去了，我要辞职！"

第二天，他又继续上班，尽管脸上多了一丝惆怅，但工作依然没敢懈怠。不知道，那天回家后的夜晚他是怎么度过的，不知道，心里苦水是怎样倾诉的。

彭远刚，由于是大家的小辈子，所有人都叫他小刚。小刚其实不小，也是当爷爷的人了，然而他的性情跟小孩子一样，老辈子们无论怎么吼，他"嘿嘿"一笑，就了事。

小刚是村驻村工作组知识青年，在村里经常被大伙儿调侃，说他与儿媳妇关系最好了，与邻家大嫂关系最好了……他不往心里去，一脸憨笑让人感慨生活并不那么沉重，无中生有的笑料也成为村干部们寻找的乐子。

不论什么事，只要叫他，他跑得比兔子还快，也从不计较得失。有一次我的牙一天痛得难忍，他见我用冰水冰牙的痛苦表情，他轻松一笑："二合方向一神仙有药可解。"二话不说，骑上摩托车就往路上奔跑。大约一个半小时，他回来了，带着药，带着满身汗水和尘土。

副支书记陈波，家在集镇上，是村班子里唯一的"有车族"。他每天早上从镇上来，下午再从村里回镇上。为上班方便，他买了一辆代步用的轿车。有人问，每月工资就那么点儿，除去车子烧油，可能所剩无几。每天除了往返一趟，他的车有时还要被村里或工作组临时"征用"。

对此，他有过怨言，但他想得通，为了工作，为了家乡，吃亏是福。

陈金宗是整个村班子最年轻的干部，他的职务为副主任，在村里主要协助村委主任分管计划生育工作。来村里工作之前，他是一名准医生，有自己挣钱的打算和门道，自从被选为村干部后，他的计划落空了，收入下降两三倍。他想过放弃，但既然被选上就干吧，而且要干好！

说起这些，他无悔，双手一摊，两肩朝向一伸，脖子往下一缩，极像西方人的动作和洒脱。人生如一场买卖，没有包赚的事，也没有光赔本的事。

压力最大、最辛苦的，是凯哥。凯哥叫李云凯，村委会一把手，在村里工作时间不长，但业务能力是整个镇所有村干部中数一数二的。

凯哥勤奋好学，曾参加村干部公开考试，获得第一名。在村里，大小事都由他支撑，可以说是村里的主心骨。为计划生育任务，他想尽一切办法，带领大家全力以赴。

他务实，有担当。在探寻一洞穴时，由于危险，大家都担心上去了下不来，可他第一个往上攀。他说他不怕，其实是把安全让给大家。一村民因对一干部不满，借酒到村室"大闹天宫"。凯哥毫不客气与他理论，那人被问得哑口无言。"又没骂你，与你何干？""那是我的干部，由不得你要性子！"

……凯哥，凯歌！

我的村干部们，拿最少的工资，干最受挫折的工作，吃最不准时的饭菜。他们早上9点钟上班，直到下午5点才回家。上班时吃的早餐，晚上回家才能吃得到饭，中间时隔近10个小时。实在太饿，就泡上一盒方便面，或用电锅煮一小撮土面条。生活，始终简单。

回到家，一有时间，他们就卷起裤管，又当起了农民。钻进庄稼地，弯腰向着泥土：一双手反复地，向泥土作揖；一张嘴反复地，与泥土商量；一个背反复地，接受着天公洒下阳光和雨滴的恩赐。大山深处，他们同样改变着四季的形象。

如此可亲可敬的干部，你还能说什么？你说你是第一书记，那只是岗位，在这里决不能用来排序，决不能用来发号施令。他们的高度，他们的心灵，他们的精神，就够人学一辈子。他们，才是第一，才是"书记"。

我是第一书记？其实是一个推销员

我驻守的安居，属省级一类贫困村，没有任何优势资源，农民收入主要靠外出务工和种植、养殖。村里土地贫瘠，森林覆盖率仅为6%，生态可能是全市最差的了。降雨量丰沛，然而却没有良好的水利设施把水留下来，一有10天以上干旱，庄稼地和人畜饮水就成问题。全村5000多人口，留守在村里的仅1000来人，种地的，依然是上了年纪的，依然是对土地带着终身情感的人。

尽管这个村庄自然条件差，发展滞后，但一代又一代农村人，没有放弃过对美好生活的向往，没有背叛人勤地不懒的人生信条。一茬又一茬村组织与上级组织，没敢懒政，为村里的改变做着最努力的工作，付着最大的心血。仅村60千米小康路，今年就要硬化完成。

一路通，百事通。有农民俯首问大地，抬头望苍穹：这村庄，变得好快，这是谁的鬼斧神工？过去赶集一天，现在赶集一时；过去运粮出山，把背压弯，而今运粮，是把路压弯。农民说，好生活都过得快，一转眼，又到丰收的季节。朴实的修为和乡村田园的生活方式，让他们心底里埋藏起羞于启齿的那个最具魅力的言语：祖国，我爱你！

贫穷的安居，也曾有过辉煌。

青龙山上的古城堡，一站就是千年。据说，古城堡是播州土司时代修筑的。悬崖上修城堡何为，至今是个谜。没有那个时代的辉煌，没有那个时代的贤政，要修筑这样的城堡，几乎不可能。其实安居不穷，仅先人留下的古城堡，就是一笔用金钱难以盘点的财富。

古城堡脚下，是安居小学。这间百年小学，不知培育了多少山村人的希望。学校曾经办过戴帽初中，学生多时高达500多人。这间城堡下的百年村小，见证了一个村庄的百年风云，而今它却在撤校的风雨中飘摇。

村里三所小学，其他两所因学生太少撑不下去被撤除，而今安居小学的命运会是怎样？尽管学校目前学生只有150多人，尽管一个班只20来个学生，但回荡在山间的琅琅书声，依然充满一个村的未来与希望。

农民们问，要是小学撤了，在哪里找这么动听的书声与童谣？种下地的庄稼，能否习惯一个人的成长？是不是乡村教育，就是教会乡下人如何往城里奔跑？

村室门前，稻田成一色，倒影在水里的山，随着蛙声在稻田中摇曳。谁说山，岿然不动？

不几天，农民牵上水牛，似抄诗的姿态，开始向稻田问候。

多么美丽的风景，多么美丽的画面。我方才明白，最美的风景，是在心里，是要用心品鉴。回城里，有人打听我那村庄的景象——

我回答，美妙极了，每到黄昏，就有如期而至的演唱会，天籁之音呢！城里人，哪能懂得每天那场唱给庄稼、唱给农民听的蛙歌。离开村庄，耳畔会时常传来蛙声，我知道这是耳朵对"乡村歌手"的念想，是对"稻花香里说丰年，听取蛙声一片"的憧憬。

进入秋天的夜晚，蛙声停了，蛐蛐声又粉墨登场。农民们说，庄稼是有灵性的，它们离不开精灵的歌唱，否则会无精打采。"你说，一个生命没了神，跟死了有何两样？"

不久，稻黄了，金灿灿的谷物，让人感受似金子的厚重。前几天，农民排成排，站在齐腰的稻谷林里，一边哼着小曲儿，一边挥舞着镰刀割进丰收的喜悦。

在村里，稻田边，我经历着从插秧到收割的季节。我知道，这不是一个短暂的情绪，秋天带来的喜悦除了歌唱，还有农民皱纹深处的幸福与安宁。

还有村庄里的人，每个人身上的故事，也形同风光那般传神！

老姜哥，仍然从事牛买卖的行当，不管耕牛还是肉牛，只要农民有牛交易，都找他出马。在村里，老姜哥是唯一把牛买卖当职业的人，农民们把这种中介性质的职业，叫牛偏耳。

牛偏耳老姜哥，整个村乃至邻村的牛，哪家需要卖，哪家需要买，他都摸得清清楚楚。牛的行情，特别是黄牛水牛、肥牛瘦牛、公牛母牛的价格，他了如指掌。

牛交易开始了，他解开衣扣，与买方或卖方在衣服里摸起满是泥土或满是老茧的手指——"少了这个不卖。这个上点儿。这个下点儿。超了这个不买。这个价如何？……"

多神秘的砍价，衣服遮挡下，旁边不论何人，始终不知是何价。现代商品社会的出现，商业机密才登上历史舞台，而在山村，商业机密在古时牛偏耳出现时，就已经出现了。社会进步如此快的今天，很多方式或可满足商业机密需求，但老姜哥依然操持着这份传承，依旧对这门技艺怀满崇敬之仪。

更绝的是，他当牛偏耳卖出的牛，只要用手仔细抚摸牛的腰、背、脖、腿、牙等部位，说牛能杀多少斤就多少斤，悬差最多3斤，如果超出这个原则，他分文不取。他说，已经实验多次，保准。

练就这样的精准，源于他对这一行当的坚守，源于他对公正、诚信的忠诚。村里，牛偏耳就他一人了，他四处物色徒弟，可最终跟他学的，是沙滩乡两江村的一个村民。

山村里，像这样有手艺的人不少，掌坛师、吹手、篾匠、木匠、石匠、泥瓦匠、杀猪匠、补锅匠、剃头匠……而今，民间手艺人越来越少，得以保留下来的，是他们对故土的难舍，是对这门职业的情愫。

有艺不辜身！农民们都这样说。

在这村里，除了手艺人有故事，还有深山里忠贞不二的大哥哥，其故事感动云天。

大哥哥70岁有余，50年前结婚。婚后几年不见爱人生育，一查爱人患了绝育症。爱人心好，开始张罗为大哥哥"提亲"。果真，"提亲"人打着幌子，骗过大哥哥，把一年轻女子从四川介绍到家里。那女子称，是路过的，天黑在大哥哥家借宿一晚。没想，爱人老是挽留那女子多住些时间，这一住就是好几天。女子善良，也是个勤快人。

最终，大哥哥看出端倪，他找爱人理论：为何下这番苦心？我和你，是一辈子的夫妻，没有儿女又何妨。明天，你让这妹子走吧！

女子走了，不知她看出大哥哥的"傻"没？

后来，大哥哥与爱人，领养了一个孩子。老两口送养子上学，为养子娶妻成家，最后又让养子回到生他的父母身旁。

大哥哥与爱人，50 岁了，在大山里过着相濡以沫的生活。一天大哥哥赶集，在路边突然听见一个弃婴的啼哭，于是他动了恻隐之心——这是一条命啊！他将弃婴捡回家。一时间，大山里孤独的老两口，有了心灵的寄托，也多了一个人热闹的神情。

大哥哥爱人，还在女儿读小学时，就去世了。而今，当年捡回来的女儿，已经出嫁了。深山里的大哥哥，又开始回到孤独的岁月。

他身体一年不如一年，但他依然养上羊、种上地。他说，等女儿带着刚出生的外孙回来，他要送他一个见面礼！

……

多美的村庄，多美的人！

回城，每次会议，每次见到生人熟人，我都介绍起一个村的景，一个村的情，满嘴满脑都是一个村。说多了，人家就说我当起了推销员。是的，我不是第一书记，应该是一个村的推销员，尽量为这个村庄"打广告"，尽量让这个村的每景每事每人，动人，感人。

位卑未敢忘忧国！一个贫穷落后山村的第一书记，用心装下这个村庄的一切，是不是就装下了这个村庄的功业？

我是第一书记？其实是一个拾梦的人

安居村的每一天，我总爱做一个村的美梦。

梦里，多年发展建设后，安居村的农民们，除了保持特有的农民秉性，他们不再向苦难低头，再也不被贫穷禁锢手脚，而是昂首挺胸感受闲情逸致、幸福无敌的尊严——推开情景房门，或拉开茶房、书房的窗，就能看到一幅幅难以忘怀的美景——

　　远处，渔翁们在人工湖里捕着欢快的鱼，农夫们用自编的山歌与梯田秧苗对话；山坡上，一群骑牛的村童忘情地吹着回家的短笛；古朴又不失时尚的村房旁，一群画着油画、国画的学生，不时抬头看房顶的炊烟如何盘旋；古城堡里，欣赏着乡村歌手弹奏的琴曲和唱着的乡歌，几个金发碧眼的老外不断挥手与农民"哈喽哈喽"；葡萄架下，采摘完葡萄的大嫂，把沉甸甸的葡萄框扛在肩头，慢悠悠行往自家的葡萄酒庄，还不时留下与路过的小叔子开玩笑的朗朗笑声；满山遍野，那花啊，那树啊，开得极恣意，长得极认真，也招待着远道而来的蜂蝶，和报喜不报忧的喜鹊……

　　坐于情景房、茶房、书房，或谈天、或品茶、或阅读，或观赏窗外一切，都让农民真正体味醉美田园富于心田，都让游子体味梦转千回的乡愁。

　　一梦激起千层浪，一梦唤醒千个梦。

　　听说我到村里谋食，安居的游子，纷纷奔回村里，要我领起大伙儿，实现他们从小的梦，而今的梦。看来，一个人的梦，就是他们的梦、一个村庄的梦、乡愁里的中国梦。

　　为梦想，我发动大家，于是在村发展建设促进大会召开那天，数百游子冒雨静听我在台上诉说一个村庄的现状和未来。

　　为梦想，他们开始为村里做起贡献，有的捐款，有的献策，有的帮助找项目……划燃的火柴，正敞开炽热的胸膛，散发起耀眼的光芒。

　　为梦想，为心中的家园，千颗心扭成一条绳。绳上，系着许多希望，系着每一步前行的脚印——

　　为解决电压低问题，我们多次协调供电部门，最后为村里增加两台变压器。农民们，再不为煮不熟饭的低电压苦恼，再不会深夜起床趁电压的稳定切割猪草。

　　网络信息，已成为现代生活的组成部分，而安居，网络却是一个陌生的词汇。为建成农村宽带网络，我们反复与联通公司协商最后达成共识，将安居村作为农村宽带建设示范点，并于十月内建成安居村信息宽带。宽带建通，养殖大户陈永文、吴开朝比谁都兴奋，他说牛羊的市场、防疫、饲养，一切都可在网上了解。"有网络，还可建成农村电商平台呢！"在外经商的安居村民敖小勇展望起安居村数字化生活的未来。

灶里的燃料，一直困扰村民，煤炭贵，运到家里要好几角钱一斤呢，熟饲料养猪的成本，变得越来越高。煤贵，生态难免遭到破坏。燃气通到集镇上了，村民都想，何不将燃气管道接通呢？

每个村民组都想建自己的水体，或更大的人工湖，让白花花的降雨留下来，造富百姓。国家海洋局公布的资料，现代水资源的经济价值和生态价值，是陆地的十倍。有水，有风景，才是村民心中富饶美丽的"风水"。

每座山或凶险、或峻秀、或巍峨……面对性情各异的山，喜山的人讲，应该建造一条文化长廊、景观长廊、花卉长廊，或骑游长廊，将一座座山的山顶连接，让山，成为农民的肩膀。

一千多家居民房屋，要是能建成不同建筑艺术风格、既具城市功能又适合农村需要的乡村住宅，使安居幢幢农房成为非同凡响的建筑群，多么完美。建筑群中，使人心旷神怡的标志性建筑物——乡村规划馆、博物馆、图书馆，农民演艺中心、会议中心，无不散发它超凡的气度和深厚的内涵。游走安居乡村建筑群落，人们再难感受城市钢筋水泥的冰冷！

每家人，能不能拥有自己的小产业；每个人，能不能自由自在的创业？殷实生活，一定得靠勤劳双手和敢于创业。

安居，生活越来越美好，小伙儿姑娘心胸越来越宽广，农民传统性情中透出时尚。每个人再低的素养，也不会再计较邻家一只鸡偷了食，更不会计较田边土角的误伤。安居成为一个大家庭，再没有两家人的话。

年复一年的安居，出现了小师级人才，随后就有了大师级人物。安居，千百年轮回中，梦想有一天，如德国哥廷根小镇一样闻名。那镇，过去人口与安居相当的镇，为何就能出现20个诺贝尔奖获得者？思想家歌德、数学家高斯，都从哥廷根走来。一身"仙气"的哥廷根，能否感染山野的乡村？

梦，终归是梦。我怕来不及，我把梦，一个个向安居农民传递。他们醉了，一下子觉得多么美妙，安居就要改变面貌；回归现实，一下子，他们又觉得，安居来了一个会吹牛的书记。

梦境中，我诚惶诚恐。不过，也有人说，梦总是要做的，中国梦不也是梦？梦都不敢做，还敢干什么？敢想敢干，成功一半！

为梦，我与工作组、村两委，在半年多时间里，不知打搅过多少同志、多少领导、多少部门。他们理解，他们这样形容，用吹牛的方式，倒逼自己，倒逼工作。

为梦，我们工作组长梁云洪，"死乞白赖"找来多家企业和朋友，关心一个村的少数民族、贫困村民、留守儿童、全校小学生和水产养殖场的创建；为实现创业梦想，副组长王安龙跑城里、乡镇找建网络的经理，向就业局申请烹饪老师教60多个农民厨艺；求助中，市委宣传部解决15万元修建农民连户路，人事局解决10万元修建一条断头路，镇党委政府申请解决50万元建葡萄种植基地……

每天，我们做着梦，行着事。

我有我的梦想，但不用来展望！一点一滴，谁都在努力。蚂蚁力量虽小，却一直奔忙，最后才有一个军团的铿锵。

第一书记，梦里挑灯，梦里思忖。失意时，拾起一个村庄的梦，那梦就成为温暖的肩头；迷茫时，拾起一个村庄的梦，那梦就成为农人期许的双眸。

不能让红高粱变成"黑高粱"

11月5日，星期四，晴

有机高粱收购即将开始。

"我们万不能违背良心，万不能做罪人，万不能给红高粱抹黑，不然，红高粱就是'黑高粱'。"

今天，参加镇村干部大会后，我回村委会立即召集各包组干部开紧急会议，让大家明天下组宣传今年收红高粱的有关政策和要求。

高粱产业，是我们村传统主打产业，种植约2000亩，目前价格每斤3.6元，每亩均收益1800元左右，是农民主要农作物经济来源，种得多的，有农民仅种高粱一年收益就达五六万元。

然而，由于高粱价格走俏，不良商家就动起歪脑筋，想与农民"合作"买订单，而将外地高粱运进来充数。这是多么危险的事啊！我宁愿相信这是谣言——如果高粱掺假影响茅台酒的酒质，那岂不是罪人？

所以，今年我们必须严管严控高粱的来去。包组干部下组后，一定要认真检查组里有多少人种高粱，并认真统计其面积，或者看看他们种高粱时买的有机肥就知道了。通过检查核准面积与产量，如果高粱产量悬殊不大，说明没有问题，否则就有猫腻。同时，没人在家种地的村民，也要统计，防止有人用他们名字卖高粱。组里的每一户人家，种没种高粱，种了多少亩高粱，都要认真统计汇总上报。

我严格要求，如果哪个包的组出了问题，一定按镇里的要求严肃处理。

另外，大家下去还要宣传，今年的高粱收购标准提高了，一是不允许用火炒，二是要振动筛筛了后才过秤，三是千粒重达不到要求不收……

"严点好，严点好。一定要让有机红高粱成为茅台酒的好原料，一定要让红高粱永远红下去。同时，我也最恨那些投机取巧的人。"村委会副主任彭模高说，他一定按要求把自己包的组管好，他也会暗中调查，如果发现不法行为，立即上报。

相信，通过大家监督管理与服务，安居村红高粱一定不会"黑"。

好政策必须吃透会用

11月6日，星期五，阴

今天，我被通知参加市里举办的脱贫攻坚"1+10"文件政策培训班学习。会议规格高，是市长主持、市委书记主讲，还有市领导和全市各级各部门负责人、村负责人等参加的会议。

培训课内容，主要是"1+10"涉及部门的有关扶贫政策，包括农牧、扶贫、教育、医疗、民宗、民政、金融、党建等相关扶贫政策。

通过一整天培训，收获不少，培训老师也讲得精彩，但对我来说，感觉内容太丰富而记不下来，要回村里落实这些政策，还需要一段时间。

所以，除白天在这儿接受培训外，还要利用晚上的时间消化、吃透这些政策，并按文件政策一步一步开展脱贫攻坚工作，那样效果会更好一些，时效也会快一些。

"1+10"文件，应当是驻村干部决战脱贫攻坚任务的"宝典"，里面肯定有无数惠民政策与惠民资金。比如，扶贫政策中，种植经果林每亩补助是多少，养殖猪牛的养殖直补又怎样算；比如教育扶贫中，贫困户的孩子上大学，其教育补助资金又是多少；比如基础设施建设要怎么申报等，都需要我们先吃透扶贫政策精神，然后根据政策对症下药，从而减少繁杂的不必要的工作流程。

吃透扶贫各领域中的政策精神后，还要用好用活，让"1+10"文件政策发挥最大作用。

一整天培训结束后，晚上我们又继续参与讨论，讨论"1+10"文件政策好在哪里，要怎样向群众宣传，又要怎么将政策落地落实落细落小。

脱贫攻坚，必须吃透政策精神，必须消化政策用好政策，只有这样，才能推动脱贫攻坚工作。

我就一个字，干

11月7日，星期六，晴

    培训课一直到今天傍晚才结束。结业典礼上，陈副市长谈的一些内容，我印象最深。

    脱贫攻坚是纳入国家战略而考虑的，也是"十三五"十大内容之一。所以，大家一定不要掉以轻心，一定要真干，实打实地干，一直往下干。

    各级各部门各贫困村，要立即研究工作研究政策，把惠民政策精准对标到每一户贫困户，确保干准干好。要以村民组为单位，立即向群众宣传政策，从而提振群众的信心与决心，以此激发他们的内生动力。

    针对"1+10"文件精神，各部门以及各乡镇要制定方案，按方案一件一件落实，让贫困户最大程度享受惠民政策，从而脱贫摘帽。

    村班子强不强，也要对标政策抓好落实，免得一些人"当一天和尚撞一天钟"。对履职不力、不敢担当、遇上困难绕道走的人，一定要清理出来。大战在即，怎么能用这种不能打仗、打不了胜仗的人呢？

    说一千道一万，关键在干。贫困村必须要抓基础设施建设，路、讯、房、环境、医疗阵地等，究竟干完没？如果还没实施，那就立即申报，或者先干，待验收后再补钱。早也是干，迟也是干，为何不趁早干呢？万不可把拖延症带到脱贫攻坚战场。

    在实干中，还有"精准"二字。要精准找出问题，要精准找出对象，要开展精准帮扶，要让贫困户精准脱贫。

    另外，帮扶部门万不能袖手旁观。除了组织帮扶干部精准帮扶外，还要组织企业、社会组织上门帮扶，尽量做到多渠道、多方式开展脱贫攻坚帮扶活动。

两天培训，以及陈副市长这番总结，我理解的就一个字：干！项目未实施的，马上申报马上干；各项惠民政策未落实的，马上帮贫困户申请干；目前正在实施的产业项目，立即加大马力干；精准帮扶如何开展，马上谋划马上干……

只有干，才会干；只有马上干，才会不折不扣地干；只有团结干部群众一起干，才会一鼓作气、不畏艰难往前干。脱贫致富奔小康，苦干实干！

我告诫自己，请不要假装当书记

11月8日，星期日，阴

　　堰塘片区联村党委今天在星山村村委会成立了。

　　成立大会上，镇党委张副书记当选为联村党委书记，我当选为联村党委副书记。

　　联村党委，就是将安居村、星山村、八一村、顺兴村、亭子坝村5个村的党组织联合起来成立的党委，目的就是把党务政务服务工作向前移，更好地服务党员群众，整合资源统筹发展，以免各唱各的调、各吹各的号。

　　成立大会上，新当选的联村党委张书记作了表态发言，随后镇党委胡书记也提出希望。成立联村党委，重点是抓服务工作，抓脱贫攻坚工作，带领党员群众完成上级交给的各项工作任务。联村党委要树立宗旨意识，加强党员培训，让每一名党员都把义务当责任。树立主人公意识，强化使命担当，为把联村党委工作抓出特色而努力。

　　真没想到，自己会当选为这个联村党委的副书记。党委书记明确有关工作职责与分工后，我就告诫自己，一定不能徒有虚名，一定不能假装当书记。同时，我也明白到当好一名助手、当好一名副职，不是轻轻松松的事情。

　　其实，在座的每一位，都有能力来当这副手，大家选我，不外乎就是对我的信任，不外乎就是让我在新的工作平台锻炼成长。

　　我向他们承诺，一定不假装当书记，一定务实，一定向上。向群众学习，向党员学习，向组织学习，学习好作风，学习好方法，学习好政策。一定勤奋，不负期望，兢兢业业、任劳任怨，努力抓组织建设和队伍建设，为5个村的发展建设尽职尽责。努力当好助手，与书记一道，为每一名群众的幸福感、为每一棵树都成为风景、为每一寸土地都能发挥价值、为每一滴水都能闪现光芒，而殚精竭虑、不负重望、不辱使命。

我告诫自己，行事行人，必须让群众监督，必须让组织监督。当然，还要请大家支持与关心，为把这个联村党委建好，而同呼吸、共命运，手挽手、齐奋斗。

联村党委能走多远

11月9日，星期一，阴

　　昨天的联村党委成立了，可今天的支部大会让我又思考很多，我们成立的联村党委，能走多远，能走得好吗？

　　下午的支部大会，我问昨天成立堰塘片区联村党委，为什么有的党员没有去参加？

　　一提联村党委，老党员陈洪江发话了："联村党委，想来就是履行镇党委或镇政府的工作，想来就是镇里的派出机构。把服务延伸是好事，可有那么多人手到这个地方来摆摊设点吗？另外，联村党委拿什么来联？没有产业，没有人员，很难。"

　　"更重要的是，你们通知我们去那个地方学习、开会，路途增加了三倍，既浪费时间又浪费精力，我们这些老同志，很不乐意去那么远的地方接受你们的'服务'。"老党员吴绍刚提出自己的意见，他说，联村党委不是简单地将几个基层组织合起来，天天吼服务、天天吼学习，而是要把精力放在发展上。

　　年轻党员敖世才一针见血："服务，其实是一个冠冕堂皇的设想。你想，现在的党员以及群众，大部分都进城务工，都在城里发展，没有多少人在家。在家的，都是老人和留守儿童，哪有好多需要服务的？关键问题还是要发展，要有产业发展，才能联得起来。可目前，你这个党委能开展工作吗，能自主决策发展产业吗？群众以及党员，更需要联的是产业，是脱贫产业。"

　　不提不知道，一提很热闹。支部会上，昨天成立联村党委的话题一打开，大家都积极热烈地讨论起新鲜事物的利与弊。

　　党员李云凯说："联村党委尽管目前办事服务都还没有理顺，但它一定是一件有意义的事。既然是新鲜事，那就要摸着石头过河，不能因为当前遇上困难与疑虑，就偃旗息鼓、止步不前，而影响敢试敢干的精神与斗志。我觉得，我们村的党员与干部，就缺乏这种敢为人先的精神与勇气。"

"李主任说得没错，可是这个党委要怎样具体抓工作喽？没有相关方案和细则，怎么干嘛？"党员王国坤说，"我们都不反对联村党委的成立，但怎么干，怎么让这个新组织发挥更好的作用，这个要研究，要出台相关政策，让这个新平台发挥作用。大家都谈宏观的，都像是领导，可哪个来抓具体事，要开展哪些工作，这个得定下来……"

"对！不具体，不分工，无人员，无活动，那就是一个摆设！"接过王国坤的话，党员陈波拉开话匣子，"如果需要我去那里上班，我一定去，或者半天都可以，反正要在那里开展工作。可是，谁来定这个事，让我们开展什么工作，有没有服务对象在那儿？不可能天天都是学习吧？"

原本组织大家开展周前学习的，没想提到联村党委的利与弊，大家就讨论起来。听了他们讨论，我就想，这个新事物，究竟能不能坚持下去，究竟有多大作用，真的是一个未知数。

联村党委，我理解应该是"联村、联建、联产、联情、联心"，走有规划、有产业、有文明乡风、家家能富裕的最美乡村之路。可是，联村党委自己能配置资源、配置财力人力吗？但愿，仁怀首个联村党委能取得第一的、有价值的经验来。

请别叫我留守儿童

11月10日，星期二，阴

　　留守儿童问题是一个突出的社会问题。

　　留守儿童正处于成长发育的关键时期，他们无法享受到父母在思想认识及价值观念上的引导和帮助，成长中缺少了父母情感上的关心和呵护，极易产生认识、价值上的偏离和个性、心理发展的异常，个别人后来甚至走上犯罪道路。

　　关爱留守儿童，成为全社会共同的责任，当然，也是村一级组织的责任。

　　今天，我们去安居小学了解情况。安居小学目前有六个班，加上幼儿园学生共有150多人，校长告诉我，留守儿童要占80%以上。

　　留守儿童家里，大都是爷爷奶奶或外公外婆，父母长期在外务工不常回家，一年回一次都像匆匆过客，有的甚至几年都不回来。对孩子的管理与教育，就靠隔辈亲人，甚至是其他亲属。父母要了解孩子的成长或思想交流，就靠电话。

　　没有父母教育管理与人格上的影响，一些孩子形成怕事、孤僻、内向的性格，一些孩子还会养成任性的心理行为。

　　赵校长告诉我们，安居小学这些年，长期性的留守儿童问题给教学带来一定影响。由于留守儿童监护人文化水平普遍偏低，没有能力辅导孩子学习，致使孩子的学习得不到有效的督促和引导，普遍存在自觉性差、纪律性不强和没有良好的学习习惯。

　　由于缺乏有效监管和教育，留守儿童往往对事物分不清好坏是非，不能正确看待问题，容易受社会上负面现象的影响，容易养成不良习惯，比如经常说谎，爱说脏话，不服管教，悄悄拿同学东西等。

同时，由于受父母打工观念的影响，他们心中留下"读书无用"的潜意识，学习与不学习，无所谓。

这是赵校长给我们分析的留守儿童问题与现状，对留守儿童问题如何解决，村一级小学，包括上一级机构，都没有行之有效的措施，平时都是做一些检查考核式的管理服务工作。

分析完留守儿童问题原因后，我们请来了十名留守儿童进一步了解情况。

没想到，十来名孩子一到我们面前，除了一名很安静外，其他孩子总是停不下来，好动、话多，且说话没有分寸，个别甚至没有礼貌。当问及他们想不想父母时，他们都一脸的麻木与冷静，觉得家中有无父母不重要。

但是，当我们称他们为留守儿童时，他们却反对起来，"请你们大人，不要这样称呼我们，我们不想成为留守儿童，请你们尊重小孩子……"

请你们不称我为留守儿童！孩子这句话，顿时震惊了在场的人。看来，他们真的需要真心诚意的关爱啊！

可是，又如何关爱他们呢？

我思索着，可否建立儿童托管机构，可否推广全日制寄宿学校，可否建立留守儿童档案跟踪管理……然而，山区小学与村一级组织，很难实现，开展的工作大都是应付式的，要真正达到父母在家的效果，太艰难。最直接、最有效的办法，就是让父母回家，让孩子真正不留守。

驻村精神是什么精神

11月11日，星期三，阴

今天，我被通知去市里审一个新闻宣传片，内容就是广大脱贫攻坚小康驻村干部的精神风采。

对于这样的新闻宣传片，我真的是外行，所以不敢说外行话，我只能说，驻村干部的酸甜苦辣，何止是这些？当然，短短20多分钟要反映大量的内容，也太难了。

于是，有领导就说，新闻宣传片，至少要体现驻村干部的精神。当前，驻村干部是什么精神呢？

是钉钉子的精神。抓一件事，就必须干完一件事，也就是说，一干到底的恒心与毅力。

是踩钢丝的精神。钢丝上，你只有向前，不敢退缩，带领班子把老百姓的事办好为止，不然你就得下台。

是涉险滩的精神。脱贫攻坚小康工作，一定要有探索的精神与创新精神，打破框框套套，勇敢的闯，勇敢的试，不达目的决不放弃的决心。

是燃蜡烛的精神。驻村干部都有一颗燃烧自己，照亮村民、照亮贫困户的心，比如有的驻村干部，带起工资帮扶，带起家人帮扶。

这四种精神，应该是仁怀驻村干部的精神实质，我们的新闻宣传片，应该围绕这四种精神来制作。

听完大家意见后，我说："我们驻村干部何止这四种精神？这四种精神，充其量是干工作干项目干产业的精神，而脱贫攻坚一线，他们吃的苦，很多都是意想不到的，比如被不讲道理的村民骂、被上级部门误解、被家人埋怨、长期挑灯熬夜、接受上级检查考核时的思想压力、超负荷工作带来的隐性病情等等。非驻村干部、非一线脱贫攻坚干部、非认认真真老老实实为人民群众办实事创业的干部，是体会不到的。"

我提出自己的想法，我说驻村精神，一定不是简单的总结。

"那，你总结一下吧，看要怎样来提炼驻村精神。"有领导提出，要我无论如何也要思考思考。

我无辙了。我问了自己好久，究竟驻村精神是什么精神呢？后来我说，没有精神的精神，就是驻村干部的精神！

我死了，儿子怎么办？

11月12日，星期四，阴

上劲组的李三嫂，以及她的一个智障儿子，是我们的帮扶对象。今天，我一定去她家看看。

来到李三嫂家里，她的儿子就向我打起招呼："你是王书记吧？你是我们亲戚，你是我们叔……"说着说着，他就准备给我倒茶水。

见状，李三嫂阻止了他："你那双手，脏成那样，倒的茶谁喝？"

"嘿嘿，嘿嘿……"李三嫂的儿子笑起来。

李三嫂的儿子叫陈秋波，5岁前是一个聪明的孩子，由于当年发高烧打针，孩子可能受不当药物的影响，一场大病后智力下降。如今，孩子30多岁了，连穿衣洗漱都要人帮。他还好动，家人稍不留神就跑，跑远了又找不到路回家。一家人，曾经找他几天几夜，最后在邻村一个山洞里发现他。

陈秋波的父亲曾是食品站干部，后来食品站改制，他下岗了，就去村小学当了一名代课老师。再后来，父亲因病去世了。

陈秋波有一个姐姐与两个哥哥，他们均在外地工作或经商，都成了家，都想把陈秋波及妈妈接去城里。可是，李三嫂不愿意，去城里、去外地，陈秋波走丢了，怎么办？在村里，至少每个地方都是熟悉的。还有，陈秋波不讲究卫生，去城里很不方便。

"农村习惯了，我们娘俩过得也很好的。只是，给村里和镇里增加了麻烦，村里还给陈秋波解决低保或其他帮助。"李三嫂说，"这孩子苦啊，都是我们年轻时太大意把他害了，这辈子，算是我们父母欠他的。"

说着说着，李三嫂就哭起来："有我在，秋波还有人管还有人照顾，假若哪一天我死了，他怎么办？我都是60多岁的人了，不可能长生不老吧？"

　　我劝她："老嫂子不要担心，你身体还硬朗，不会有事的。就算今后有事，孩子也会有人照顾的，他的两个哥哥，不可能不管他。万一都不管，还有政府呢，你担心什么？现在国家政策这样好，你就不要忧虑了。"

　　"总是跟你们增加麻烦啊，我都不好意思。"李三嫂除了感谢，还是感谢，对陈秋波以及家里的困难，绝口不提。

　　时过黄昏，我与李三嫂告辞。远山，若隐若现的灯光，迎接起晚归羊羔"咩咩"叫的归途，也迎来大山中一屋子宁静的幸福。再回头，陈秋波朝我"嘿嘿"一笑："二天来耍哈！"

宽带！宽带！宽带通了！

11月13日，星期五，阴

从我与梁云洪组长、王安龙副组长来驻村开始就呼吁、奔跑的宽带建设，今天终于落地。

联通公司前段时间答应我们短时间内就施工的承诺，今天实现了。我感谢他们！我们村班子的同志，我们安居村的每一个村民都感谢他们！

可知道，由于没有宽带网络，我们报送信息的烦恼，还有工作效率，在高速发达的信息时代，有多尴尬。

联通公司今天来了不少同志，有行政人员，也有技术人员。通过与我们谈判，最后协商确定，每年2.4万元费用，包干使用，包括村委会和学校的所有电脑。

这笔费用，尽管对于一个村来说算是不低的，但与没有宽带的苦楚相比，能拉通宽带信息，对于我们偏远山区的贫困村与村小学来说，这是多么荣幸的事啊！最后大家决定：这个协议，签！

当时我想，如果村委会，以及学校都不能共同承担这笔费用，由我们驻村工作组的同志负责，或者找有关帮扶单位共同解决。所以，我们与联通公司签订了协议。当然，联通公司也是硬起头皮帮扶我们，拉通光纤宽带，他们要耗费近百万元的经费。如果按目前这点儿费用收取，他们要收几十年才回本。只是，为了反哺农村，为了支持贫困村脱贫致富，他们作出不计回报的决定。

协议签订后，联通公司技术人员立即放线。看到他们在冷风中工作的情景，我们不时地问寒问暖，心底总担心因我们服务不周，致使他们产生意见或别的想法。

看技术人员在山坡上梳理光纤，并在电线杆上架线的情景，我心底就惬意地笑，这下好了，能传输的各类信息，真的可以通过现代网络上传下达了。

"这等好事怎么突然就来了呢？是不是应该庆祝一下？"我问自己。庆祝，只是对过去艰辛努力的怀念。为这宽带，我与驻村工作组王安龙副组长，不知跑了多少路。为拉通宽带，村里的干部，使用各种办法，力所能及地做好一切服务与呼吁。

宽带，宽带，宽带通了！村小学校长赵一说，当看到联通公司技术人员在山坡上施工的时候，我高兴地告诉同事，今后，我们再也不会遭遇传一张图片用四个小时的苦恼事儿了。

不赔偿，就由村委负责

11月15日，星期日，阴

"兄弟，你是书记，村的一把手。我是一个女流之辈，说话可能不好听，但我必须说。如果蔡聪维不把我的树木赔偿了，我就找你们村委负责。说话作数。"

上午，斑竹园组村民喻桂花大嫂到我办公室反映，说硬化公路的施工队工人租住她的房子，把生活垃圾倾倒在她房子后屋檐的边沟里，一下雨就堵水，怎么办？另外，他们还把我院坝里的几棵树砍了，谁来赔？

听完喻大嫂反映的情况，我马上与村副主任王国坤一同去她反映的现场了解情况。

喻桂花大嫂的房子在团山组公路边，由于前些年搬进城，她的房子成了空置房。前不久，为我们硬化公路的施工队负责人蔡聪维向她租下这房子，用以解决施工队工人的食宿。由于租房人产生的生活垃圾找不到地方处理，就直接倒在这房子的房后边沟内，时间一长，垃圾越积越多，不仅污染环境，下雨时还容易堵水。

另外，蔡聪维为硬化从喻桂花大嫂门前经过的公路，就把搅拌场设在她的院坝里，运料车进出运料，以及搅拌机加工，不慎将她的两棵柏树损坏了。

"我这树又没有占公路，又不是现在才长的，都20多年了，他一来，为图方便，为图施工，就损坏，就提刀砍。不把这树赔清楚，他休想施工。"喻桂花大嫂要求蔡聪维必须赔钱，还有把房子边沟的垃圾全部清理走，不然要堵水流进屋内。"如果他蔡聪维不处理好，就由你们村委负责。硬化公路是为村里干的，人是你们村委招来的，所以必须负责。"

现场，我立即联系起蔡聪维。电话中，蔡聪维也认账，他说，那两棵树是因为运料车太宽，公路又太窄，所以进出运料就给损坏了。再说，如果不损坏或不砍那两棵树，车辆根本过不了，硬化公路也不符合标准。当时他是想跟喻桂花大嫂联系的，但没有她的电话，施工时间又紧，所以就事前处理了，望喻大嫂谅解，一定赔偿。至于赔多少，等他回来再协商。

还有，房后边沟垃圾的事，他马上安排工人清理，让她放心就行。

听完蔡聪维电话中的解释，喻大嫂心情平静了些，但她还是不放心，担心蔡聪维几天都不回来。"我不可能在这里等他呀，我还要回城有事。"

"最多两天后就回来，你放心吧。若回不来，我到时来城里找你，一定跟你处理好。我跑得了和尚跑不了庙，你别担心。另外，还有王书记在，他可见证嘛！"蔡聪维在电话中补充。

我也做起喻大嫂思想工作："大嫂你回去吧。若他跑了，若他不跟你处理，就按你谈的，由我们村委负责！"

"等的就是你这句话！行吧，我先回城了，垃圾的事，你立即督促他们清理掉，我过段时间还要回来，如果到时还看到垃圾在，我肯定要冒火的。"喻大嫂向我和坤哥留下话，回城去了。

长辈的苦难，孩子很茫然

11月16日，星期一，阴

"书记，你帮我们学校的孩子上一上励志课吧！再说，你还是我们学校的家委会主任，也有必要参与学校的教学管理工作。"

前不久，安居小学赵校长向我提出，希望我与村班子的同志，给学校100多名孩子讲讲过去，让他们知道今天生活的来之不易。现在的孩子，生活条件太好了，学习反而不努力。

为落实赵校长的邀请，也为开展好"宣传干部上讲堂"活动，我与村班子的同志商议，从今天起大家都去为孩子们上一上励志公开课，就讲个人人生经历，就讲自己知道的苦难故事，让孩子们从身边长辈中感受苦难的过去、幸福的当下。

说干就干，今天就从我开始。

于是，上午我稍作准备后，下午就走进孩子们的"励志公开课堂"。

以"苦难岁月、幸福记忆"为主题，我开始讲起我的童年。那是20世纪80年代，我上小学时没有鞋，赤脚上学，唯有冬天才能穿鞋。衣服也就一两件，从春天穿到冬天。吃的呢？大多数时间都是杂粮饭，能吃饭已经不错了，哪像今天这样天天都有肉有米有面？那时要打牙祭，唯有家中来了客人。

"啊，什么叫打牙祭呢，老师？"台下有同学突然大胆地问我。

当我解释完打牙祭是怎么回事时，台下所有同学都一脸茫然，难以理解——当时为什么没有肉吃？为什么一定要等客人来？为什么不天天来客人呢？

我又继续讲我的少年。那时我在镇上读初中，没钱住校，就天天走路，来回两三个小时，风雨无阻，四季如常。热天一张脸晒得又黑又黄，冷天一张脸被寒风刺得疼痛。由于天天走路，脚上的鞋就不经穿，差不多两个月时间就要穿破一双。没钱买鞋怎么办？我们就自己做草鞋。

"哇，好酷啊，穿草鞋上学！还有，当时没有钱住校，为什么不找政府解决呢？可以申请精准扶贫政策嘛！"台下又有同学不理解当初我为什么要那样。

当初就是没有这样的好政策呀！你们以为像今天这样，人人

▷ 为安居小学学生上励志公开课，但小学生们好像不"买账"。

都有鞋穿，人人都可以安安稳稳地住在学校里？那时，我们整个国家都不像今天这样富，也不可能有今天这样的惠民政策。

"你们说，你们今天谁没有鞋穿？你们身边哪一个大哥哥大姐姐是走路到镇上读初中的？"

我问他们，有孩子反而懵了：现在无数人花时间天天走路锻炼，你们当初天天走路，即锻炼身体，还节省住校费，这难道不好吗？

"生活幸福了，走路是锻炼。生活穷困潦倒时，走路当乘车。"我向孩子们解释过去与现在生活的差异。

就这样，我的励志公开课，足足讲了近一个小时的时间，可我观察孩子们的脸，似乎很茫然，长辈受过的苦，跟他们没有多大联系，也感受不到苦是什么滋味。你在台上讲得无论有多精彩，但他们内心没有一点儿感动——不上高山，不知道平地；不吃稗草，怎知道粗细？

没有亲身体味，哪懂得他人的苦难岁月，哪懂得从出生就过上幸福生活的来由？看来，我们的励志公开课，要改变方式。

脱贫不能"脱"安全

11月17日,星期二,阴

中午时分,村副主任彭模高反映,彭家沟组一口水井不知什么原因受到污染,井水是黑的,群众不敢使用。组长带着群众查了半天,也没查出所以然来。

"会不会有人用粪桶在井里面打水呢?"

有人问,可老彭说,都问了,没有人承认。再说,他们都知道这是饮用水源,自己都要喝,哪个群众会干这种缺德事?不可能的。

那会是什么原因呢?

实在查不出问题,我就让老彭立即通知群众,让他们把井里的水全部抽干,待井里蓄满水后再查原因。

老彭反映的这起问题,引起大家的共鸣,村里,有必要来一次安全大检查。

一合计,我们立即分工行动,开始检查辖区的山塘水库、施工工地、森林、交通运输、副食品店、烟花爆竹专卖店、村小学食堂等。

安全责任大如天!如果不检查不防范,出了安全事故,哭都来不及。前些年,崇音寺组宋长发家,由于吃了毒野生菌,致使他爱人和一个孩子中毒死亡。还有田湾子组村民张天均在山上施工,由于安全意识淡薄,他从山上摔落到山脚,最后身亡。有一年暑期,安居小学一学生偷偷去水库洗澡,不慎被淹死。团山组一名30岁的年轻小伙子,由于乘的车安全设施不完善,导致他被狠狠地摔在公路上,最后失去了年轻的生命……

一起又一起不安全事故导致的家庭悲剧,任何人都想象得出,感受得到。所以,我们必须绷紧安全责任这根弦。没有群众的生产生活安全,脱贫攻坚就是一句空话。

"脱贫，一定不能'脱'安全。"我向大家提醒，希望大家认真负责，认真检查了解情况，同时还要加大宣传力度，除了公共安全的宣传外，还要开展家庭用电、用水、用火等安全常识的普及。我们除了要帮助群众排查安全隐患之外，还要教群众如何排查、排除安全隐患。

另外，今后要把安全检查、安全隐患排查作为经常性开展的工作，至少每月开展一次大排查，并建立台账，做到心中有数，实施有方。要把村里涉及公共安全的地方，比如学校、副食品店、烟花店、交通运输、森林防火、地质灾害等，全部纳入日常监管范畴。

兵分几路，通过一下午的安全排查，大家都反映各地各行业的情况，均未发现安全隐患，还向群众普及了一些安全常识。

不过，他们苦恼的是，连他们自己都不知道要向群众讲些什么，也不知道他们能不能理解。看来，安全知识要学的东西还很多。

调解桌上，只讲对方的好

11月18日，星期三，阴

    彭良高与彭茂高两兄弟，今天终于坐在村委会的调解室。

    几个月前，两兄弟因为鸡吃菜导致的矛盾纠纷，一直没有处理好，一气之下，彭良高就把彭茂高告上法庭。

    法庭初步审理后觉得，这是一起小纠纷导致的诉讼，再说他们是左邻右舍的两兄弟，也是有感情基础的，如果硬上法庭，今后两家人不好相处。于是，法庭建议两兄弟接受调解，当然，由村委会调解效果会更好一些。

    彭良高同意法庭意见，但彭茂高及爱人不乐意，觉得彭良高要告就告，让法官来判。尽管在气头上，可两位老人最终还是听了儿子的，就在村委会进行调解，也想把这件闹了很久的纠纷处理好，免得心里总是不踏实。

    两位老人和彭茂高的儿子一同来到村委会，在镇综治办邓主任的主持下，两位老人就开始阐述自己的观点，让在座的人评理。

    讲着讲着，两位老人就开始指责起对方的不是，也指责起对方家庭成员的缺点。越讲，20多年前的陈谷子烂芝麻的事，都被扯了起来，问题，也越来越多。

    如果要让他们把话讲完，我敢保证三天三夜他们都理扯不清。越听，我越懂得"清官难断家务事"的深刻内涵。

    不可能让他们就这样讲下去的。再说，两位老人讲这些，都是无关紧要的，都是一些鸡毛蒜皮的事，不可能每一件事我们都要跟他处理，也不可能这样处理。两家人前前后后扯出20多年以来的琐碎事，其目的就是彭良高屋右侧的路，彭茂高要恢复，让彭良高顺利通行；彭茂高房子后檐沟原本没有路的，彭茂高一家希望彭良高一家不要把这个地方当路走。

要解决的问题很明确，但大家都不让步，都在想方设法指责对方。

如何将这件事处理好呢？

听了他们针对对方无数的指责，能不能也让他们谈谈对方的好呢？

想到这里，我立即对他们说，你们都记得清对方任何错和缺点，那从现在起，你们就开始回忆对方，并只许谈对方的好，谈自己的缺点！"不然，你们这个纠纷，我们不谈了，你们还是上法庭。"

开始，两兄弟不言语，夸对方的好可能还有些尴尬。于是，我启发彭良高先回忆先讲对方的好。

彭良高很配合，也想趁机将这件事处理好，于是他开口换了个"频道"："彭茂高他们一家人，其实对我们一家特别好。在我修房子时，他还把谷种都送我们吃，还经常跟我背蔬菜。光这一点儿，就值得我记一辈子，这感谢我哥。导致今天这局面，都是相互误会引起的。"

彭茂高见兄弟彭良高称赞自己，他也把彭良高对他的好和盘托出："当年我也修房子，也是兄弟关心我，才使我修了那样大的房子。在我困难时，他把家里不多的油肉，都给了我们一家，使我们一家度过了难关。这是我们一家人一辈子都忘不掉的。"

"出这件事，闹这么长时间的矛盾，也与我有关，我也有不对的地方，这是我明白的。"

讲着讲着，两兄弟都忆起过去对方的好，都想起自己的缺点。

约莫一个小时，两兄弟再没有火药味，再没有一味的指责，口中称赞的对方都是地地道道的好人。

"既然哥都谈了，那你房后的路，我们一家从明天起，就不会再走了，这个你放心。至于我房右侧你不让走的那条路，如果你有为难之处，我们一家不走就是了。没关系的，就当我感谢当年你们的恩情。"彭良高感慨地说。

"那哪能行？不行不行。一个有情，二个有义。你当兄弟的都让着哥哥，我很高兴，我们也决不做没良心的事。既然兄弟都谈了，那我家还有什么道理可讲的？这样，你不走我房后的路，你房子右侧的路，我回去后就恢复，让你们一家继续走，说话算话。"彭茂高的话发自肺腑，他说都是自己的不对，让兄弟你们一家受苦了。多亏没有对簿公堂，不然还让左右邻居、亲戚朋友笑话呢！

两兄弟都谈起对方的好，也都认识到自己的错误，也都朝着一个目标，把问题解决好。

我又担心两兄弟反悔，于是取出笔墨，写起调解书，并与他们喝定心酒，意思是不许反悔，一万年都不允许。

终于，在"只讲对方好、只讲自己错"的模式下，这起闹了几个月的纠纷终于调解好了。今后，安居村如果还有类似纠纷，我们一定用这种方法，让问题得以解决。

▷ 彭良高、彭茂高两兄弟多年纠纷都在酒里，都将被两兄弟一饮而尽。

农村淘宝一定要让农民"淘宝"

11月19日，星期四，小雨

　　安居村的光纤宽带通了，我们想到的一件事就是在村里开一家淘宝店，重点是将村里的农产品卖出去。

　　果真，今天突然传来消息，市里将为所有贫困村开设淘宝店，并于今天去市里开大会进行培训，学习农村淘宝店相关知识。

　　培训会上，农村淘宝店负责人说，现在农村的现状是，消费品价格高、假货多、选择少、购物远，农产品生产成本高、品类少、信息缺，销售农产品渠道窄、推广难、运输慢、人才缺。

　　农民遇上这些瓶颈，才给农村淘宝店带来机会，也让农民可以买得实惠、卖得轻松。通过农村淘宝，让农民成为全球性农民，让贫困村农产品成为全世界都可以购买的商品。互联网、农村淘宝，真正让城市与乡村、世界与中国紧紧地联系在一起，真正实现城乡一体化。

　　要达到这些目标，在村里一定要成立物流公司，一定要有人才回村，至少要有人懂得如何操作，要懂得如何使用淘宝下订单。

　　通过村淘，不仅能帮助一些年轻人创业，还可以促进农产品发展。

　　据仁怀农村淘宝店负责人介绍，阿里巴巴三年时间内，将建1000个县10万村的淘宝店，通过农村淘宝店，以"互联网+"的模式改变农村基础设施、农产品加工、农民技能的提升，以及便利快捷的农村生活。三至五年内，阿里巴巴不考虑赚钱，全部把资金投放在农村淘宝店上。

　　现在的情况是，以县为单位成立运营中心，以乡镇为单位成立服务中心，以村、社区为单位成立服务站，让淘宝店遍布村村寨寨。淘宝店的开设，还需要招募合伙人，由合伙人投资，让合伙人代购代销，让阿里巴巴金融、健康、旅行、生活得以很好地运行。

要搞好农村淘宝，还需要货库、冷库、质检、包装、物流等环节，不建好这些，农村淘宝难以活下去。

阿里巴巴与政府合作后，大家都觉得，智能化时代，干不好农村淘宝店的干部不是好干部，什么都提供了，就只差甩开膀子大干一场了。

那么，开设农村淘宝店，乡镇一级怎么干呢？

首先在全镇进行宣传，包括张贴海报、播放视频等，然后在每个村开始选址装店，并寻找合伙人开展培训活动，一边培训，一边开展业务。

负责人还说，农村淘宝店，不能简单地理解为做生意，它是一种市场手段，在合伙人带动下，让人才回归乡村，让农村市场有下行产品，也有上行产品。通过淘宝村的建立与带动，最终让农村真正成为新农村。这是一种新理念，这是一种新眼界，这是一种新情怀。

负责人讲了很多，我们都学了不少。说真的，之前我从未在网上购过物，什么淘宝支付宝，一窍不通，今天听了，可算开了眼界，也为一个贫困村听出了信心与干劲儿。会场上，市人民政府还与阿里巴巴贵州片区签订了战略合作协议书，这为大家鼓足了干劲带来了信心。

培训会后，我一路思考，在安居村开设农村淘宝店，这是一个新鲜事，按照培训课要求，我似乎感受到一个贫困村的新气象。然而，我也清楚，在村里开设这样的店，买进卖出能对等吗？如果不对等，光买进而无卖出，农村淘宝就只能是淘农民的宝，而不是让农民淘外界的宝。

农民需要消费，当然有一定买进市场，但农民更多的是需要卖出。可是，他们卖什么呢？蔬菜，淘宝店能卖吗？红苕、大米、猪肉、烧酒等，这些东西，能卖出吗？连基本的设备都没有，怎么行呢？所以，要让农民真正"淘宝"，还需要加大农产品的储藏、生产、加工、包装环节，让农产品大量进入淘宝网店，至少每个村要有几个主打农产品吧？

但是，这些对我们安居村来说，一点儿基础也没有，阿里巴巴负责人以及培训的老师，也没有介绍这方面的知识，也没有明确如何开发农产品的事宜。

他们是否就只管网络运营？我觉得，他们也应该走进田间地头，了解一下农村，了解一下农产品，鼓励大家朝着农产品的目标干，朝着农产品进淘宝的目标干。

农村淘宝店，不是开设起来了就算数，不是只管农民买东西，还必须要有生产与销售环节，还要在每个村特别是贫困村，把农产品的生产加工与销售作为硬投入、硬任务，致使农民淘外界的宝，才是路子，才是王道。

看来，要让农民真正"淘宝"，还有很多路要走！

老村民组长"告辞"

11月20日,星期五,阴

原团山村民组组长老王今天走了!

在外地考察学习的我,突然接到电话。电话里,老组长的孙子哭得很伤心,说从此没有爷爷了。

把老组长辞别人世的事写进今天的日记里,是因为他领起退休工资回家乡为群众干了不少实事。

老组长70多岁,是一名退休干部,是一名老党员。退休后,他回到老家当村民组长,管着一个组的60多户群众。每年,农村低保评定、群众纠纷、医疗保险和养老保险费用的收取、高粱订单的签订等,事不少,却没能难倒他。尽管岁月不饶人,但他不辞辛劳,在偏远山区为群众干实事乐此不疲,村委会大会小会,只要一个电话,他跟年轻人跑得一样快。

老组长的几个儿子都在城里工作,都觉得这老头子闲不住,总喜欢往山区跑。问他多少工资时,他说,100元一个月。儿子孙子们嘿嘿笑起来。

笑什么笑?一个月100元工资也是相当高的了,想当年我参加工作时,才20多元一个月呢!这已经是四五倍了。孩子们又嘿嘿地笑起来,当年鸡蛋四五分钱一个,现在一块多,哪能相比?

孩子们反对归反对,但老头子不理会他们,继续干。孩子们埋怨说,不是不支持你为群众干事,而是你年岁大了,村中爬坡上坎,摔伤了怎么办?还有,你一个人在老家,生活没有规律,容易落下毛病。你一个人在老家,一家老小都得为你牵肠挂肚,更主要的是,晚辈们都没有多的时间前去看望。

退休没两年就是老人了?人家褚时健74岁才开始创业的呢,我这年纪算什么?我这不是还挺硬朗的嘛,担心什么?你们分明是把我往死里咒。

对于孩子们的唠叨，老头子很不愉快。

孩子们拿他没有办法，也不好再强行阻止，兴许老人就乐意帮群众干点儿事心里才舒坦呢。农村空气好，吃的蔬菜新鲜，走一走舒筋活血，这对身体肯定有益。孩子们反过来这样想。

拿起退休工资，远离城市来偏远山区帮农民干点力所能及的实事，哪怕一天一件小事儿，都令人肃然起敬。有一天，他管辖的村民组两家人闹矛盾，村支书要他立即去调解，免得滋生意外。支书一个电话，他立即往现场跑。待处理完两家人的矛盾时，已经是下午三四点钟，连中午饭都顾不上吃。一个居民点要修连户路，他起早贪黑，带起群众一干就是一个多月……

为群众干实事，他没有一丝怨言。在原单位，他还是领导呢，而在村里，村支书、村主任一个电话，他立即执行，群众一有召唤，他立即上前。老干部、老党员，为党为民的初心，始终没有变。

村里，老头子坚守了三年多，也得到镇村领导的好评，说他带了一个好头，也经常去他住的地方嘘寒问暖。

然而，一天下午，忙完活并躺在沙发上休息的老头子，突然起不来了，说话也说不清楚。于是，左邻右舍立即打他亲人的电话。后来送到医院检查，是脑溢血。经抢救，他清醒了过来，后来的结论是，要慢慢疗养。

经过两年多治疗，老头子可以行动自如了，说话也很流畅。可是，天有不测风云，老头子一天清早上厕所不慎摔倒，导致腰椎骨折，送医院手术抢救无效去世。

王组长病逝的消息传到家乡，组里不少群众都念叨起这位老人，这个为他们办了一些实事的老人。现任村民组长敖永清在电话中告诉我，他一定来城里，代表乡亲与老人道别。老人追思会上，他想代表家乡群众悼念老人，并让我帮他写几句悼词。

心底满是感动，感谢乡亲们的情谊，感谢老组长留下的为民足迹——老组长的"告辞"，是一次党心民心检验！

一样的穷人，不一样的儿子

11月23日，星期一，阴

　　今天，我去走访贫困户，让我感受最深的，是两家不一样的儿子导致的贫寒。

　　干子坪组陈绪陶，一个70多岁的老人，孤苦伶仃地在家里过。他的房子被列为危房改造对象，但目前还没有动工。他家里，算得上一贫如洗，连取暖用的煤都没有，都需要村里帮助他解决，帮他运到家。他吃的、穿的，全靠民政部门救济。

　　老人年岁高、耳失聪，我们说话要大声他才听得明白。他爱人前些年去世，他的儿子从家出走多年至今没有归家，不知是死是活。听别人讲，儿子去了云南，好像在云南安了家，又好像没有安家，不知哪个说的是真的。还有，儿子从来不打电话回家，他在外边干什么，没有人知道，对父亲没有过问，也不联系。

　　家中没有儿子，没有其他亲属，老陈的生活过得很不轻松，一个人要做饭，还要种一点地，还要养牲口。这些对于年轻人或身体健康的人来，很轻松，可对于70多岁、连走路都相当吃力的老人来说，相当艰难。老陈最担心的还有，如果突发疾病，连找医生捡药都没有人。老陈没有电话，也不会使用电话，深埋在老人身边的不确定性困难，相当大。

　　谈起儿子，老陈就沉默，简单介绍儿子出去多年、从不与他联系的话后，就不再言语。老陈行动不便，床铺上的衣被，很长时间没有洗了，家里环境卫生，也很差。家中要有年轻人，不至于这样的。组长与村里的干部，都不理解为什么老陈的儿子一去就不回来，把一个老人放在家里，他安心吗？

　　父母在，不远游。我们都希望老陈的儿子，尽快回到老人身边。尽管老人有低保、有救济、有政府改造的房子，但养老送终，让父亲安享晚年，儿子不应该缺席啊！

与陈绪陶老人形成鲜明对比的，是崇音寺组的贫困户刘朝潘。

刘朝潘脚有残疾，爱人身体也不好，加之三个儿子上学，这家人可谓穷上加穷。还好，现在有国家惠民政策，包括教育扶贫、医疗扶贫等，刘朝潘度过一次又一次难关。

因为穷，刘朝潘曾想过放弃，让大儿子去打工，早点儿脱贫。然而大儿子不同意，宁愿自己边打工边挣学费，也要把书读下去。尽管读书不一定能让一个人或一个家庭脱贫致富、飞黄腾达，但至少能让人看到希望。不仅自己不能放弃读书，就是兄弟两人也不能放弃。

儿子说服父亲母亲，又继续上学。好在，因脱贫攻坚政策，刘朝潘儿子读高中、读大学的费用，几乎全免，每年还有一定生活补助，这为刘朝潘的负担减轻了很多。

有争气的儿子，感受到国家政策以及帮扶干部的关爱，刘朝潘干劲儿越来越大，拖着伤残的脚，也要把猪牛养壮。因国家好政策，他的危房也得到改善。

一谈起儿子，刘朝潘和爱人就一脸的幸福，大家都说，你们一家要出头了，三儿子将来大学毕业参加工作后，日子会越来越甜的。

"我现在就甜起的！有你们帮助，有国家好政策，有儿子的努力，我睡着都笑醒了。"刘朝潘爱人脸上的幸福感，跟她说的话一样，也甜到了大家的心里。

刘朝潘一家与陈绪陶老人一家，都同样是穷人，可为什么儿子就不一样呢？我知道我们村的穷人，穷的原因不一样，但作为这个时代的年轻人，奋斗与孝敬老人，与家人和睦相处、相依为命，应当是一样的啊！

"全面二孩"的宣讲

11月24日,星期二,阴

宣讲,是基层干部特别是村干部的必修课。

来村任第一书记以来,至少每周有两次以上的群众会、党员干部会、群众纠纷调解等,每次集会,都离不开向群众宣讲党的好政策。这不,10月26日召开的中央十八届五中全会,其精神又是我们宣讲的主要内容了。今天的群众会宣讲,"全面放开二孩"政策,又成为我宣讲的主要内容。

我国人口形势发生了转折性变化,人口总量增长的势头减弱,人口结构性问题突出,劳动年龄人口开始减少,老龄化程度加深,出生人口性别比居高难下,人口均衡发展压力增大。早在1980年,党中央发表的《关于控制我国人口增长问题致全体共产党员共青团员的公开信》就指出,过30年后,特别紧张的人口增长问题可以缓和,也就可以采取不同的人口政策了。

当前,我国人口发展确如1980年的预测,并出现转折性变化。

一是人口总量增长势头明显减弱,育龄妇女数量逐步减少,特别是20-29岁生育旺盛期妇女数量下降较快。群众生育意愿发生转变,少生优生成为社会生育观念的主流。

二是人口结构性问题日益突出,劳动年龄人口开始减少,老龄化程度不断加深,出生人口性别比长期持续偏高。

三是家庭规模缩小,养老抚幼、互助互济等传统功能弱化。这些变化,给经济社会发展和人口安全带来新的挑战。今后几年,我国劳动力资源比较丰富,社会抚养负担较轻,是调整完善计划生育政策的有利时机。遵循人口发展规律,顺应人民群众期盼,全面实施两孩政策,有利于优化人口结构、保持经济社会发展活力、促进家庭幸福与社会和谐,有利于中华民族长远发展和"两个一百年"奋斗目标的实现。

2015年3月以来，国家卫生计生委组织若干研究团队，就全面实施两孩政策进行了多方案测算和研究论证。先后召开了近百场研讨会，听取了人口、经济社会、资源环境领域专家和各级卫生计生部门、相关部门的意见，到20多个省份开展了深入调研，会同发展改革委等相关部门反复论证，形成了系列研究报告和有关全面实施两孩政策的建议，为科学决策提供了重要支撑。

10月26日中央十八届五中全会召开，10月29日全会公报：全面实施一对夫妇可生育两个孩子政策。公报还指出，要促进人口均衡发展，提高生殖健康、妇幼保健、托幼等公共服务水平。

宣讲了这些，有群众问，王书记，那这个政策好久实施呢，是不是以后就不开展计划生育工作了？

我继续宣讲，根据十八届五中全会精神，全面实施两孩政策需要提请全国人大常委会修订《人口与计划生育法》，配套的法规也要相应修订。修订后的《人口与计划生育法》施行之日，就是全面两孩政策正式实施之时。

另外，中央公报中指出，要提高生殖健康和服务水平，所以开展计划生育工作依然不会变，超生行为依然会受到法律法规的处理。全面实施二孩政策，也必须全面实施优生优育服务，所以计划生育工作，不会因为二孩政策而减弱，相反还会增强。

计划生育服务有哪些？比如孕前检查，这是一个相当好的惠民政策。通过检查如果发现男女双方身体不适宜怀孕，就不能受孕，否则孩子出生缺陷的机率就高。哪一个父母，不希望生下健康的宝宝呢？可是，就有些育龄夫妇找借口，不乐意孕前检查，就更别说备孕的事了。另外，怀孕期间，也要特别注意有关事项，这是优生优育要求，可我们部分育龄夫妇却不重视。

"王书记讲得有道理，要不然生个缺陷儿，这辈子就麻烦了。"团山组村民敖正刚现场感慨，并与大家讨论起来，我们要相信科学，相信政策，村里的干部要跟年轻人多宣传，让大家都重视优生优育。

看来，对政策、对新生事物的宣讲，我们放松不得！宣讲，一定要让农民理解，一定要让他们能运用，从而解决他们遇上的疑难。

你们永远都是我的"肝儿"

11月25日,星期三,小雨

今天,镇召开党委班子调整座谈会,胡书记不再担任党委书记,履新坛厂街道党工委书记,戴镇长升任党委书记。

知道胡书记即将奔赴新岗位、新征程,大家都舍不得,心里都"矛盾"重重,既希望他不走,又希望他远走高飞。

胡书记到三合工作已经六个年头,从镇长到书记,他为三合镇人民群众付出了心血,干出了成绩,特别是小城镇建设、脱贫攻坚等工作,都是有目共睹的。在三合,他与同事一起加班,二楼办公室的灯,总是熄得很晚;数百贫困户和群众,他躬身问计;十个村居山山水水,他没有不熟悉的泥土;百余同事,他的称呼永远都是"肝儿"(方言,心肝儿宝贝的意思,是指最亲的兄弟姊妹)。

"我心里,胡书记就9个字:好班长,好领导,好兄长。"履新党委的戴书记说,与胡书记共事几年,在他身上学到了很多东西,他的精神激励自己一定要接好接力棒,把三合这块美丽的土地建设得更美丽、富饶与和谐。

纪委冯书记感慨,三合这块土地,是历届班长带领广大干部群众建设起来的,胡书记没敢忘记初心,没敢忘记一茬接着一茬干的使命,才使今天的三合形象更新、生态更美、群众更富。"他要去另一个地方任职,这是组织的信任,我们舍不得也要支持拥护,也得祝福他再创新成绩。"

"我没有啥子好谈的。胡书记对我来说,就是让我找到了自信,找到了干群众工作的一些方法。我感谢他!"水利站仇站长说,三合是一个缺水的区域,解决水利扶贫、水利建设、水事纠纷等,对群众来说是十分迫切的事,水利站长的压力也就不难想象。"在胡书记的鼓励下,我才壮起胆子担起这个担子的。几年时间的群众工作，个人能力与政治修养、群众纪律都得以提升。"

"您履新去了，没人喊我们'肝儿'了，肯定一段时间是不习惯的！"城管队涂大队长说，胡书记跟大家打招呼，永远都称"肝儿"。一听这称呼，心头就热烘烘的，一切埋怨、一切懒惰都烟消云散。

"我还能说什么呢？大家都说了很多，除了祝贺，就是感恩，就是期待。安居村的群众和党员，肯定忘不了你走村串户、访贫问苦、攻坚一线的身影……"座谈会上，我跟大家一样，都有道不完的同事过往，感之不尽的战友情谊。

意犹未尽中，胡书记动情地说："你们永远都是我的'肝儿'！这么多年，是大家关心、帮助、包容我，才使我带领大家同奋斗、同甘苦，才使三合这块土地以及人民群众越来越美丽幸福。感谢大家，你们永远是我的'肝儿'。带上你们的好作风，带上你们的祝福，把你们对我的好化作动力，在另一块土地上不折不扣地抓脱贫攻坚，为人民群众的福祉再出发！"

群众来话有指责，也有夸奖

11月26日，星期四，阴

"王书记，合林的路灯，你管不管？你们干事要公心，不能安装个路灯都搞'灯下黑'，群众的意见大得很！"

今天早上一进办公室，屁股还没有坐热，合林组组长敖世强就打电话朝我反映，并不客气地说，镇里村里的干部去他们组安装太阳能路灯，几家群众的房前没有安，现在安的，都是有钱有地位的人家，穷人家门口，路灯是什么样子都见不到。"这种'灯下黑'，你当书记的坐得住不？"

这是怎么回事呢？

电话中，敖世强继续反映说，财政分局一事一议太阳能路灯的项目，是村里以合林组的名义申报的，项目来了，就应该一个组一起安，不能拿些安拿些不安，不然没安上路灯的群众闹起来怎么收场，而且影响合林形象。

怎么会有这种情况？疑惑中，我电话咨询起财政分局的潘会计来。

潘会计说，合林组的路灯，确实是村里以合林组的名义申报的，项目确实也下达了并开始实施，只是目前生产、安装太阳能路灯的厂家忙不过来，就先跟合林组安装一部分，剩下的两个月后再安装。"怎么事一到他们口中，就变味了？啥子叫'灯下黑'？书记，他敖世强不了解清楚，就跟你乱反映，不实事求是嘛！安路灯是顺公路安起走的，安到哪里就算哪里，哪有先给有钱人家安的事儿？你跟他说，如果两个月后安装不上，你让他们直接来找我，我承担……"

了解情况后，我立即跟敖世强联系并转述潘会计的原话，同时，我也向他保证：如果两个月安不上路灯，大家可以来找我，也可找潘会计。再说，祖祖辈辈没照路灯都过了，就这两个月等不得？如果哪几家人的思想工作做不通，那就先安哪几家的，如何？

听完我的电话，敖世强停了片刻："好吧，我就信你一回，我去跟群众解释就是了。如果解释不通，你们自己来解释。"

放下电话约一个时辰，我又突然接到一个群众电话："喂，王书记吗？太感谢你了，你帮我们处理了一件难事，我们年轻人在外挣点钱，都安心！"

刚刚还受群众指责，而现在又有群众在电话里夸奖，这是哪出跟哪出？

"你是谁啊？有事就直说，有困难就讲，不要绕弯子了，能帮能解决的，我一定办。"我回复起来。

"我不是找你帮忙的，是打电话专门感谢你的。真的！你不认识我，你的电话，是我之前问其他群众要的……"

原来，这个陌生电话，是彭水组彭茂高远在外地务工的儿媳妇打来的，说我为他们家解决了几年都没有解决的烦恼。父母与叔叔彭良高的纠纷，一闹就是几年，还上法庭，弄得两家年轻人在外务工、发展都不安心，就担心两家老年人闹出意外。这下好了，矛盾解除了，两家老人的心气儿也顺了，在外工作的年轻人，肯定踏实了呀！

"王书记，我之前跟你打过电话的，听得出来，你是一个对农民真心诚意的人。我相信你，以后遇上困难，一定找你帮忙！"

知道是彭茂高的儿媳妇后，我立即想起来了。前不久，我与镇政法委陈书记一行前去他们家调解两家老人的纠纷，没想受到她妈妈的埋怨。从他们家出门后不久，彭茂高的儿媳妇当时还在电话中跟我们赔不是，说妈妈年纪大了，让我们理解。对老人，我们当然不会计较，也就不会放在心上，可对彭茂高的儿媳妇，我们却记得牢，觉得她知书达理、善解人意，当时我们就觉得，只要有这样的年轻人，两家再难的纠纷，都会处理得好的。

"过奖了，区区小事，不必挂齿，这是我们应该干的。放心吧！你们安心在外工作就是了，家里有困难，交给我们处理。"电话里，我假装觉得这是一件小事，其实心里很激动，像是受到表扬一样，成了今后我们化解群众纠纷的一种力量，纵使有过指责，那都是隐藏于群众心底对基层干部很高的信任与依靠！

栽不活？只要我活就一定让它活

11月27日，星期五，阴

下午，习水县隆兴镇葡萄苗基地里，党支部副支书袁光理跟我打起赌，兄弟，我们都是干基层工作的，都是为群众干实事的，有一句就整一句，不扯那些没用的。

"如果这葡萄苗栽不活，我赔偿。"袁光理斩钉截铁地说，"如果我活着，就一定让葡萄活。"

我们安居村的葡萄基地建设已经好长时间了，网架、路道也基本完工，缺的就是栽植葡萄苗了。于是，在镇农服中心蔡主任的带领下，我们前往习水县隆兴万亩葡萄基地，准备引种那里的水晶葡萄。

之前，通过几次调研，以及袁副支书对安居村的考察确认，我们最终确定在安居规划的葡萄基地里栽种水晶葡萄。苗子，就选袁副支书跟我们推荐的。

来到袁副支书推荐的葡萄育苗基地，看到被霜打得泛黄的葡萄苗叶子，我就担心起来："袁副支书，这苗，看起来半死不活的，栽得活不？我担心起苗到安居去栽不活，我怎么向群众交代？"

"看来，你真是外行！这葡萄，插都插得活呢！不信我们打个赌？挖回去如果栽不活，算我的，所有损失，我负责。"袁副支书扶起匍匐在地里的苗藤说，你别小瞧它，我敢保证，一到你那地里，它疯长得跟竹笋一样。"我连这点信心都没有，就白费这么多年的种葡萄经验了。"

袁副支书除了让我不要担心外，他还向我介绍起水晶葡萄的习性来，以及他的葡萄经。育苗地里，他还向我们上了一课，不论什么情况下，只要干脱贫产业，都不能等，不能靠，不能"坐山观虎斗"，看准就干，干就干到底，不然错过时机、错过季节，后悔的是我们自己。

隆兴万亩葡萄基地，袁副支书说，他就是靠勇气与胆魄，带领群众闯出来的，而今闯出了葡萄产业路子，还受到遵义、省里的表彰。干产业，不能一味地算难处，还要算市场，算信任，算干劲，算信心。

不再二话！葡萄基地里，我与蔡主任一行简短商议后，立即答应袁副支书，安居村的所有水晶葡萄苗，全订购隆兴镇的。

安居村被点名

11月30日，星期一，阴

"安居村第一书记，来没？"

今天全市小康驻村第五轮调度会上，正在埋头做笔记的我，突然被市领导、小康驻村负责人游部长点名。

"在，部长。"我回答。

"好。你回答几个问题。安居村多少贫困户？"

"2014年304户，通过精准识别，现在86户。其中低保34户，剩下都是贫困户，都是因病、因学、因劳动技能不足导致的。"

"安居多少人口，多少户？"游部长又问。

"5064人，1100户。"

"你在村里每月驻村多少天？所有贫困户走访慰问完没？"游部长继续问。

"每月驻村大概25天左右，所有贫困户是走完了的，部长放心！"

"放心？那我问两户，你如实回答。"远处，我看到主席台上的游部长翻起资料，随后就问我，"宋长发家，在哪个组，家里几口人？"

"报告部长，他家三口人，就宋长发与两个读小学的孩子，住崇音寺组。他是我们的苗族同胞，是因病致贫。"

"好。敖永香哪个组？为什么致贫？"游部长再问我。

"敖永香住坝子组，是因学致贫。他家共五口人。他儿子早年去世，儿媳在外务工，两个孙子上大学，敖永香与爱人，都60来岁了，在家务农，种了几亩高粱，养了几头猪……"

"好，不答了。"游部长继续问，"安居现在的产业怎么样？"

"感谢部长关心。安居村现在正建葡萄园，规划建300亩左右。目前，网架与部分机耕路基本完工，明年初就栽植葡萄苗。另外，我们还建了水产养殖，大概60亩左右。由于项目批得缓慢，我们就先工资抵押贷款来修，等项目申报成功后，再填补贷的款。脱贫攻坚，没有时间等啊！"

"那你的利益联结机制呢？"游部长最后问。

"'支部+农户+贫困户'的模式，即产业由村里或财政资金投入，产生的利益，由党支部、贫困户和农户共同分成，即三三四的模式分成。"

"大家听到没？这是认真驻村的表现，只有真正驻在村里，只有认真干事，村里的数据与情况，才能做到一口清。驻村，应该是这样的啊！"游部长说，"今天安居是突然被点名的，下一次调度会，还会点其他村的名。驻没驻村，一问就知。是骡子是马，拉出来遛遛就明白！"

"吔，你不坐下，站起干什么？骄傲起来了？"见我还站着，游部长调侃起我来。

"没有，没有，部长，我搞忘坐了。您也没喊我坐，怕您又出题。我汗水都紧张出来了！"我回答着，心里却美滋滋的。

其实我心里，真期待她再出几道村里的题，让偏远落后的安居村，以及我们的群众和基层党员干部，能有机会在大家面前展示展示啊！

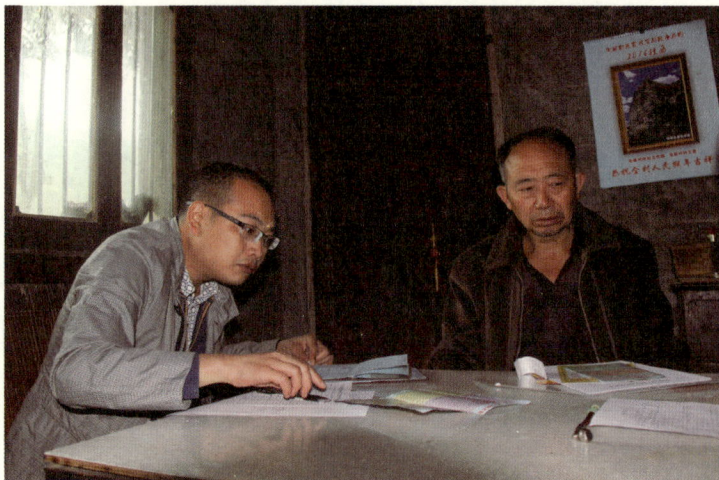

▷ 被游部长在会上点名的贫困户敖永香（右一）。

一堂"有板眼儿"的宣讲课

12月1日，星期二，阴

今天，我去跟群众宣讲十八届五中全会的精神。宣讲，要讲群众听得懂的语言，还真是一门学问。

驻村以来，几乎每个周都有一至两场群众会，一有群众会，我们的宣讲肯定是少不了。从以前的宣讲效果看，光讲理论、光讲书本上的东西，群众都不乐意听，但凡讲喜闻乐见的故事，群众喜欢听的故事，他们都会竖起耳朵来。

可是，今天这堂十八届五中全会的精神，要如何讲呢？

我说，每家人，每年或者几年都有一个小小的规划，比如，今年孩子一定要让他上学；比如今年再去挣一些钱，回来把房子改善一下，或者在城里买一套房子，让城里读书的孩子有房子居住；比如，今年一定要种20亩高粱，一定养30头猪……，都是我们一家人的规划。只有规划，我们发家致富才有目标，才有信心。

一家人是如此，那我们国家呢？当然也是如此了。

所以，我今天要讲的，就是我们国家前段时间开了一个中央会议，叫十八届五中全会，就是研究规划的，五年一个规划，叫"十三五"规划。

那规划些啥子哟？跟我们有什么关系？村民敖永凯问。

当然有关系了。即将开启的"十三五"规划，也就是到2020年实现第一个百年奋斗目标、全面建成小康社会收官的五年规划，也是中国经济发展进入新常态后的首个五年规划。全会提出了全面建成小康社会的新目标，首次提出创新、协调、绿色、开放、共享五大发展理念，为中国"十三五"乃至更长时期的发展描绘出新蓝图。

全面建成小康社会，这个大家都理解吧？也就是再过五年，人民生活水平和质量普遍提高，我国现行标准下的农村贫困人口实现脱贫，贫困县全部摘帽，解决区域性整体贫困，建成的将是小康家庭。我们小康的内涵更加清晰、全面和具体，这是一个更高水平的发展目标。

经济方面，我们国家将保持中高速增长，在提高发展平衡性、包容性、可持续性的基础上实现"两个翻一番"，产业迈向中高端水平，消费对经济增长贡献明显加大。这对于我们人民群众来说，腰包更鼓，生活更宽裕。工业、农业、服务业强劲发展，我们在外打工，都比较好找工作，收入也可观。大家说腰包会不会鼓？

中央还提出，实现这一目标必须遵循"六个坚持"，即坚持人民主体地位，坚持科学发展，坚持深化改革，坚持依法治国，坚持统筹国内国际两个大局，坚持党的领导。

更具有深远意义的是，全会提出创新、协调、绿色、开放、共享的发展理念，并强调这是关系我国发展全局的一场深刻变革。

这是因为，创新发展，是我们国家发展全局的核心。从实施创新驱动发展战略到推动大众创业、万众创新，中国已走上全面创新之路。未来五年，创新在国家发展全局中处于什么地位？全会给出明确答案，必须把创新摆在国家发展全局的核心位置，让创新贯穿党和国家一切工作，让创新在全社会蔚然成风。

"我们就种地，不理解你说的创新，未必种地也能创新？"对我宣讲的创新发展，村民陈绪清疑惑地问我。

干农业怎么没有创新？比如，你们用铁牛犁地，是不是创新？这都是创新的产品，如果没有创新，大家一家用牛耕地，效率还不高。比如大家用的手机，过去只能打电话，现在可以发微信，这是不是创新？我们身边的创新，对我们生活有影响的创新，太多了，举不胜举。

也就是说，如果我们国家加强创新，人人都创新，人人都可以搞发明，你说我们国家多牛啊？你们信不信，国家提倡万众创新创业，将来开车，不用驾驶员，我们坐在车上，就可上街赶场。

原来，创新及其产品，真与自己的生活息息相关，村民都乐得笑起来，一定要活到不用驾驶员就能开车出行的那个时候。

我再讲协调发展。我说历经改革开放30多年的高速发展，中国正面临着一系列不平衡、不协调、不可持续的问题。重点是要促进城乡区域协调发展，促进经济社会协调发展，促进新型工业化、信息化、城镇化、农业现代化同步发展，在增强国家硬实力的同时注重提升国家软实力，不断增强发展整体性……

我说，协调发展，大家肯定有切身感受。大家想想，是不是很多村民都去城里了，为什么要去城里？因为城里可以坐公交车，有自来水用，有更好的就业岗位，有更好的创业机遇。而农村呢？没有这样的条件，所以大家都想往城里赶，因为农村太落后，所以国家现在提倡协调发展。

我这一讲，大家明白了协调发展是怎么回事儿。当然，协调发展，从宏观上讲，还有区域协调发展、城乡协调发展、物质文明和精神文明协调发展以及经济建设和国防建设融合发展等四个方面的协调发展的方向和目标。

对绿色发展，我也以"比喻式"的方法向群众宣讲说，我们村光秃秃的样子，生态环境差，水土流失严重，所以发展离不开绿色。未来五年，国家必须要破解生态环境环保短板的难题。十八届五中全会把生态文明纳入"五位一体"总布局，随后又将"生态环境质量总体改善"列入全面建成小康社会的新目标，这释放出党中央努力建设美丽中国的决心和信心。

我们现在要干的事，就是植树造林，绿化荒山。

当然，我还讲了开放、共享等理念，让大家听起来不枯燥，不离场。散会后，村民吴少清说："王书记讲课，就是板眼儿多，大家都愿意听。只要他讲课，只要他开会，我们都愿意来。"

看来，群众说的"有板眼儿"的宣讲课，肯定有效果。

安居旅游公路之"旅"

12月2日, 星期三, 阴

　　我们村要建旅游公路, 这是大家都知晓的, 也是支持的。

　　安居村要发展成旅游村, 光是道路, 就是一大难题。目前安居村的公路尽管都在硬化, 泥巴公路也将成为历史, 通行条件也将全面改善, 但旅游大巴或中巴车进不来。要发展旅游村, 旅游公路必须一并考虑。

　　于是, 我们驻村工作组的同志与村班子同志商议后, 决定前往连接赤水河旅游精品线的合马镇陶洪村考察。因为, 安居村要打通旅游公路必须经过陶洪村。陶洪村与我们村的火石土林场接壤, 这条通道必须经过两个村的林场。

　　来到林场, 我们再也走不动了, 因为茂密的树林, 我们只能站在山梁上远远眺望。

　　这条旅游公路, 我们初步估算, 可能有6千米路程, 经过我们村林场的路段, 至少5千米。大家现场粗略看了一下, 觉得这路施工难度不是很大, 如果按6.5米的宽度, 这条路至少千万元资金。还有, 这条公路经过生态林, 林业部门允许吗? 还有环保呢? 更为艰难的是, 这么大的资金量, 从何而来, 能否立项?

　　当然, 如果打通这条公路, 安居村不仅建起大通道, 还缩短了到茅台、到仁怀城区的路程。

　　这条路打通后, 还是一条旅游路、脱贫路、致富路。

　　大家现场粗浅勘察后觉得, 很有必要打通这条路, 回村委会后立即向交通部门打报告。

　　从现场回来, 我立即草拟报告, 可是, 向上级打报告, 村一级不能越级, 要通过镇政府上报才行。但是, 镇里同意吗? 毕竟修这样的路, 尽管群众呼声高，可镇里能立项向上报吗？这条公路，不是普通小康路，因它涉及林地、国土、环保等，涉及其他乡镇村居，协调起来不可能一帆风顺，也不可能不花精力。

管他的，先把报告向镇里递交了再说吧，他们向不向交通部门或市里报告，就是他们的事了。至少，我们工作组的工作是考虑在前的，是为群众出了力的，如果最终没有结果，也无遗憾。

十件事，我理想的2016年

12月3日，星期四，阴

今天上午，工作组梁云洪组长、王安龙副组长和我，一同向镇党委戴书记汇报工作，希望他支持我们想干事的想法。当然，支持其实就是项目与资金的支持，以及政策方面的支持。我们知道，向上级要项目要资金是一件困难的事，他也要向市有关部门申报争取才行。

2015年很快就要结束，下一年工作，我们想围绕基础设施建设、产业发展、人居环境改造等工作开展，希望书记相信我们能干得好。安居村，我们不愁辛苦，就愁没有项目，就愁没有领导支持。

我们向戴书记汇报，2016年，我们主要围绕十件事来干。

一是村集体经济发展。安居目前没有集体经济积累，为真正的空壳村，村里要用经费，全靠财政公共经费。所以发展村级集体经济是当前必须抓的事。我们准备在崇音寺办一家水厂，根据那里的水质水量情况，开一家纯净水厂是有条件的。再说，那里已经有一个村民买了设备，现在差的就是手续和约20万元的资金注入。只要有资金注入，只要手续批下来，办水厂应该是可以赚钱的。我们测算了一下，村里一年能有2万元的收入，这是立竿见影的事。

还有水产养殖，我们目前正在建，计划完成50亩，如果这个项目搞得好，村一年的集体经济收入，可以超过10万元。还有葡萄基地，目前建了约100亩，我们还想再增加200亩。如果每亩村里能有200元收入，一年下来，单葡萄种植村集体就可增收6万元。当然，葡萄种植要达到这个收益，至少需要五年时间。

二是争取立项开建安居村到合马镇陶洪村的旅游公路。这公路的走向，我们昨天现场勘察了，整条公路6千米多，是安居村连接赤水河及其旅游公路的重要通道，如果按旅游公路标准建设有难度，那么我们就以小康公路标准先期建设。

三是建成农村淘宝店。目前村里的宽带已经拉通，发展电商有条件。还有将安居村的农特产品拿到中枢城区融亿小区专卖，以此增加农民收益。

四是安居村环境整治。新农村风貌改造，以及古城堡的保护利用，古村落老旧房屋保护与利用，包括古梯田整治、湿地公园整治等。

五是古城堡山脚下展览馆的设计与建设。该项目建筑面积约200平方米，硬件设计问题不大，问题大的是老旧物件的收集，这需要花很多时间与精力。

六是村的党建工作。把安居村打造成遵义市一级党建扶贫示范村。

七是驻村工作。2016年每个驻村干部每月要坚持为群众办好十件实事，哪怕是为群众跑一次腿背一回农产品，都是实事。事无大小，只要坚持，一年下来，我们驻村工作组可为群众办实事几百件呢。同时，在公示栏里要向群众公示，从而接受群众监督。

八是三沙公路到杨柳坝再到古城堡这一区域，在2016年拟建花卉园。希望选一种既可供观赏、又可产生经济效益的花卉。

九是完成全村农旅游一体化的规划设计，并按童话式的村庄予以设计、建设。

十是挖掘崇音寺苗族同胞传统文化，改编一至两个具有安居特色的文化节目。挖掘整理崇音寺古寺庙遗址及其遗留民间的文化，并将古寺庙复建纳入旅游村的规划内容。

听取完我们2016年十件实事的汇报，戴书记予以肯定，表示安居能超前谋划驻村工作，表明安居村各项工作特别是脱贫攻坚工作都走在全镇的前面，这种敢为人先的精神，值得大家借鉴。安居村十件实事，是安居群众发展之需、脱贫之要，是符合实际的。与此同时，一些项目争取难度较大，一年时间可能难以完成，可能需要更多的时间，大家需要耐心等待。

尽管我们拟定了十件实事，也向书记表明了我们的决心，但我们心里还是没有十足的底气，一些项目不是村一级镇一级能左右的。当然，我们还是奉行群众口头的一句俗话：敢想敢干，成功一半。

十件实事，权当我们2016年的理想！

五名群众的宣讲课

12月4日，星期五，阴转雨

　　今天我们去崇音寺组宣讲十八届五中全会精神以及省扶贫政策，但令人感到意外的是，听课的人就五名群众，与我们一同去的宣讲干部一样多。

　　听组长刘朝虎说，要宣讲，得提前一天通知，不然听课开会的群众就很少，因大都上山干农活去了，要遇上赶集天，好多人都去赶集去了，留在家里的人肯定就不多。再说，现在有多少人在家呢？绝大部分都进城务工了。

　　今天来宣讲，我们确实没有提前通知，确实是我们不曾想过的。当时我想到的是，大冬天的，山上的农活都干完了，应该都猫在家里取暖，来宣讲，只要一通知，他们便会来的。

　　"你想错了嘛。再冷的天，我们这儿的人，都闲不下来，万一干完了农活，那要不要喂牛喂猪喂羊？你们这个时候来，他们正好进山割草去了。趁农闲割草喂牛，让牛膘肥体壮，来年春耕，牛才有力气。"组长刘朝虎讲起农业经。

　　我与一同去的几名干部商量，如果通知群众回来，肯定影响他们在山上干活，再说，他们也不一定能来。我清楚地记得，在西藏边防一个哨卡，十多名文艺工作者专门为一名士兵演唱歌曲呢，当时那名哨兵哭了，演出的演员们，也哭了。在部队，哪怕就是两三名战士，也要召开支部会或班务会的。难道，只有五名群众的宣讲会，就不能宣讲？于是决定，就是五名群众，也要跟他们宣讲。

　　就这样，我开始讲起十八届五中全会的精神来。当然，宣讲中央精神和党的理论，一定要结合群众的理解能力，一定要结合他们了解的故事，一定要与他们有关，他们听起来才不费力，才有收获。

　　除了我讲，梁云洪组长和王安龙副组长也补充宣讲中央扶贫政策，包括医疗、教育、住房、产业扶持等，结合农民群众和贫困户的实际都进行了讲解。同去的监委会主任张应科说，目前上级要求我们大战100天，这叫冬季攻势，就是趁农闲加紧干产业、硬化路道等。

　　宣讲中，我们还时不时与五名群众互动，询问他们和整个组的情况，以征求对整个组的发展意见建议。

　　组长刘朝虎说，一定要在崇音寺建一个大型水窖才行。这个地方缺水由来已久，一直以来群众都为缺水发愁。有水源，但水远，需要中转水窖。另外，还有刘文朝、刘玉超、陈发良等几户由于位置高，水上不去，要请村里解决。

　　村民刘朝明说，干水窖一万个支持，但村里或组里要组织几名群众监工，让工程质量达标，不然出现渗漏或不能使用，就白干了，还浪费国家的钱。

　　村民刘虎朝也说，希望现在就动工，早点让自来水流进水缸，也希望村里考虑一下高位置的几家群众，如果水上不去，我们低位置的群众能喝上自来水，也感觉不自在。中央都提倡同呼吸、共命运、心连心嘛，何况我们是坐在

▷　有五名宣讲干部和只有五名群众的宣讲课。

一块土上、早不见晚见的邻居?

　　"我觉得，说干就要干，这才叫担当。村里说要为我们再修个大型水窖，都说好久了，就是落不了地。另外，我们组应该大力发展产业，特别是养殖与种植，希望村里争取一至两个项目到崇音寺落地，让这里群众积极性也高一些。同时，应该把有条件的沙坝田建成水产养殖场，增加群众收入，还可以改善周边环境。"离任村干部敖明虎感慨地说，现在条件好了，可干劲儿小了，原因都是我们群众的依赖性太强，都到外务工发家致富，对家乡的发展建设，力量小。

　　就这样，两个多小时的五名宣讲员、五名群众的崇音寺宣讲课，在一宣一问一答一征求中，结束了。大家都觉得，今后宣讲，哪怕就是一个人，也要宣讲。只是，以后我们宣讲时，一定要提前通知群众，这不比召开干部会，而是群众会。

安居村第一次被批评

12月4日，星期五，阴转雨

"安居村怎么干的？养老保险，全市倒数第三，能不能拿话来说？"

料想不到，今天晚上，镇里召开紧急扶贫工作会上，安居被戴书记点名批评。如此批评，是我驻村以来第一次。

安居村各项工作，应该是走在全镇前列的，驻村工作和扶贫工作，每次检查或暗访，安居通常被市里通报表扬，通报批评从未有过。而这次，是怎么回事呢？

紧急会上，镇社保办王主任说，今天上午市里召开会议，会上宋副市长对全市养老保险特别是农村养老保险的收缴情况进行了通报，通报指出，安居村作为有工作组的贫困村，养老保险怎么倒数第三了？驻村工作组以及村两委，没有宣传好政策？还是没有群众愿意缴纳？

农村养老保险，是国家出台的一项惠民政策，对农民朋友是相当有利的。现在缴纳一点儿，也就是每年最低两百，最高两千，等60岁后，就要多领几百上千元的养老金。而现在，没有缴纳过养老保险金的老人，每月就几十元的养老金。几十元与几百元千余元，悬殊大得很！但是，我们的问题出在哪里呢，是宣传不够，还是群众不愿意缴纳？

我正思考安居村养老保险缴纳倒数第三的原因时，会上戴书记又点名："安居村怎么回事？平时工作嗷嗷叫，怎么在市里的督查中又出了问题？ 一户一档查出不精准的问题，把因学致贫填成因病致贫，表明贫困户的识别不精准，这里要提出严肃批评。"

为建一户一档，我们连续加班多天，兢兢业业、一丝不苟，每户贫困户的各类表册，我们检查了几道，怎么又错了呢？这说明什么问题呢，难道真是贫困户精准识别有误吗？这样想来，问题就更严重了。平时大家都在强调要精准识别、精准帮扶，可为什么会出现这样的问题？

安居村有86户贫困户，每户都要建立相应的表册，比如贫困家庭登记表，帮扶措施表，每一次走访慰问的图片，贫困户收入登记信息，贫困户户口、耕地、林地、种粮直补、收入证明和房屋等，都要有信息和原件复印件反映。一家人的这些表册加起来，也是厚厚一本，86家人，资料可想而知。差错，在所难免，但这不符合要求，上级强调，必须精准。一个信息错误，都被识为不精准。所以，安居再次被通报批评。

散会后，我们回到村委会，又立即召开村干部会，研究解决目前被通报的问题，也就是养老保险金收缴必须不低于90%、贫困户再重新精准识别的问题，必须在限定的时间内完成。同时，我们也吸取教训，今后工作中一定马虎不得啊，尽管辛苦，但一些工作会"一丑洗百美"！

11户贫困户从"精准识别"中出列

12月5日，星期六,阴

　　依照昨天会议要求，我们今天召集各组组长和群众代表，以及村班子干部、镇挂帮领导和挂帮干部，开始重新一户一户再次精准识别贫困户。

　　安居村贫困户，在2013年是301户，通过帮扶，以及精准识别，到2014年为304户。这个存量基数是相当大的，安居村总户为1100户，贫困户就占了三分之一，贫困发生率超过30%。

　　通过两年帮扶，特别是经过精准识别，2015年确定为86户。由于昨天市工作组走访督查，认为安居村贫困户的精准识别还有问题，还需要我们重新识别。

　　如何识别呢？大家都很头痛，也就是说，这86户贫困户中，肯定有一部分是不符合要求的，他们要么全家人进城务工了，要么都有"硬伤"，也就是说有车、在城里有商品房，或者有经营场所等，这些都必须清理出来。

　　精准识别当然有难度。有的人家，因病导致要进城长期接受治疗，所以这些因大病致贫的贫困户，就必须进城租房住，一边务工，一边照顾生病的亲属，比如大土组的敖用，因病长期坐轮椅，连上厕所都需要人照顾，这样的家庭，就只能在城里啊。还有，有的家庭要送孩子上学，也只能在城里务工或租房住，比如敖永香的儿媳妇在城里务工挣钱，供两个孩子上大学。还有幸福湾陈永进，因腰椎间盘突出干不了重体力劳动，他就只能买一辆长安车搞运输有一些收入，以供上学的孩子……像这样的贫困户，需要予以清退吗？还有，如果按在城里有房子就不能进入贫困系统的话，我们又怎么去查他们有没有房的问题呢？不少进城务工的农民，买的都是小产权房，没有房产证，在哪儿查得了他们的房屋信息？

　　尽管大家都感到无奈，精准识别有难度，但工作还是要开展，还是要按照要求再次进行精准识别。据镇扶贫办张主任说，这几天贫困户的系统是开着的，精准识别后可以在内网上增减，如果这几天一过，就不行了，再增减都不允许。

　　所以，无论如何必须再次进行精准识别，把大家都认为不符合要求的，家庭条件大家都认为没有困难的，都予以清退。

　　"如果清退了，到时有人找上门来，要我们拿话来说的话，大家怎么办？所以要清退就必须要拿出铁证来，拿出依据来。一句话，要经得起检验。"清退会上，我跟大家说明，一定要一家一家地比对，要听组长和群众代表的意见建议，因为组长和群众代表最了解组里贫困户的情况。

　　会上，带村领导、镇财政分局局长杨朝玉说，这次精准识别没有指标限制，只要不符合要求的，一律清退；只要有符合贫困户条件的，一律纳入建档立卡贫困户。

　　就这样，大家认认真真清理起来，并结合组长和群众代表的意见建议，一户一户地清理、比对。清理一整天后，根据清理和掌握的情况，共清退11户，确定75户列入精准帮扶户。

　　清理后大家都签了字，都进行了公示，压力与重任告一段落，但大家都明白，明天如果被清退的群众跑来村里大闹天宫，怎么应付呢？

　　大家都在思考，特别是村干部，只要群众来闹，直接找的就是他们，还有我们驻村干部。村监委会张应科主任说，当村干部，一定要受得气、忍得气、扛得着，不然怎么与群众零距离？没有这种精神，还叫村干部？当然，只要我们村干部公心、公平、公正，只要能向群众解释得通，群众也会理解的，毕竟胡搅蛮缠的群众，是少数。万一他们都来闹或来问明白为什么取消贫困户的帮扶，我们也要充分把问题解释清楚，让他们心服口服。

　　但愿被清退出贫困户的群众，会理解国家政策，会想得明白。

脱贫攻坚谁是主体

12月6日，星期日，晴

　　脱贫攻坚一线，大家都很辛苦，办事行事，一定要高标准高要求高质量，不然稍有不慎出错而被上级问责处理，划不来啊！

　　今天，市委宣传部冉部长一行，专程到安居帮扶，同时想听取安居村关于贫困村、贫困户如何脱贫摘帽的意见建议。

　　走访慰问贫困户后，冉部长召集大家开会，来参会的还有镇里的领导，以及亭子坝村的村班子成员。宣传部挂帮两个村，一个是我们安居村，一个亭子坝村，他们任务也不轻松。

　　会上，听取完安居村驻村工作和脱贫攻坚工作的汇报后，冉部长说，大家都辛苦，辛苦指数换来群众的收获，是看得见摸得着的。安居村的葡萄在建项目、水产养殖项目，以及每家贫困户的脱贫致富门路，都是可以数得出的，值得称赞。

　　至于村里汇报的一些可行性项目，请村里、镇里按项目申报要求，逐一向宣传部报告，待部里研究后落实。通过之前部班子会议精神，初步给两个贫困村各安排50万元的项目资金。

　　当冉部长一说要为安居和亭子坝"送大礼"，大家都兴奋起来，都认为这些经费，又可以帮助村里和贫困户解决一些燃眉之急的困难了。

　　"大家不要高兴得早。这钱，不是划现金给你们，而是要做好项目后，我们再划拨补偿。换句话说，这笔资金起的是杠杆作用，大部分投入还需要镇里、村里，特别是要以群众为主体。比如，贫困户没有资金投入，用劳动力也是可以投入的嘛。"冉部长随后问，"脱贫攻坚谁是主体呢？"

　　"当然是贫困户了。"会上，大家都回答。

就是呀！所以，要让贫困户发挥内生动力，要让他们主动投入到个人脱贫攻坚奔小康的战役中，而不是什么事都要由我们干部包办，那样脱贫攻坚就变味儿了。冉部长说，脱贫攻坚不养懒汉，再说国家也不可能那样干。如果什么事都包办，什么都用财政资金投入，国家哪有那么多钱？

自力更生、艰苦奋斗，永远是脱贫攻坚的精神财富，脱贫攻坚不是用大量的国家资金搞扶贫致富。当然，国家投入的项目资金也不会少，肯定是一些基础设施建设、环境改善、产业发展等的基础经费，对于养懒汉式的经费，国家肯定一分都不会出的。有困难，大家通过努力都难以解决的，党和政府会帮，挂帮部门会帮，帮扶干部会帮，社会力量会帮。但前提是，自己要努力。不努力不奋斗，就叫嚷要帮扶，这样的帮扶肯定要变味儿，这样的帮扶一定不可取——帮扶过多，一定会限制奋斗。

冉部长一席话让我有了新的认识。想当初我刚驻进村时，多数群众就说，王书记，我们村的小康，就看你了。你要干产业项目，要让安居村发生翻天覆地的变化，我们一定支持。

随时随地，我都会听到这样的话："我们一定支持你的工作、一定支持村委会的工作！"难道我们的贫困户要脱贫，大家一起朝着脱贫致富方向走，都是为我王某人干的，是为我们基层一线的干部干的？群众真的是把我们当成脱贫攻坚的主体了。

人民群众才是真正的英雄，人民群众才是财富的创造者。这话，他们不知理解不？坚定脱贫攻坚群众是主体，群众才能发挥他们的精神动力，才能聚集党心民心，才能凝聚谋事创业的拼劲儿。

农村何时不"空心"

12月7日,星期一,阴

今天,我被通知参加遵义市村党支部书记脱贫攻坚的专题培训。

开学典礼后,遵义市委党校培训老师、遵义市委组织部蒲副部长授课时指出,脱贫攻坚是当前最大的政治,根据中央和省委的部署,2020年全国必须全面脱贫,而遵义确定为2017年要全面脱贫。他说,遵义还有50万贫困人口,基础设施建设、脱贫产业发展,都还有很长的路要走,脱贫攻坚任务依然艰巨。

蒲副部长说,除了脱贫攻坚,现在农村最大的问题是空心化的问题。由于前些年城镇化进程,无数农民进城。城市是发展起来了,可农村空了,落后了。所以现在必须发展农村,必须开展脱贫攻坚战役。可是,农民群众怎样才能变成主体呢?他们都进城了,如何开展得好脱贫攻坚工作?这是一个考验大家的问题,特别是村党组织。

所以,村党组织是脱贫攻坚中的重要力量,也是解决问题的坚强柱石。对于安居村来说,进城务工的人相当多,全村5000多人,目前在家的1000来人,且大都是留守老人与留守儿童。要发展产业肯定有难度,但干什么产业完全使用国家资金,那肯定是行不通的。要引进企业或其他第三方来村里发展,难度也相当大,光是县道路就不是很畅通,加之发展农业的风险和效率来得慢等因素,谁都不愿意在山区农村投资。

没有企业特别是农业企业的进入,光就目前传统的农作方式,农村很难留得住人。尽管我们村发展起葡萄种植、水产养殖,但缓慢的效率,始终解决不了摆在眼前的实际困境。就算今后贫困户脱贫了,但他们在农村,一定呆不下来,也一定要进城。

　　"空心"村，兴许是一定时期的农村问题。达到一定条件后，可能出现农村的房子，比人还要多。安居村的房子有1000多栋，每栋都是200平方米以上。这些房子，比留在村里的人还多，绝大部分都成了空房子。它们目前起的作用就是主人逢年过节回来住一下，就是左邻右舍有红白喜事时回来小住一下。除此之外，再无它用。

　　每个村，都有党组织，都有党员干部，但与过去相比，直接管理服务的对象越来越少，但常规性工作却不见少。每次下乡，围坐在一起的往往都是老年人，年轻人几乎看不见。我在想，要是这代老年人去世了，谁回农村种地呢？可以说，安居村能掌握农地技能的年轻人，几乎没有。

　　偏远村庄什么时候才不"空心"呢？可能，要一代人、两代人的时间，要农村高度发展之时。

在路上，在路上

12月7日，星期一，阴

一整天培训学习确实让我学了不少东西，本子也记了整整一个。晚上，全体培训学员观看电影《文朝荣》。电影反映的是赫章县海雀村老支书文朝荣带领全村干部群众开展退耕还林、脱贫致富的战天斗地的感人故事。

文朝荣任职的村叫海雀村，是苗族、彝族聚居地，坐落在海拔2300米的高寒山区，山高、石头多、土层薄，属于典型的喀斯特地貌。

1985年5月29日，赫章县海雀村，苗族老大娘安美珍一家4口人只有3个碗，已经断炊5天。安美珍大娘瘦得只剩干枯的骨架支撑着脑袋。丈夫、两个儿子和她，全家终年不见食油，一年累计缺3个月的盐……

"开荒开到边、种地种到天"，曾是海雀人为求生存而野蛮毁林开荒的真实写照。那时，村民们只能从这瘦瘠破碎的土地里刨食。只有800来人的海雀村曾经的耕地达到1.68万亩。由于过度开垦，全村森林覆盖率不到5%，水土严重流失，导致种一坡收一箩，大多一年辛苦半年粮。

当时的海雀，满山都是光秃秃的，石漠化极其严重，晴天风一吹，沙尘四起；雨天，洪涝灾害时有发生，导致水土流失、土地贫瘠。经过反复琢磨思考，文朝荣意识到海雀村贫困的根源在于毁林开荒。

"山上有林才能保山下，有林才有草，有草就能养牲口，有牲口就有肥，有肥就有粮。只有战胜风沙，我们海雀才会有希望。"文朝荣下定决心后，动员村民种树。刚开始，很多村民不理解：饭都没得吃，还种什么树？文朝荣一家一户做工作、讲道理，终于得到大家的支持。

1987年冬天，文朝荣带领村民们开始了一场旷日持久的轰轰烈烈的植树"革命"。在文朝荣的带领下，经过3个冬天的苦战，他们完成了30多个山坡的种树任务，植树12000亩。在接下来的10年，文朝荣一直带领村民分批次坚持种树。

一代新人换旧人，荒山长出绿树林。植树造林让海雀实现了生态与经济"双赢"，探索出了人与自然和谐发展的新路。毕节试验区"三大主题"之一的"生态建设"，在海雀得到了近乎完美的成功实践。

1995年，海雀——这个曾以生态环境差而闻名全国的村竟获得"全国造林绿化千佳村"荣誉称号。

从毁林开荒到"全国绿化千佳村"，海雀村的生态环境得到了改善，村民的日子有了指望，文朝荣开始带领大家摸索如何"养山吃山"。

在海雀的喀斯特土地里种植粮食，产量并不高，文朝荣带领大伙走上了用良种良法解决吃饭问题的征程：多积农家肥，改种杂交粮食。文朝荣走遍村里的家家户户，要求村民把地里的农家肥铺得厚厚的，一些农户连买种子的钱都没有，他就自己掏钱买种子送。地膜种植、杂交优势让农业生产有了保障，海雀的粮食产量从亩产100多斤增加到300多斤。

山上成"绿色银行"，山下增粮增畜。生态环境的改善，科技兴农的实施，产业结构的调整，海雀村如今变成了"天上人间"，森林覆盖率从不到5%飙升为70.4%，年人均纯收入从29年前的33元猛增到如今的5460元。

如今的海雀，已成为毕节试验区实践"三大主题"的一个成功范本。但这一切，来得何其艰难。20多年时光，既有各个方面的大力帮扶，又有海雀人自身艰苦卓绝的奋斗，更离不开海雀的"脊梁"，文朝荣日复一日的坚持和奉献。

电影中，我还被电影插曲《在路上》深深地打动——那一天，我不得已上路，为不安分的心，为自尊的生存，为自我的证明。路上的心酸，已融进我的眼睛，心灵的困境，已化作我的坚定。在路上，用我心灵的呼声；在路上，只为伴着我的人；在路上，是我生命的远行；在路上，只为温暖我的人。

在路上，必须在路上，像文朝荣一样，只为自我的证明，只为一个村的人。

我是个闲人，我只跑项目

12月8日，星期二，多云

　　"一个村的工作没有什么困难的，只要认真，只要努力，再难的村，再穷的村，一定干得起来。就这么简单！"

　　"还有，我是一个闲人，在村里我只管跑项目。我这个村支书，就是这样当的。就这么简单！"

　　今天上午的课，是湄潭县两路口村党支部书记唐书浪为我们上的。课堂上他说的这两句话，以及"就这么简单"的口头禅，让我记得最牢。

　　唐书浪，两路口村支书。二十年前，唐书浪在村里当一般干部。入职不久，村班子其他成员由于处事以及违纪原因，除唐书浪外，其他同志全被处理，拿唐书浪的话说就是，被上级组织"一锅端"。

　　留下来的唐书浪不得不当起家，不得不担任起支部书记来。一个光杆儿司令，没有经费，还要选村干部，还要处理无数的群众事情，可谓"压力山大"。

　　不过，唐书浪不怕压，不怕苦，带起刚入职的村干部，通过项目改变村里的面貌。唐书浪的第一桶金，就是村里的"坡改梯"土地整治项目。

　　当时，县里、镇里要在村里实施"坡改梯"项目，要求村班子全力配合，让这个项目尽快落地落实。

　　"坡改梯"就是整地平地、砌石坎，没有什么高科技含量，干这种工程，正是农民的拿手戏，为什么不拿给我们村里来实施呢？唐书浪找起镇领导和县领导，一定要承包一部分工程来干，干不好，他唐书浪"提头来见"。

　　见唐书浪的信心与决心，县里和镇里最终答应承包一部分工程给他带队实施。半年后，唐书浪和村干部承包的工段全面竣工，当年获得收益达30多万元。

30多万元，是唐书浪和村干部辛辛苦苦挣来的，按理可以分到各自的腰包。然而，唐书浪却不同意，希望大家用这点儿钱继续投入，在村里发展集体经济产业，"一定要让这钱下崽儿。"

就这样，在唐书浪的鼓舞下，大家把这点钱继续投在"稻鱼共生"种植上，以及稻米加工的产业上。同时，通过唐书浪的项目争取，几年后，村里发展的产业和实施的项目产生的年收入超过300万元，成为湄潭县乃至遵义市的明星村，成为全国文明村和民主法制示范村等。

当了近二十年的党支部书记，唐书浪的经验就是跑项目，就是盯住项目、盯住群众反映的困难不放，从而使村里发生了翻天覆地的变化。而今，来两河口村参观学习、请唐书浪上讲堂的人络绎不绝。唐书浪的课，还讲到四川大学、省委组织部等。由于外事与反复跑项目，村里的业务工作，都交由村主任带领大家完成。

"所以，我说我是一个闲人嘛，你们还不信。我就跑跑项目，跟群众跑跑而已，没什么大不了的，就这么简单！"唐书浪的轻松并不轻松，唐书浪的"就这么简单"其实一点儿也不简单。这种苦和累背后的乐观主义精神，我们要怎样才能学得来呢？

晚上从不开会，但今天破例了

12月8日，星期二，阴

今天下午遵义培训会结束后，我不敢休息，立即回仁怀开展安居村的工作。

我们村里邀请的公益博士服务团，在短时间内就要从四面八方围拢来，于是我请从村里走出来的知名人士开会，希望听取他们的意见，希望得到他们的帮助。

在一家小餐馆里，我电话联系起各位。不一阵工夫，从安居村走出来的20多名知名人士，都到小饭馆聚集，我认真听取他们的意见建议。

为帮助村里的发展，为把安居村打造成童话旅游村落，我曾向镇里以及市里的有关领导汇报过，也在村班子会上研究过，大家都认为可行，但要先进行规划设计才可。发展建设，规划先行嘛！

于是我邀请几地高校的博士来村里组成博士服务团，意在请这些"高人"无偿提供帮助。

知道有博士要来村里帮扶，大家都非常支持，哪怕开会再晚，他们都愿意坚持。从安居村幸福湾走出来的陈德明说，他晚上是从来不开会的，也从来不参加任何会的，由于工作繁重，晚上必须休息好。

"你这博士服务团，真的是好事，我们安居村一定发展得起来。所以你一个电话，我就过来了。我是晚上从来不参加开会的，但今天破例了，觉得这个会应该开。"陈德明说。

你一言我一语，就这样，我们迎接博士服务团的筹备工作会就这样开了起来。最后，大家形成一致意见，我负责整个工作的调度和生活用餐安排，陈永康负责陪同有关领导和来援助的博士团，吴开华负责联系市、镇有关领导，陈德明、陈向伦负责住宿和车辆，吴开波负责博士服务团到茅台酒厂的参观及用餐。

时至深夜11点，筹备会结束了，尽管辛苦了大家，但为家乡，大家都觉得值得，我当然就不在话下了，这是自己的份内工作。行走在回家的路上，我见头顶上的路灯，似乎也耷拉起脑袋，像是有些疲惫的样子。

能造万亩林，我禁不住乐了

12月9日，星期三，阴

唐书浪要项目的精神，我得抓紧学。

于是今天，我邀请从村里进城工作的开华哥一道，去农牧部门和林业部门了解、争取符合安居村的项目。

在林业局，当我了解到我们安居村可以申报万亩退耕还林的项目时，我禁不住乐了。

安居村最大的问题就是生态问题。几十年前，我们的祖辈父辈砍树炼钢、毁林种地，致使安居村找不到一片林地，森林覆盖率到目前为止仅为6%，是全市最低的了。整个村，一到冬天，绝大部分山头都是光秃秃的。

草木不植成，国之贫也；草木能植成，国之富也。这是春秋时期我们的祖先就总结出来了的。而今，中央又提出生态文明建设，要求看得见山、望得见水，希望处处都有山水林田湖草的美景，可安居村呢？没有。

年年都在退耕还林，可安居村依然没有森林，其原因可能是选种的问题，或者是牛羊破坏，或者是管护问题。

安居村，造林，必须是现在启动的、必须是持之以恒的事业。

在林业局，当我与开华哥向林业局的领导汇报后，他们说，安居村可以申报一万亩以上的退耕还林计划。凡是坡度在25度以上的地，都可以退耕还林。25度以上的地型对安居村来说，一定不只一万亩。

另外，现在退耕还林补助还会有所提高，农民积极性应该会很高的。同时，将退耕还林的树种选为经果林树种，将来还可以为农民增收。

"这是一举两得的事，干得。回村后，我立即申报上来，到时还得请你们关心。"我诚恳地向局长和副局长表态。

　　如果安居村真的能造成万亩生态林或经果林，那安居村真的是太漂亮了。若这个项目申报成功，我们一定干得成。当年的文朝荣，在没有资金补助的情况下都造成了万亩林场，何况今天这样好的政策条件。

　　想想造万亩林场这个项目，想想文朝荣的精神和我们的信心，我心底甜滋滋的。

神保证：明年一定不生病

12月10日，星期四，阴

　　镇里明确要求，说我们安居村12月份余下时间的重点工作，就是养老保险费和合作医疗费的收缴。当然，还有年末岁尾的各项考核。

　　一提到养老保险和医疗保险费用的收缴，村里的干部就来气，这是国家的好政策，不知一些群众是怎么想的。我们也做了不少宣传，群众也都明白，可就有部分人不缴，每个人的养老保险和医疗保险的缴纳费用，一年加起来也就两三百元。这点费用，在哪儿挣不到？

　　"上级又下死命令，养老保险上缴率必须达到90％以上，医疗保险必须达到95％以上，完不成又要被问责。而群众，又不积极配合，还说风凉话，说缴这些钱，都是空缴。"村委副主任彭模高说，在杨里沟组和彭水组，个别群众就是对着干，再解释都不听。有群众说，合作医疗费缴了几年，白缴了，一年到头药都没有吃一颗，缴这些费用，不划算，所以今年不缴了！

　　谈起养老、医疗保险，副主任王国坤也有一肚子火。"我包的组，更气人，缴的合作医疗费，要去追。大家都知道，过了12月31日，系统一关闭，就缴不进去了，没得办法我只好去追缴，追心慌了，他们干脆就跟你胡扯。村民王国朝跟我说，今年的医保费，再也不缴了，你们村里就只晓得收钱，可你们又为我家干了哪些实事？我说，你不缴，如果明年你生病住院，到时报不了费用，你就怪不得哪个哟。你说，这家伙怎么说——明年？明年我保证不生病，缴来干什么？所以，我不管他，随他的。"

　　保证不犯错，保证不欠别人钱，保证不饿肚子……很多事都可以保证，但保证不生病的人，我还是第一次听说。真的是神一样的保证啊！

　　还有其他村民组，也有不想缴纳医保费的，跟王国朝的说法差不多，甚至有人还说，这几年没有生过病，缴的费用希望村里退回去，要么今年的就从里面扣除。

我问村里的干部，会不会是群众不理解政策呢？

王国坤立即火冒三丈，"哪里不懂？从当初缴合医费开始到现在都十多年了，年年缴费年年都在宣传国家这个政策的好处，他们耳朵都听起茧了，哪有不懂的？再说，左邻右舍因缴合医费而住院减免绝大部分医疗费的优待，他们哪有不知道的？你去帮助他们，为他们代收一下这个费用，他们就认为是村干部收来装腰包，就故意刁难，不刁难好像觉得自己没水平一样。"

看来，我们群众对政策的理解，不是不懂的问题，还有一个愿不愿意接受的问题，心里有没有抵触情绪。确实，有的人家缴了好多年的农村合作医疗费，年年都缴纳，年年家里都没人生过病，缴这些钱都是为其他生病住院的人缴纳，觉得吃亏了，因此心里有情绪。群众这种莫名的烦恼，群众心里头这种"不快"，看来还需要疏通。

说归说，但还得上门跟他们再解释，缴费特别是缴纳医疗保险费的事，还得继续。我劝起大家，我们现在辛苦一点，今后群众就少苦一分，就少一家人因生病带来的风险！

没儿子，就应当是贫困户？

12月11日，星期五，阴

"今天是你兄弟来，我才跟你说说话。不然，我早就躲起来了。"

坝子组权哥，是我今天走访慰问的家庭。权哥家一栋小洋楼，房前屋后干净整洁，室内窗明几净，我一进门，他连忙给我让座，随即给我递茶水。灶房里，权哥的爱人王姐，以及外孙与外孙的女朋友，一边烙饼，一边向我问好。一家人其乐融融，幸福看得见。

权哥与王姐都是勤快人、讲究人，年过六旬，却很少闲得下来，目前还种地、养猪，生活过得有滋有味儿。他的两个女儿，都结婚并成家立业，跟父母一样自力更生、勤劳致富。在当地，权哥一家很受人尊敬。

权哥由于没有儿子，念及他是二女户，村里考虑再三，把他列入低保贫困户。但年初，由于政策原因，以及一些刚性政策条款，权哥的低保被镇村调查组核实后取消了。

所以，我一进门，权哥就对我说："如果今天是村里的其他干部来，我见都不想见，是他们把我低保取消了，我对他们意见很大。"

"兄弟，你来村工作不到一年，你不知道，村里个别干部心不正。我这低保，不应该吗？当初我响应国家号召，办了绝育手术，所以没有儿子。两个女儿，一个外嫁，一个跟我当'儿子'。也就是说，我是二女户，应该享受国家政策的。这是国家的低保，又不是你哪个私人的，干嘛盯着我不放，干嘛跟我取消。我没有儿子，就两个女儿，就应当是贫困户，就应当享受低保！全村有几个家庭跟我是一样的？"

"当然，我也不依靠你那一点儿过日子，好日子都是创造出来的，这我明白，但某个村干部做得气人啊！"

权哥越说越有怨气。听他念叨一番后，我说："哥，你理解错了，取消你低保的，不是我们村干部，也不是我们镇里面的干部，而是国家政策。通过调查了解，以及走访群众核实，你家收入确确实实超过了贫困户的收入。再说，你这房子，只要有人来一看，就知你家不是穷人啊！你女婿，开大货车，每年要挣不少钱呢，让你当贫困户吃低保，你说你女婿和女儿，有面子没有？"

"他们是女儿女婿，都是外头人嘛，我们不应该向他们伸手。他们与我分了家，我没有理由问他们要生活费医疗费。如果是儿子，我一句话也不说，也不会向国家要低保。"权哥说，女婿不是儿子，再多的钱，都是他的。

"权哥这是什么话？一个女婿半个儿，再说还有女儿呢！另外，女儿女婿也必须孝敬父母，这是有法律规定的，更主要的是，你二女儿二女婿跟你一同生活，就要孝敬你。他们孝敬你，你说你生活还困难吗？"

"你说你没有儿子，就应当是贫困户，就应当得到帮扶，可没这个政策嘛！帮扶，是实实在在的帮扶有困难的人。如果你女儿女婿都不孝敬你，那好，你写一个申请，让你女儿女婿签个意见，然后你把申请交到村里来，我跟你们申报低保户贫困户。"

我向权哥解释一番后，王姐已将饼烙熟了，随后就端上桌子让我们吃。我也不客气，一边啃起可口的烙饼，一边向权哥又交谈起其他话题，对一定要当贫困户的要求，权哥再没提了。

让他签字申报贫困户，让女儿女婿在申请书上签字，你说他愿意吗？肯定不会的！

新理念值得为之奋斗

12月12日，星期六，阴

履新的三合镇赵镇长，今天第一次到安居村调研。

调研会上，当我们汇报完整个村的情况以及我们的思路后，他说，安居村班子干劲儿足、思路清，一定会干出成效的。

我们搞脱贫攻坚，一定要按市委的决策部署开展，当然，也要有创新。同时，我们要利用好扶贫政策，利用好扶贫项目。项目对一个贫困村来说，太重要了。因为项目，安居村的基础设施建设，特别是小康公路的硬化，给群众带来了实实在在的便利。还有目前发展的水晶葡萄种植，也是安居村获得的一项扶贫产业，希望这种产业项目更多一些。

要做好项目，就要提前谋划，提前将项目申报到市扶贫办的项目库里，这样我们才赢得主动，赢得先机。

以项目为抓手，以项目带动发展，是贫困村看得见、摸得着的实惠。安居村要先从基础设施做起走，个别村民组没有通自来水的问题，要进一步完善，进一步申报实施。还有电压不稳定的问题，要尽快落实增加变压器的项目。

现在的扶贫惠农政策相当好，水、电、路、房、讯、寨等，国家都开通了绿色通道，国家都有非常好的项目，所以我们要尽快抓着机遇，专门派人申报各类项目，也就是说，要成立安居村自己的项目库，只要上级需要，只要对接工作成功，我们就立即申报、立即实施。

驻村扶贫，还不能忘了我们的留守儿童，要多鼓励孩子，一定要让他们上学，一定要让他们勤奋。老话说得好，再穷不能穷教育，再苦不能苦孩子。当然，不能苦孩子不是说不让他们吃苦，而是不能因生活之苦而让他们失去了信心，失去了勇气，要在吃苦中挺起胸膛，要在吃苦中迸发。孩子有希望，一个村才有希望。一个孩子能大学毕业、就业，一家人几乎就脱贫了。

当然，我们教育孩子，不能讲得太势利，不能就奔着脱贫去，而是传授为国为民、至少得为我们家乡而读书。我们都是从小学生、中学生、大学生走过来的，有时朋友、亲戚或师长一句鼓励话、关爱话，就可改变我们一生！

安居村，如果家家户户都有大学生，或者一个村都能走出几十个博士生，那你说这个村还穷吗？三合有句谚语：穷不丢书、富不丢猪！老祖先都明白这个道理，难道我们不理解教育的重要性与必要性？一句话，决不能让一个孩子失学。

还有，安居村有很多民俗资源，这个一定要挖掘，把民间故事整理出来，把历史资源挖掘出来。我们应该找那些老人，让他们讲传统故事、讲民间故事、讲民俗经典、讲苦难辉煌等，一定要记录下来。口述历史，也是历史。如果不抢救不整理，这些老人一走，我们就没有源头了。

安居村三合院、四合院比较多，这些古宅，都应该保护起来，都应当通过文化部门申报项目予以保护利用。青龙山上古城堡，也一定要保护好，尽管是一些石头，可那是几百年前老祖先一手一脚建造的。城墙上的石头，辉映的是我们老祖先的身影与斗志。如果石头可以说话，我们喊它一声老祖先，一定不是笑谈。

把安居村打造成写生基地，把安居村发展成古村落和童话村庄，这些想法是很好的，但有一个过程。这种思路超前，如果成功，安居村走的可谓是不寻常的路。我们努力吧！

安居村也有自己的短板，特别是交通问题、人力资源问题、农村淘宝问题、农产品交易问题等，都需要我们付出大量的心血与汗水。

履新镇长第一次来安居村调研，为我们安居村规划的路线和发展方向，有些新的发展思路，真是值得我们为之奋斗。

村级项目书能否承载未来

12月13日，星期日，阴转雨

下午，按市扶贫办和镇扶贫办要求，村班子召开会议后确定，由我拟写整个村的项目规划编报工作。写就写吧，加一个通宵又何妨？

大家拟定的项目相当多，包括水源地的建设、山塘的维修、自来水管网的管护、小水窖的增建。还有电，我们想增设三台变压器，还有一些老旧房子的改造以及电表智能化升级，都是必编项目。

安居村的路，小康公路除一条因施工队原因暂未硬化之外，其他公路硬化完成，但大部分通行能力差，大型车辆进不去。因此，我们编入两条过境的6.5米以上宽度的公路，这是旅游村之需，也是一个村发展之需。另外，还有连接每家每户的连户路，也需要硬化。初步统计，连户路至少硬化50千米。

房屋，我们规划的是每个村民组都进行改造，要嘛按现行标准进行风貌改造，要嘛按古村落标准改造，还有童话元素村落的打造等。当然，我们按古村落改造的项目进行编报，也还有百年甚至几百年老宅的保护等，都列入编制规划。

寨子的规划，我们按每个组或者每一个区域，一块一块的规划，让每个地方都有各自的功能与特色。

通讯，按目前的情况，4G信号基本可以覆盖，但对宽带上网这个新鲜事，还有不少群众理解不了，这有一个过程。目前，安宽带肯定没有问题，问题大的是他们不知道怎么使用。

另外，电网、通讯网、闭路电视网，我们都想全部规划走地下，免得随处都看得到"空中垃圾"，所以把这个项目也列入编制书里。

种植方面，编制种植万亩经果林，以此绿化荒山，增加经济收益。养殖方面，规划编制三个养殖小区，一个在田湾子组的核桃湾，一个在崇音寺，一个在木栏山。养殖小区重点是让贫困户脱贫。

保护和复建古城堡，使其发挥旅游效应，也让人感受老祖先遗留下来的故事。

当然，还有人工水体湖、人造景观、山顶旅游长廊等，都规划进去了。

所有项目加起来，并通过初步预算，至少需要资金12亿元！想起这些，大家心里都来劲儿，觉得编报这些项目在不久的将来，就一定要实现一样。

其实，这不是项目编制书，充其量是一份粗浅的项目规划表述而已。规划项目书编制报送，肯定有标准，肯定有严格的审查程序，我们这个村级水平的项目规划，肯定有大量不符合要求的地方，至于哪些项目符合安居村实际，哪些项目能批，何时才能落地，任何人都没有谱。

粗浅的自我项目编制书，能否承载起一个村的梦想与未来？

不认为自己穷的老党员

12月14日，星期一，小雨

"王书记，感谢你今天来看望我。我没事的，承蒙组织的关怀。"

"我入党已经近50年了，50年来，我受到党组织不少教育，让我懂得，共产党员就是要自力更生，不能见有好处就向组织伸手。今天的脱贫攻坚，就是这个道理。所以，哪怕我穷，也不会跟组织和国家增加麻烦的。当然，我也不穷啊！"

"我是陈厚均嘛，你搞忘了？喔，不晓得我的'均'字如何写哟，就是平均的均。你好好记嘛。"

"我就两个儿子，大儿子结婚成家，并与我分了家，日子过得还不错。二儿子在外打工，至今没有结婚，所以与二儿子生活在一起。生活过得去，有儿子汇来的钱和自己种植养殖的收益，日子轻松。"

"土坯房子？这房修了几十年，由于二儿子没成家，这房就没有改造。这房能住，没有危险，如果拆掉了，就可惜了。不要以为我住土房子，就认为我穷啊？我党龄都几十年了，得实事求是。当然，如果国家要改造这种土坯房子，我还是乐意的，关键是目前我们拿不出差额的经费，光国家三四万的补贴，是修不成的。"

"要我说，就不搞这些事了。儿子要有本事，就自己干。穿自己的衣，吃自己的饭，自己的事情自己干，靠天靠地靠祖宗，不算是好汉！"

"我没生火取暖？不是买不起煤，而是没有必要，因为大儿子家里就有大煤火取暖，我与老伴儿天天在那里，几乎吃饭都在那里。大儿子一家有孝心，没有因为与我们分家而分彼此。在大儿子家里，我过得舒心。但也有令我操心的时候，就是二儿子总挑三拣四，至今不找媳妇。要还不找，将来我们老两口去世了，他怎么过哟？"

"二儿子多少岁？"我关心地问起来。

"三十多了，不为他操心怎么行，毕竟是我们心头肉。他要找了媳妇，我们两个老的肯定就放心喽。不过，我相信他找得到，我们还等着抱孙子呢！"

"尽管生活不比那些城里人，但我觉得一个人要知足，不是你的就不要伸手，是你的你不伸手都会来。所以，我不会叫穷，也不叫苦。我觉得只要有饭吃、有衣穿、有精神，就不叫穷！心头福，什么都解决了，什么都有了。幸福，是奋斗出来的，是感受出来的。"

"每天精神不振，每天死乞白赖，干得了大事不？感谢书记这番话，就算儿子回来，我也得让他自力更生、艰苦奋斗。"

▷ 不认为自己穷的老党员陈厚均（左一）。

贫困村出列，能急吗

12月15日，星期二，小雨

今天，镇里召开镇村干部大会，明确年终考核有关事项，党建、小康驻村、安全生产、计划生育、创文创卫、项目建设、脱贫攻坚、水利设施、林业生态、农业农村等十多项，所以要求各村一定要查漏补缺，要补齐各类资料，做到心中有数。

年终考核已经是老生常谈，通过考核检查，了解一年来的工作成效与不足，是推进工作的重要举措，任何单位和部门，都必须认真对待，万不能敷衍了事。

会上，有领导提出，今年至明年初，安居村与亭子坝村，要减贫脱帽，换句话说，这两个村列入即将脱贫的村。

干嘛这么急呢？两个村是不是具备脱贫条件？两个村的贫困户是不是都脱贫了？

亭子坝村我不是很了解，但安居村，还有很多工作需要做，基础设施建设、产业发展，以及贫困户增收致富的短板等，都还需要下很大的功夫。尽管，贫困户家中，一定没有愁吃愁穿的问题，一定没有就医、就学、住房的困难，但我所知，一些贫困户底子薄，稍有"风吹草动"就会返贫。还有一些贫困户，尽管有房住，但是不是安全住房呢？据我了解，有少部分贫困户目前还是土坯房子，要通过危房改造政策，还需要一些过程。另外，除了贫困户外，未列入贫困户的农户也有土坯房，他们也需要进行房屋改造，或移民搬迁。

就目前来看，安居村还有很多路要走。

所以，现在就提脱贫出列，是不是早了呢？当然，通过这种激进式的方法提醒大家抓紧脱贫攻坚工作，其初衷是好的，但如果违背了规律，最终得出的结果，一定是不科学的。

国家明确，2020年为全国脱贫攻坚决胜年，中国将全面消除贫困，并正式步入小康社会。这样算来，还有五年时间的路要走，还有五年时间的脱贫攻坚工作要开展，我们慌什么？饭，要一口一口地吃，才吃得实在，才品得出滋味儿。

当然，我们一刻也不能停歇，不能因为还有五年就放低要求、就放松干劲儿。五年，时间一晃就过了。五年的坚持与坚守，一定会干出样子的，五年时间攻坚，一定会出成效的。而现在就宣布近期脱贫，真的不科学，那种数字式的脱贫，不脱也罢。

离2016年最后一天只有380天了

12月16日,星期三,晴

"记着,从今天起到2016后最后一天,只有380天了!"

"各位脱贫攻坚战线上的战友一定要有紧迫感、责任感,各级各部门一定要倒排工期,一定要以倒计时的状态开展脱贫攻坚工作。"

今天,全市脱贫攻坚推进大会召开。会上,张书记强调说:"我们等不起、慢不得,经研究决定,2016年为全市脱贫攻坚决胜年。作为全省最强县(市)的仁怀市,脱贫攻坚奔小康,必须先行一步,率先一步。"

今天会议的规格非常高,全市四大班子领导、市直各部门、各乡镇的党政负责人,以及各村党支部书记,贫困村的驻村第一书记和工作组长、贫困村主任等参加会议。会上,11家单位负责人表态发言,决心把脱贫攻坚的任务抓紧抓好。显而易见,这是一次多么重要的会议呀,也是一次战前的鼓动会、冲锋会。

会上,张书记强调说:"脱贫攻坚是当前我市最大的政治任务,必须毫不动摇,必须头脑清醒,必须迎难而上,不讲任何条件,不计任何得失。有的乡镇书记发言,说要抽出50%的时间抓脱贫攻坚工作。这是什么话?必须是用100%的时间开展脱贫攻坚工作,任何工作,都要围绕脱贫攻坚转。看来,个别同志头脑还不清醒,考虑问题浮在水面上。"

"380天是什么概念?就是一天也不停歇,每时每刻以'5+2、白+黑'的精气神开展工作。380天,稍不留神,时间就过去了,所以一天也耽误不起。"

"2016年,还是十三五的开局之年,所以,作为走在全省前列的经济强县(市)的仁怀,脱贫攻坚也必须走在全省前列,并发挥脱贫攻坚表率作用。

我们必须把精力放在脱贫攻坚任务上，60个贫困村、6.3万贫困人口，2016年必须全面脱贫。"

"在这种情况下，我们必须克服认识不到位的问题，整体活力不足的问题，对贫困人口宣传教育力度不够的问题，脱贫干部政策学习不够的问题，干部作风还没有紧起来的问题……凡此种种，都必须克服掉。唯如此，脱贫攻坚才不折不扣，敢于胜利。"

张书记在会上强调要求了很多，一句话，就是利用明年一年时间，让脱贫攻坚工作彻底翻身。作为安居村驻村干部，我们没有退路，必须铆足干劲儿向前冲。回村后，我们必须挂图作战，并成立指挥部调度全村脱贫攻坚工作，明确责任、紧盯目标。但我仍然有疑问，就这一年时间，脱贫任务完得成吗？单就产业发展，一年可有收益？

"离明年最后一天，只有380天了。"一听这话，我就开始紧张——哪怕掉皮掉肉，也要拼了！

决战，脱皮

12月17日，星期四，多云

    脱贫攻坚，一天紧过一天。

    今天上午，镇里再次召开推进大会。会上，所有镇班子领导，都提出各自要求，归结起来就一个字：干！如果还有四个字，那就是：决战，脱皮！

    主抓脱贫攻坚的镇人大胡主席说，三合近期还有全市脱贫攻坚现场观摩点，要求所有贫困村必须按"五个一批"要求抓脱贫攻坚。目前，市里已成立专项督查组，对各乡镇各贫困村将进行明察暗访，查出问题，严肃追究。

    接过胡主席话题，戴书记强调，各带村领导和驻村干部，必须把压力变动力，必须表明决心，必须认事不认人，如果受到市里的通报，不管原因，只管处理。

    各种工作的专项督查或明察暗访，这是对基层惯用的一种督查办法，对特定时期开展的某一项工作，对今天脱贫攻坚工作来说，效果肯定会有。不过，层层加码，最后落到一个村和村干部的头上，有效果和意义吗？其实，脱贫攻坚一线干部，都是一个战壕一名战士，一条战线一个团队，有难同当，有仗同打，生死与共，患难同当，才是王道。

    赵镇长也强调说，按市里的要求，每个乡镇至少建500亩以上的农业园区。三合，将按这一要求建脱贫产业500亩以上，这需要我们紧锣密鼓地完成。每个贫困村看准项目后，就立即开工，不要等，不要问，先实施起来。

    "火星子，已落到我们脚背上，我们必须跳起来、跑起来。这么大的攻坚战，一定要有脱一层皮的精神，才算是脱贫攻坚。脱贫攻坚，必须要有决心与勇气。不然你干什么脱贫攻坚？"戴书记要求说，脱贫攻坚一刻也停不起了。对脱贫攻坚工作，他提出自己的想法，必须举全镇之力开展脱贫攻坚工作，各村马上成立指挥部立即投入战斗。各村完成作战图，挂图作战，同时将规划落实的项目图、产业布局图公示，让人一目了然。

戴书记也提醒我们安居村，要求围绕葡萄、水产养殖、畜牧养殖来干，要把产业布局好，要把每一家贫困户信息公布上墙，让帮扶干部一看便知。要有宣传氛围，要让帮扶干部和贫困户紧起来、动起来。要把"1+10"文件吃透，按"1+10"文件抓各项目的申报与落实。安居村是全市脱贫攻坚示范村，所以标准与要求要更高一些，力度要更大一些，当然，辛苦就要更多一些。

时间紧、任务重，这是摆在安居村干部群众面前的两道坎，没有信心、决心与干劲，两道坎肯定是过不去的。每名村干部和驻村干部，都认为唯有杀了一条血路，以脱掉一层皮的指数换取脱贫的系数，才能决战决胜。

干部苦的目的，就是让群众不苦，让贫困户不苦。以脱皮的精神与勇气，是没有干不好脱贫攻坚的。当然，要打赢一场胜仗，必须要有一支敢于攻坚、敢于胜利的敢死队，否则，失败是注定的。

怕冷不是农民，也不是干部

12月18日，星期五，阴转小雪

　　天气一天比一天冷了，今天，天空还飘起零星的雪花。尽管冷，但在安居村葡萄基地建设现场，10多名群众仍加紧施工。

　　"下起雪你们都在干，干劲不简单啊！多穿点儿衣服哟，不要整感冒了。"我与镇农业服务中心蔡主任一同去检查葡萄基地以及村展览馆的建设情况时，见大家在寒风中干得热火朝天的样子，就关切地说。

　　见我到访，施工现场的斑竹园组村民王国辉连忙直起腰："王书记，怕冷不是农民，也不是干部。干起活路，还发热呢！"

　　几分钟时间，大家都围了过来，都说他们建葡萄基地的高兴事。开初，村里规划建葡萄基地，有人不愿意，担心葡萄种不成功，担心葡萄挂果后不好销，所以有人就觉得种葡萄不如种高粱。后来，通过反复地做思想工作，并让群众代表到习水葡萄基地参观，看到习水一家人因种葡萄一年收入超过20万元时，大家的信心才足了。更让人想不到的是，葡萄基地建好了，他们还想酿造葡萄酒。"有什么好担心的？书记，万一葡萄滞销，我们酿葡萄酒卖，一瓶一瓶地卖，不仅能增加收入，还解决鲜果易坏的问题。"王国辉说，大家现在不埋怨镇里和村里了，对葡萄产业充满信心。

　　王国辉说，过去干产业，大家想都不敢想，原因是没有项目。现在好了，国家给项目，无偿的，我们就自己出点劳力而已。可是，万事开头难，其原因就是大家的思想观念更新慢，所以给村干部带来了不少麻烦，使村干部要花很多时间去做思想工作。做不通思想工作的，还容易给村干部带来尴尬。

　　现在可不一样。村里带群众去习水参观后，群众回来一宣传，说村里镇里谈的是真的，不会害大家，都愿意努一把力，把葡萄基地发展起来。

　　见斑竹园组村民热火朝天的发展葡萄基地，邻组田湾子的群众坐不住了。前几天，田湾子组20多名群众跑到镇里反映，说村干部不公平，为什么就只发展一个组？其他组为什么不发展？葡萄要让大家一起吃，才甜嘛！他们的目的，就是希望镇里再增加一些面积，让他们也发展葡萄产业。哪怕家里没人，他们也愿意从城里回来种。

　　20多名群众在镇里整整等了几天，后来我去找戴书记，书记答应想办法为他们增加种植面积后，他们才回了家。直到今天，我还在为他们争取项目，希望领导的承诺能尽快落地。

　　"大家想干、争着干，干劲儿就来得快。所以再冷的天，斑竹园组的群众也坐不住。怕冷，你当啥子农民哟？大家开工了，抓紧时间。"谈话间，王国辉已挥动起手中的锄头。在他的田块里，已经挖好的葡萄窝，正等待着开春到来时的葡萄苗。

初见博士服务团的心境

12月19日，星期六，阴转小雨

终于，邀请很久、等待很久的安居村公益博士服务团，总算来了。

我们邀请的博士服务团，包括博士生导师有二十多名，来村里的目的，就是请他们到安居村调研后，为安居村的发展建设把脉。

博士服务团中，有高校老师，也有在读博士，他们都来自上海、广州、武汉、长沙、重庆和贵阳等地的高校，通过我以及其他人的反复邀请，他们都愿意为安居村助一臂之力。

今天他们从不同地方汇集仁怀后，已经下午两点。这个时候如果去安居村，肯定时间太紧，于是我邀请他们去茅台镇参观，了却他们喝过茅台酒而未去过茅台产地的心愿。

在茅台酒厂以及茅台镇，我向他们介绍起这里的历史和文化，特别是独特而神秘的茅台酒。当然，我也介绍不清楚这里的神奇，好在厂里的职工开波兄弟的补充，才使他们对茅台有了更丰富的认知。

尽管如此，我还是离不开我的安居村，在茅台说安居话，就是想尽早将安居村介绍给他们，让他们在几天时间内为安居村出谋划策。可能是太心急了，所以惹来开波兄弟的一阵调侃："王书记，先让博士们消化一下茅台嘛，你的安居村是明天的事，今天，就让他们专注了解茅台。王书记是在抢我们的'生意'啊！"

确实，我也顾及不了那么多，心里就真的只有安居村。我此时心境，真叫身在曹营心在汉！在茅台酒厂，以及茅台镇，我都会时不时地向他们提起安居村。

对于我满口的"安居"，他们不便说什么，也不好意思打断我的话。

　　我听他们讲，他们心里也挺矛盾的，接受一个贫困村的邀请，对于他们来说是第一次。如果这次来不能为安居村做点儿什么，肯定过意不去。而要帮助，又从哪些地方入手呢？对贫困村的现状与需求，他们一无所知。理解他们的心情后，我说没关系的，来茅台尽情地感受，明天去了安居村，你们什么都知道了！

　　"哈哈，王书记的嘴里，安居村又来了。"开波兄弟的提醒，我连忙刹住安居的话题。

　　带起博士服务团，我们在茅台镇一逛就到了傍晚的饭点。品起茅台镇的醇香，我见博士们都开心地乐了，而我，安居村的"味道"始终埋在心头，再醇厚的酒香，此时对我来说，都不如安居村的"味道"。

　　您好，博士服务团！您好，明天的安居村！初见博士服务团的心境，我有道不完的感触。

贫困山村迎博士

12月20日，星期日，阴

　　今天，贫困的安居村，终于迎来期待已久的公益博士服务团。

　　知道有博士要到村里来，村中不少群众都早早地等在村委会，以示欢迎，也想一睹博士尊容。

　　"这辈子，还是第一次见过这么多的博士哩！"村小学校长赵一说，"要是这些博士都是我们安居村的人，就好了，我们不骄傲都不行。"

　　博士对村民来说是一个稀罕物啊！一个5000多人口的村，自建村以来就出一个博士，太稀缺了。在我读书的那个年代，考上一个中专生或大学生，整个村都要轰动一时，左邻右舍都要带孩子跑去祝贺，都要以此鼓励自家孩子。今天，二十多名博士走进山村，村民们都激动开来，一方面，想了解博士们如何帮助安居村，另一方面想打听打听这些"天才"是如何学习的，以便教导正在读书的孩子。

　　在村委会与村民、村干部略作交流后，我们便邀请他们一同去参观村民杀年猪的习俗。在山村，杀年猪是有讲究的，除了要选黄道吉日外，杀年猪前还要做一些诸如敬香、敬酒、烧纸钱的祭祀仪式，祈求来年的平安与健康，祈求来年更上一层楼。

　　有从小就生活在大城里的博士，猪肉可以说天天都在吃，但从未见过杀猪前还有祭祀的仪式，他们的惯性思绪中，猪就应当是被人类吃的，似乎猪的前世是欠了人的债一样，没想到在山区杀猪，还有一种仪式感，除了敬畏天地、敬畏祖先，还应该有敬畏生命的内涵。

　　一名从长沙来的博士生导师说："人类得以生存，是因为另一种生命在消亡，所以我们得珍惜食物。在山区，朴实的农民杀猪的仪式感，是对另一种生命的敬畏，也教会我们大城市的人对物质不能太贪婪，要像山区农民一样，要有日出而作、日落而息、生活简单的生活态度。山区为什么杀猪有祭祀，这也是值得研究的话题。"

教授的见解，我们农民似懂非懂，只觉得杀猪烧纸钱敬天地，是老祖先留传下来的，前人兴后人跟，不这样干，就叫忘祖。

感受完杀年猪的仪式后，带起博士服务团，我们继续参观百年老宅子，以及我们想打造的水体景观。

在新寨组，我向博士服务团介绍三合院、四合院古宅的建筑历史，以及它与一家人、一组族亲和几代人的关系。这些古宅，让人能触摸到老祖先的心跳，能感悟到他们的心气儿。"保存好这些古宅子，价值太大了，宅子里至少有老祖先的身影，至少有他们留下来的语言与思想表达。"一位博士说，保护与利用这些宅子，是安居村旅游文化发展的必备条件。

随后，我们还在偏岩子、幸福湾、爬海溪等地参观我们想打造的水体景观。对水体景观的发展建设，有博士提出建议，景观一定要与水产养殖结合起来，一定要与旅游产业结合起来。当然，最重要的是要考虑地质问题，一定要先做地质勘查，否则水不稳定就浪费了，同时，还要考虑雨量，也就是积雨面积。这些条件都成熟了，建水体景观一定能带动发展，也符合山水林田湖的发展之需。

考察完其他地方后，今天让博士服务团考察的重头戏，就是在安居村青龙山上修建于明代的古城堡。说是古城堡，其实就是几百米长的城墙。据当地老人说，他们爷爷的爷爷修房用的木材，就是从城堡里搬下去的。这个城堡，究竟修来干什么，没人知道，规模有多大，也没有人知道。几十年前青龙山一个尖山上还有遗留下来的哨楼，可后来都被当地农民一把火给烧了。城墙内，有平整的地，有防御工事的设施，可以想象当年这里的楼宇与繁华。

"安居村，如果能很好地利用好这里的古遗址，挖掘好这里的故事，大胆地复建好古城堡，对安居村的旅游发展建设，太重要了。尽管现在看起来不起眼，但它一定是这个村的根脉。"考察完古城堡，博士们说出这样的观点。

　　一路参观后，博士们对安居村都有一个概括性的了解。安居村，不是他们想象中那么贫穷与落后，安居村，有自己的个性色彩。

　　穷山村的安居迎进博士服务团，但愿不是一时之兴，希望他们的研究，能带动安居村，能为安居村打通发展建设最后一公里。

▷ 博士服务团成员在三合镇政府大楼前与镇领导合影留念。

假如点子能卖钱

12月21日，星期一，阴

　　昨天在安居村参观一整天后，博士服务团的队员们，今天在市里召开调研会，除了听取有关工作部门的汇报外，重点是听取各位博士及博士生导师对安居发展建设的一些新观念。

　　段振榜教授说："通过参观了解，安居村目前最缺的就是水资源与生态资源。进村后给人的第一印象就是光秃秃的山。别小看绿，它应该是一个区域未来发展的风向标。生态文明，这是我们这个时代的主题。安居村建水体，是一条路子，它解决的不仅仅是水资源缺乏的问题，而是一个村发展的最重要的基础。做好水文章，一定比其他产业发展都强。"

　　"要挖掘好安居村的民俗文化与民间传说，把这些故事收集整理好都是一笔财富。民间艺人、民间美食、民间技艺等，都应当收集整理。兴许，这在目前没有用途，可时间一长，这些故事一定会带来价值的。很多口口相传的故事，就是没有及时整理，而今消失了。试想，能口口相传故事的老人，不多了。每个老人的心头，一定有流传下来的故事，所以一定要抢救记录下来。收集这些民俗故事与物件，才让人看得到一个村的来龙去脉。文化，一定也是生产力。"

　　罗湘科教授说："安居发展写生基地，是最适合的。山有形，地有灵，画出的作品一定有影响力。当然，写生基地也需要改造，要符合写生要素。还有一个问题是，通道太窄，需要增宽。没有住宿房，学生来写生，住在什么地方？学生来写生，要求集中住宿，所以得规划整体的住宿房。"

　　杨静会长指出："安居村的古城堡有开发利用的价值。这是一个了不起的文化景点，围绕这个景点做文章，一定有突破，一定能做得起来。一个村的发展，一定要找准定位，确定定位后，就下苦功夫持之以恒地干下去，就一定会成功。安居定位为童话村，这个定位超前，如果定了就应该坚持，不过，它需要耗尽一个人半生甚至一生的精力。王书记有没有这个定力呢？"

胡冰冰博士是研究社会学的，她最关注的就是一个村老百姓在想什么，他们的需求是什么。如果把这些了解透了，对开展扶贫攻坚工作是很有利的，发展起产业来，也要容易得多。因为老百姓想干，他们就有动力。

肖伟教授给安居村提了一个想法，就是如何围绕安居民间故事作动漫产业，这不仅是一个创新工作，还是能助推安居旅游发展。

郭旭博士对安居村发展充满期待，他说安居村发展一定要找准定位，而不是盲目的被推动起走。他觉得，把安居村定位为旅游村、文化村，这才符合安居村实际，也符合当前发展。切记，那些污染型企业与产业，那些大修大造的工厂，一定要控制。如果安居因发展而面目全非，都城市化，那就不是安居了。安居村的特色，不是经济型村，而是文化故事型村。

王跃老师提的观点最地道，他说要发展好安居，人才与资金，这两者必不可少。开一个淘宝店，连懂网络下单的人都没有，怎么发展？对安居村来说，政府应当注入一些基本的办公经费，让村开展活动能提高效率。安居村的葡萄基地建起来后，可以考虑在葡萄架下养殖"葡萄鸡"，然后再开"葡萄鸡"农家乐增加收入。这是一个触动点，很有意义，很有必要。

王烟博士是研究建筑学的，他对安居的发展提出"三生"观点，即安居一定要围绕生产、生活、生态这三方面发展。生产解决的是收入的问题，生活解决的是幸福与精气神的问题，生态解决的是文明进步与环境宜居的问题。"三生"，应当成为安居村的指导思想。安居村要发掘的文化很多，比如插秧，看起来是一农活，但它传承了多少代人呢，老祖先的插秧技术与今天一不一样呢？为什么有插秧歌，为什么插秧要成排成行等，都值得研究。

座谈会上，各位专家学者与博士，都为安居村提供了无数的新点子，很多还是我们闻所未闻的。

安居村帮扶干部、人社局陈副局长说："听了博士服务团出的点子，感觉自己像是听了一堂课，收获不少。如果这些点子能卖钱，那安居村得出多少经费啊？"

我说："免费的，免费的，不然怎么叫公益博士服务团呢。"

烦恼的农村淘宝

12月22日，星期二，小雨

"怎么办？怎么办？市里的淘宝总店说，如果我们村完不成任务，安居村的淘宝店有可能被取消。"

村常办干部、村淘宝店负责人刘旭的电话，让我又紧张起来。

安居村的淘宝店已经开通一段时间了，根据市里的意见，每个贫困村都需要发展一个淘宝店，由村里解决用房的问题，以及一些硬件设施。门头与电脑、显示屏，由市里和淘宝总部负责。当初，为解决农产品销售问题，我极力申请淘宝店，尽管后来解决了，但想不到的是，淘宝店除了交保证金外，还要求每天、每周、每月要完成各类任务，否则就要被扣分或被降级。

这是什么店啊？前段时间，由于要交保证金，村里没有钱，镇里也不可能解决，于是我借钱上交的。再后来，为完成总店下达的任务，刘旭天天焦虑，完不成任务不仅要受到批评，还要请去学习。没有办法，她就每天乞求身边人买网上淘宝店的产品。开始大家都买账，可时间一长，大家就反感，再求人就不灵了。

而这段时间，村淘宝店的作用，就是在网上帮农民买东西，实际上，是帮淘宝店找农民的钱。安居村目前一个农产品都没有，网上就不可能有安居村的产品卖。之前，我们曾考虑过把红苕加工成苕干在网上卖，但这需要一个过程啊。另外，我们想在网上卖蔬菜，但如何卖，淘宝店却没有要求，也没有负责人、合伙人。

刘旭在电话里显得很紧张，因为完不成总店下达的任务，就要被通报，丢不起这个人呢。可是，又没有其他办法，要我帮助解决解决。

有什么办法好解决的？什么都按要求做了，可要完成这么重的任务，怎么行？天天找亲朋好友买淘宝产品，简直变味儿了。一个村，有多少消费能力？大部分村民都进城，留在村里的都是留守老人与儿童，他们用的都是少量的日用品，或者种植用的化肥、农膜之类的农资品，量也不大。整个村，一年的消费能力，远远低于淘宝总店下达的任务，要完成任务，形同登天。

"不管他们，他们万一要取消，就让他们取消吧！发展农村淘宝店的目的，精力应当放在如何帮农民卖出农产品，这才是道理，可现在，是在下任务如何消费农民的钱。"电话中，我劝起刘旭，不要为烦恼的淘宝店而烦恼，顺其自然就好。

摘帽，摘帽

12月23日，星期三，小雨

今天，镇里召集我们开会，安排安居村如何摘帽出列的事宜。

会上，分管脱贫攻坚的镇人大胡主席说："按照上级要求，仁怀在2016年要全面脱贫，这是当前最大的政治任务。安居村虽是贫困村，但作为基础条件相对好一些的村，列为今年摘帽出列的村。所以，明年年初要进行考核验收，大家一定不要掉以轻心。"

按会上公布的贫困村出列的相关政策，安居村出列是没有问题的，村集体经济达到3万元、贫困发生率在3.4%以下，贫困户人均年收入超过3000多元，就可出列。这个标准，算是最低要求，我们村完全没有问题，可我认为，安居村应不应该晚1～2年再出列？

安居村的欠账还很多，贫困户尽管算得起收入账，但防范风险能力太低了，他们大多数都没有稳定的产业，就业也不稳定，收入或高或低，所以我想，能不能再通过两年左右的努力，让大家都稳定后，再申请摘帽如何？

可是，我的想法遭到反对，不能因为安居村而拖全市全镇的后腿。既然都达到了脱贫标准，为什么不能摘帽呢？胡主席问我，你是担心脱了贫后，你就不能在村里干了？不会的，有政策规定，脱贫不脱政策，第一书记和驻村工作组，依然要守在村里工作，直到2020年。

既然脱贫不脱政策，既然我们都要在村里，可为什么又要着急的脱贫呢？脱贫，能不能不是为了脱贫而脱贫？

摘帽、脱贫，脱贫、摘帽，这是近来提得最多的话题。

观海龙城堡，思青龙城堡

12月24日，星期四，阴

在镇人大胡主席的带领下，我们一行前往世界文化遗产地遵义海龙屯城堡参观。

海龙屯遗址是土司的军事城堡，始建于南宋宝祐五年(1257年)，毁于明万历二十八年(1600年)的平播之役。该遗址位于今遵义市汇川区高坪镇，距遵义市主城区20千米，是宋、元、明时期西南播州杨氏土司文化的重要遗存，遗址区面积含遗产区和缓冲区共12.9平方千米。屯上最高海拔1354米，屯下海拔974米，相对高差300~400米。屯顶平阔，面积约1.59平方千米。屯上建有九关，屯前六关，即铜柱关、铁柱关、飞虎关、飞龙关、朝天关、飞凤关；屯后三关，即万安关、二道关、头道关。

海龙屯2001年被公布为全国重点文物保护单位，2012年获全国十大考古新发现，同年11月，国家文物局将海龙屯土司遗址与湖南永顺土司城遗址、湖北唐崖土司城遗址捆绑列为中国世界文化遗产预备名单，2013年3月，国家文物局审查确定土司遗址为中国2015年向世界文化遗产委员会申报项目。

2015年7月，包括湖南永顺土司城遗址、湖北唐崖土司城遗址和贵州播州海龙屯遗址的"中国土司遗产"成功列入《世界遗产名录》，成为中国第48项世界文化遗产。

为完成海龙屯遗址的文物修缮、环境治理、民居改造等29个项目，截至目前，政府累计投入资金约3亿元。

海龙屯世界文化遗产景区具有历史久远、遗存较多的特点外，还有关山之雄、沟壑之险、溪谷之秀。景区在提升改造后为增强游客参与性，便使用了大量的科技手段还原当年土司统治时期生产、生活、战争的场面，对杨氏土司家族、考古发掘历程亦作了详细的描述。在各个重要景点、景区推出了实时音影系统，让游客在参观遗迹时能听到、看到当年此处景点的画面或背后隐藏的故事。

参观了解海龙屯的前世今生后，我想起安居村的青龙城堡。

青龙城堡，尽管不能与海龙城堡相提并论，但一些现象不得不令人思考，比如，为什么都叫龙？一处是海龙，一处是青龙，这有联系吗？安居村青龙山上的城墙建设风格，不少与海龙遗产城墙的建筑风格，有相似之处，这会不会是相同工匠设计修建而成？两处城堡都修筑在险要的山顶，其用途会不会有相同之处？

我的想法很多，海龙屯为世界级文化遗产，我们安居村的青龙城堡，可否申报为省级的文化遗产呢？这又要到哪儿去申报呢？

"要不，给自己颁一个证算了！"胡主席不断调侃我。

小辣椒≠壮劳力

12月25日, 星期五, 阴

在镇人大胡主席带领下, 我们今天继续外出参观考察。

在遵义县, 我们参观起辣椒基地。这里的辣椒基地建得相当好, 辣椒产业已经成为当地农民的重要收入来源。可以说, 小辣椒干出了大名堂。据基地负责人介绍, 由于与贵阳老干妈签订收购合同, 这里的辣椒不愁销路。

了解收购价格后, 我算了算, 一亩辣椒的收入2000元, 约比高粱收益高。但有一个问题是, 采摘这种小小的朝天椒, 太耗时间了, 据种植人员告诉我们, 一天能采摘50斤辣椒已经很了不起了。目前的保护价是1.2元一斤, 按这个价算, 采摘一天才60元收入, 这对于劳动力价格太高的仁怀来说, 有吸引力吗? 安居村当地一天的小工收益, 至少100元! 辣椒, 还要花劳力种植。

种植这样的辣椒, 只适合老年人或孩子, 对于壮劳力来说, 真的不适合。

我提出我的想法后, 胡主席也点点头, 的确的确, 但保护价如果明年提高了呢? 目前农村种的农产品, 哪一样是卖了高价位的? 苞谷是农民都喜欢种的农作物, 但卖不出去, 只能用来养猪。如果把种植苞谷的时间算成价格, 一天有20元的收入吗?

确实如此。胡主席提出他的想法后, 我没再言语, 也不会有顾虑, 如果村里真干出这个产业, 又何尝不可? 只是, 如果让一壮劳力干这种收益不高的活, 确实不合算。

小辣椒, 一定不等于壮劳力——吸引壮劳力采摘跟小指头一般大小的小辣椒, 一定要有十足的耐心, 一定要有十足的价格。

考察回去后, 我们一定按要求作好宣传, 但群众有没有积极性, 我们真的没有把握。

优秀是合格，第一是标准

12月26日，星期六，阴

　　遵义参观考察完有关产业后，今天我回村委会立即召集村干部和村民组长开会，立即布置辣椒产业发展。

　　听我介绍完有关情况后，大家都觉得，辣椒是个好产业，但就是太花劳动力。尽管大家有想法，但我还是鼓励他们："今天就当做一个试验吧，万一订单价格高不上去，我们自己拿到市场上卖。"

　　"说起轻松，但执行起来并不简单。"村委会主任李云凯说，担心的是群众不愿意干。

　　"镇里都安排了，我们得干啊！我觉得镇里的胡主席说得对，苞谷种植效益低，可为什么群众要种呢？为什么村里镇里动员干的产业，大家就有抵触情绪呢？就要算这样成本那样成本呢？"

　　"如果种辣椒的收益低，我负责。我不相信，我被这辣椒给'辣'死了不成？"我鼓励大家，我们今年不干大规模的，就在崇音寺组、偏岩子、新寨等地，干少量的就行了，当试验，三五十亩、一二百亩，都行，愿意干的，都干，不愿意干的，也不能强求。不论干什么产业，都要摸着石头过河。

　　见我担保并鼓励大家干辣椒产业，崇音寺组组长刘朝虎会后拉起我的手感慨地说："干得，都像书记你这样负责，就没有干不成的。我回组里，一定按你传达的精神把会开了，动员大家种一季试试。有你担保，群众担心啥子？好书记，好好整！"

　　"他当然是好书记了。你没想想，他叫第一书记嘛。第一书记，就得为群众干第一的事，就得冲锋在前，就得站在群众的最前面。不然就枉费第一书记这个称呼了……"新寨组组长李光勇夸奖起我来。

　　我连忙打断他们的话："第一书记的标准就是，优秀只能算合格，第一才叫达到标准。以后，你们就用这个标准，要求我和我们的村干部吧！"

　　"你那标准，也太高了吧?如果我们群众都按这个标准奋斗，我们村不拿全国第一都不行哟！"李组长哈哈笑起来，藏在额头上皱纹里的幸福与希望，顿时冒了出来。

阵地重要还是产业重要?

12月28日,星期一,阴

　　安居村的阵地,已经不适应需要了。通过装修,尽管几间之前不能用的办公室可以用,但由于新的要求,安居村还需要很多办公室,以及为群众服务的场所。

　　安居村村委会共两层楼,一楼几乎被村卫生所占用,能被村利用的,可能就150平方米,与现在提倡的各种功能的阵地比,相差太远了。

　　根据有关标准,现在村委会要建党群服务中心,要建党员群众会议室和夜校讲堂,还有物流中心、邮政代办点、图书室,以及各种办公室,加起来不能低于500平方米。

　　根据组织部门意见,如果村级阵地不适应需求,或有危改之需,可以考虑按新标准修建。尽管有这样的规定,可经费呢? 由哪一级部门出资修建?

　　经费的问题,不是我们考虑的,所以,我们向组织部门提交申请,希望他们落实我们的需求。要写申请,还需要选址。按有关规定,村委会选址的土地,在村内部调整,也就是说,用地不能用修村阵地的经费征收。

　　可如何选址呢? 邀上村干部,我们在村委会附近的山坡坡上开始了解有关土地与地型。走了几坡地,没有哪一处有条件能建500平方米房屋的地块。安居村没有哪一块地是超过5亩平地的,就算有,也需要平整平整。这样一来,成本就更高了。通过估算,没有三四百万元的经费,是修不成的。

　　有三四百万元,还不如干产业。同我一起在山坡上查看地块的村干部王国坤说:“现在紧张得很呢,今后村里发展起来了,我们再修建都不迟。贫困村修大办公阵地,群众一定有想法。”

　　“我觉得,现在这个办公阵地也是不错的,不外乎就是挤了点而已。”坤哥阻止我说："把精力放在扶贫产业上吧，就这么几个人，精力有限，干不了好多事，等贫困村脱贫了，再把精力放在阵地建设上，我觉得这才是道理。"

下山来，我觉得坤哥说得对，申请，就不用再写了，等安居村都真正脱贫了再说吧。目前不适应的办公阵地，就让它暂时不适应吧。

▷ 安居村办公环境尽管改观，但离现代物流、现代服务的设施设备要求还有距离。

安居村的"企业"来得突然

12月29日，星期二，小雨

    花了两个多月的时间，安居村的各类企业注册，工商部门打电话称，目前有着落了，但也还有一些时日营业执照才办得下来，让我们耐心等待。

    之前，通过名称比对，以及各类产业发展的需要，我们申报注册了6个公司，有农业开发的、有种植的、有养殖的、有土石方的、有旅游发展的、也有文化产业的。

    公司建起来可以真正投产使用，还需要一些过程。注册公司对于安居村来说，很容易，但要真正发挥效益，很难。我知道，搭建这样的平台，其目的就是招商，或者有项目，通过这些公司平台，我们也是可以实施的。比如土石方工程，通过我们村里的公司就可以参与竞争，参与实施，从而增加集体经济收入。加工企业，土石方企业，对于我们注册成立的公司来做，应该能很快见效。

    种植、养殖、旅游、文化等企业，兴许还有一段路程。注册这些公司，如果真正投入运行，还可获得国家扶持。据工商部门有关负责人介绍，对实实在在营业的公司，国家有小额贷款补助呢！如果真发展起来了，我们也是可利用好这个惠民政策的。

    村里的干部听我说安居村马上就有6家公司时，他们都兴奋起来："这怎么好得哟！"安居村一下子就突然钻出几个企业，了不起呢，好像一个村都富了起来一样。我卖关子说："每个公司注册的资金，至少上千万，几个公司加起来，两个多亿。"

    "天啦，两个多亿，怎么用？"知识青年彭小刚吃惊起来，"怎么突然冒出来这么牛的公司，怎么这么有钱呢？王书记，你是从哪弄来这么多钱的？"

不知彭小刚是装不知，还是真的不知，我就立即解释说："现在注册公司都是认缴制，你想注册多少，就可以是多少，不像过去需要验资。"

"那你这样一说，这些公司，是不是就是'皮包'公司？"彭小刚反问我。

怎么向他解释呢？我没作思考，就算是吧，但这不违法，这不需要你真的有那么多资金，现在注册公司，都是"假装"有钱。尽管这样说，但注册资金多了，会不会有其他影响呢？我不得而知。

爬海溪夜话：有水有胆就有财

12月30日，星期三，小雨

晚上，在梁云洪组长带领下，我们去爬海溪召开群众大会，共同讨论爬海溪发展。

爬海溪，是我驻村以来，走的次数最多的地方，刚才我算了算，已经十二次了。当然还会有更多的次数。不管多少次，只要是为爬海溪，上一百次也不后悔。爬海溪有条件发展，大家一定要加油。梁组长谈起爬海溪的发展，他就不断地鼓舞大家。

爬海溪发展水产，当初还是梁云洪组长倡导的。当时，他想利用这里的水发展纯净水，但考虑纯净水市场饱和等因素，他就提倡发展水产养殖，并向仁怀一家水泥生产企业寻求帮助，该企业愿意无偿提供水泥帮助修建水产养殖场。

运来水泥后，我们就将爬海溪的梯田进行整治而建水产养殖塘，目前，一块约五亩的水产养殖场建成，现在正等水蓄满后就开始投放鱼苗。

爬海溪因为有从洞里流出来的山泉水，因此在这里发展水产养殖是非常有条件的。这里，有近60亩梯田，如果每一块田都建成水产养殖场，爬海溪的经济一定会改变。

接过梁组长话题，我说："大家如果有信心，如果干劲足，如果信得过我们干产业的决心，我承诺，我一定争取项目，一定为你们建这60亩水产养殖场。如果争取不了，我就是贷款，也给你们干好，也跟贫困户干出产业来。大家想想，如果不建水产养殖场，这里的干净水，就白白的流失了，多可惜啊！"

"王书记，你说话可要算数。我们农民，只听实实在在的，不来虚的。如果你敢承诺，你能争来项目，你有腰杆敢贷款干，我们一定干好，干不好我负责。"村民陈坤芳说，爬海溪盼了好多年，现在总算盼出希望了。

陈坤河对我们专门为爬海溪群众的发展召开群众大会，他心一下子就回到过去。他说："这样的群众大会，已经是几十年前开过了。那还是人民公社时代，抢收抢种的时代。感谢梁组长与王书记你们，你们来爬海溪带领大家发展水产，是我们的福分！我们一定抓住机遇，一定大干一场。哪怕我都60多岁的人了，看到你们年轻人都这样为大家，我的干劲儿一定不比你们差。"

"只要有王书记承诺，我们改变这里的梯田，没有什么大不了的。我们担心的是，就怕干成个半拉子工程。当然，我们是相信村里的，是相信两位领导的。一句话，你们让我们怎么干，就怎么干，前提是要有资金与项目，不然都是一句空话，希望王书记说的是真事。你要是把这里的水产干起来，村民永远记得你。当然，如果干不成，大家也会记得你的，只会说，你就是一个吹牛大王。"陈坤海一边说，一边斟起烧酒，一定要我们

▷ 修建的水产养殖场以及今后的扩建发展，成为今晚大家讨论的话题。

喝几杯，"今晚上大家一定要开怀畅饮，这相当于是一次庆功酒、祝福酒。"

事都还没有干，就被村民们"逼"上成功。看来，我的承诺如果不兑现，是不行了。

大家不要担心，只要好好干，一定会成功的。年过70岁的陈坤荣说："有水，有胆，爬海溪一定有财。大家信不信？"

我当然信陈坤荣老大哥的，有水，有胆，有干劲，爬海溪一定会生财的，这里的贫困户，一定会脱贫致富的。

病房里的坚持

12月31日，星期四，阴

凌晨三四点钟，我在牙痛中醒来。

太难受，我就起床用冷水噙一口在嘴里，这样痛会减轻一些。不过，噙的时间长了，仍然很难受，把水吐了，或者把水吞了，又继续喝冷水，直到天亮。

牙痛，痛起来真的要命，整个脑袋感觉要爆炸一样。打开房门、推开窗户，我感受到，屋外灰蒙蒙的天空似乎都在膨胀，寒风中的远山和近在咫尺的柏杨，我都不敢多看一眼，仿佛它们冰冷的影子，撑得我的心脏阵阵绞痛。

我掏出电话，立即向知识青年彭远刚求助。

几个月前，也因牙痛难忍，彭远刚骑摩托车到三十多千米外的二合镇一乡村医生那里，帮我购来秘方药，吃了半小时不到，减轻了疼痛，再后来经过几天的用药，牙不再痛了。但不久后，一颗牙破损，吃饭若不小心咀嚼到硬食，半边脑袋立即痛得冒金星。

后来，我去医院检查，医生说，这牙不宜拔掉，应该保守治疗，但需每隔三天作一次治疗，直到不痛且修补结束后才算完事。医生的建议我采纳了，但治疗两次后，时间有冲突，正当需要治疗的时候，我的时间又不恰当，大老远地从村里去城里，连乘车都不方便。

干脆，我向医生说我不治疗了，等痛得难受的时候，再来求医生。

"牙痛不是病，痛起来要命。还是坚持一下吧，只有把身体整好了，干起工作才顺，效率才高。扶贫扶到你这份上，已是问心无愧。"宋医生劝我，要我还是把牙治好后再回村里，或者请假医治要紧。

一说到请假，我又为难了。治疗牙病不能住院，就只能隔三岔五地治疗，怎么好请假？牙不痛，整个人看起来好好的，你说请假治病，人家还以为你是在装病呢。可牙痛一发作，整个人像掉进翻江倒海的浪潮里，直想往死里钻。没得过牙病的人，是体味不出这种滋味儿的。

没听医生的，我自作主张，再没去医院了，我反而劝起宋医生，请他不要担心，应该不会有事的。"那等你痛的时候再来吧。我就担心牙痛影响其他组织。"宋医生相告。

想到这里，彭远刚从家中赶来，见我痛得躺在沙发上狼狈不堪的样子，远刚扶起我，一定要送我去医院。他说，"之前吃的那种药，那位乡村医生说了，同一个人不能吃得太多，怕对身体有其他副作用，医生的话，你最好听，如果再服那种药，如果身体出了其他问题，谁负责？"

"工作你干不完的，先去医院吧。"说着，彭远刚扶起我，并为我联系汽车。

一路奔驰，我终于赶到市区的医院。见到我，宋医生一脸不快："怎么了，你不是说没问题嘛，怎么现在赶来了？当时跟你说过，让你把牙治好了再回村都不迟，可你就是不信。"

医生的话我已经听不下去了，我只想他马上下灵丹妙药，让牙痛马上终止。"快点啊，头都要爆炸了。"

"再痛也得忍！不痛的时候你想不到医生，听不进医生一句话，等痛得忍不住了，医生才管用了。病相当于是火，平时重在防，若等大火发作了再救，迟了，生命或财产肯定是会损失。你这牙病，若不尽快治，今后会越来越严重的。"

随即，宋医生跟我开起止痛药，让我马上服下。

见服下药后，宋医生说："老办法，你得坚持来医院，每隔三天来接受一次治疗，那样效果才会好一些。"

"又是起初那种方案？宋医生，你不知村里的工作，太忙啊，真的脱不开身。有没有其他方案，也就是能节省时间治牙的那种方案？"我恳求宋医生。

宋医生板起面孔："这个地球离开谁都会转的，你那村你没有去之前，不照样过来了？不要总把自己当成救世主，兄弟。身体是你自己的，你痛，谁帮得了你？健康，是一个人最大的财富。不要再拖了哈，按我说的方法治疗。"

宋医生他肯定按自己的职业要求行事，按自己的操守要求每位病人。病人健康，是每一名医生最高的道德追求，所以才这样要求我，我应当理解并配合才是。

可是，我是一名贫困村的扶贫干部，群众脱贫，贫困村出列，也是我们每一名帮扶干部的追求与使命，我们怎敢懈怠呢？在村里，我们所有一线脱贫攻坚的干部，真的像战士一样。有时一天就吃一餐饭，有时夜深人静都还在加班，还在开群众大会。国家的法定节假日、周末，通常都难以保证。这就是我们的扶贫干部。

"请宋医生理解。您看看还有其他方案没有，能节省时间的那种。"我说，"我这身体都不是我的了。当过8年兵，10年新闻工作者，现在又驻村，目前为止，就没有干成过一件漂亮的事。等把村里的脱贫攻坚干完，我一定保养身体，一定加强锻炼。现在，真的管不了那么多了，万一要倒地，也随它了。成个烈士，光荣得紧呢!脱贫叫攻坚战，这跟当兵上战场没什么两样。既然是战场，就得有牺牲！"

"越说，你似乎越来越伟大的样子。不跟你理论了。你这牙，除了定期治疗外，真没其他方法，万一你要处理，少花时间，就只有把痛的那颗牙拔掉。不过，拔牙会影响其牙床，所以得补牙。拔掉几个月之后，再来补。"

"好，拔掉！"我同意宋医生的意见。

签完字，办理完一系列医嘱手续后，宋医生向我口腔里注射起麻药。不一阵，我的整个口腔渐渐失去知觉。躺在手术台上，我听得到医生拔牙的声响，不久，满口都是血，还好，不痛，脑袋也清醒了很多。

处理完病牙后，我站起身往镜子上一照，哈哈，口中长了几十年的牙，就这样少了一颗。还余下的牙，肯定都要这样谢幕。人生，何尝不是如此？

回到家，麻药失效后，我的牙又开始痛起来。好在，医生开了止痛药，吃几片后，没再痛。

今天是2015年最后一天，没想到，我会以牙痛、以拔牙、以与医生的坚持的方式，迎接新一年的到来。猛药沉疴，拔毒疗伤，不外乎就是这样的意境。

今天，也太有意义了，身体再难受，也得铺开纸记录下来。

新的一年，我期待安居村的贫穷如同病牙一样，一定会被扶贫一线"医生"拔掉。一年、两年、三年，只要够用力、只要够坚持、只要办法够精准，再难的病症，一定能治愈！

后 记

　　2015年初，我请缨到偏远、落后、贫穷的安居村驻村扶贫，直到2019年初因政策原因结束。驻村扶贫，我哭过、笑过、失败过，但也收获很多——60多本民情日记与工作台账，见证了驻村扶贫的苦辣酸甜，见证了那些记忆深刻的过往，与不甘心的梦想。

　　我驻的安居村山高坡陡，没有一块超过5亩的平地，水资源严重匮乏，行路行车难，手机信号弱，5100多名村民中有四分之三举家外出，近300人挣扎在贫困线下。安居村名不符实，村民既不安居也不乐业，是名副其实的省级一类贫困村。

　　面对这样的贫困村，我们没有选择，就一个字：干！

　　由于干，我们建起水产养殖场，发展起葡萄园、桃树园、万寿菊、有机高粱，酿造起葡萄酒，以及畜牧养殖等脱贫产业。

　　由于干，我们打通了所有断头公路，全部硬化了进组进寨进户小康公路，改造了所有危房旧房，改造了村民的厕所、圈舍、厨房等人居环境，修建起村卫生室、污水处理设施、村小学塑胶运动场和乡村民俗文化陈列馆、农民休闲场所，接通了各家各户的自来水管道和网络宽带。

由于干，安居村整体脱贫，农民人均收入从当初的5200元上升到12000元，贫困户全部脱贫，贫困村脱贫摘帽。

驻村几年，难以忘怀的，是与我朝夕相处的脱贫攻坚的战友和安居村村民，是他们，让我看到一个村的未来与希望，让我走得坚毅与果敢；难以忘却的，还有帮助过我的各级组织与领导、同事，是他们，我们扶贫工作才有起色，安居村才发生了翻天覆地的变化；难以忘记的，还有安居村发展建设促进会的在外游子，是他们，我们工作才得以理解，才有人包容，一个村的命运才有人懂；难以忘断的，还有一步步路途，还有一个个矛盾，还有一个个故事，还有一句句或肺腑或鼓舞或辛辣或刻薄的言语……

难以相忘的，还有很多，比如安居村映射出的"安居在中国、中国在安居"的深意，比如我的或大家的感悟，都通通记在了日记本里。如果整理成文字，至少150万字吧！

整理、选编的这册扶贫日记，是2015年驻村部分工作反映，也是我扶贫的心历路程。由于时间与精力所限，每天的日记内容难以整理，更难的是在较短时间内整理另外几年的日记。藏在日记本里大量的故事，还待跃然面世的时机。

由于能力有限，书中肯定有误，承蒙读者体谅。此书出版，得到中共仁怀市委宣传部、仁怀市扶贫办、原仁怀市对外宣传中心、贵州人民出版社的帮助，再此表示衷心感谢！

驻村几年，无愧青春，我愧对的是我的家人。驻村几年，常常夜不能寐，陪伴我砥砺前行的，还有漫漫长夜与孤灯。驻村几年，我错过了很多，但我没有错过安居村脱贫攻坚的每一天，没有错过安居村越来越多的变化，也没有辜负组织的重托。"安居"路，无退路——那块需要美丽与幸福装点的土地，她是母亲，我就是她的思念；她有希望，我就是她的明天！

扶贫路、回乡路、春晖路，我认为这是青春的事业。既然是青春，就一定要像在大雨里狂奔那样奋不顾身，不然，有青春也不够坚强。青春，就是能吃苦的时候就不要选择安逸，内心没有方向，到哪里都是逃亡。任何人离开心中故土、离开人民利益和祖国的需要，任何孤芳自赏都会陷入越来越窄的狭小天地。仰望星空，脚踏实地，为安居村，兴许还有一场奋不顾身！

王 洒

2019年10月